COMPETITIVENESS
OF CITY LOGISTICS
IN CHINA (2021)
THE RESILIENCE OF CITY LOGISTICS UNDER THE IMPACT
OF THE EPIDEMIC HAS BEEN TESTED

中国城市物流竞争力报告(2021)

疫情冲击下的城市物流韧性经受考验

同济大学中国交通研究院
新驰管理咨询（上海）有限公司 著

人民交通出版社股份有限公司
北京

内 容 提 要

《中国城市物流竞争力报告(2021)》以我国302个地级及以上城市(含直辖市、大部分地级市、部分自治州)为对象,从城市物流吸引力和城市物流辐射力等多个维度,对2020年全国主要城市的物流竞争力进行了量化评价,并针对城市物流发展的区域特征、城市类型和典型案例进行了重点分析。

2020年的年度关键词是"新型冠状病毒肺炎疫情"。考虑疫情导致的经济冲击、物流失序、国际供应链中断等波动和反弹,以及电商购物增长、线上经济爆发、航空货运和中欧班列剧增等结构性变化,《中国城市物流竞争力报告(2021)》的年度主题为:疫情冲击下的城市物流韧性经受考验。本报告分为综合篇、方法篇、策略篇、地区篇、国际篇、展望篇六大篇,共二十章,涵盖疫情冲击下的物流大变局、城市物流承受疫情冲击考验、城市物流竞争力榜单、不同视角下的城市物流发展策略、重点城市物流竞争力深度分析、物流枢纽城市国际经验参考以及城市物流韧性发展趋势展望等核心内容。

本报告可作为城市地方政府和物流行业主管部门评估区域物流发展状况的依据,也可为各类物流和制造企业的经营和投资提供决策参考。

图书在版编目(CIP)数据

中国城市物流竞争力报告.2021:疫情冲击下的城市物流韧性经受考验/同济大学中国交通研究院,新驰管理咨询(上海)有限公司著.—北京:人民交通出版社股份有限公司,2022.1

ISBN 978-7-114-17796-5

Ⅰ.①中… Ⅱ.①同… ②新… Ⅲ.①城市—物流管理—竞争力—研究报告—中国—2021 Ⅳ.①F259.22

中国版本图书馆CIP数据核字(2022)第008230号

Zhongguo Chengshi Wuliu Jingzhengli Baogao(2021)——
Yiqing Chongji Xia de Chengshi Wuliu Renxing Jingshou Kaoyan

书 名:	中国城市物流竞争力报告(2021)——疫情冲击下的城市物流韧性经受考验
著 作 者:	同济大学中国交通研究院 新驰管理咨询(上海)有限公司
责任编辑:	吴燕伶
责任校对:	孙国靖 魏佳宁
责任印制:	刘高彤
出版发行:	人民交通出版社股份有限公司
地 址:	(100011)北京市朝阳区安定门外外馆斜街3号
网 址:	http://www.ccpcl.com.cn
销售电话:	(010)59757973
总 经 销:	人民交通出版社股份有限公司发行部
经 销:	各地新华书店
印 刷:	北京虎彩文化传播有限公司
开 本:	787×1092 1/16
印 张:	18
字 数:	402千
版 次:	2022年1月 第1版
印 次:	2022年1月 第1次印刷
书 号:	ISBN 978-7-114-17796-5
定 价:	118.00元

(有印刷、装订质量问题的图书由本公司负责调换)

本书顾问委员会

汪光焘　第十一届全国人民代表大会环境与资源保护委员会主任委员、原中华人民共和国建设部部长

翁孟勇　中国公路学会理事长、中华人民共和国交通运输部原副部长

高宏峰　中国快递协会会长、中华人民共和国交通运输部原副部长

刘秉镰　南开大学教授、经济与社会发展研究院院长，京津冀协同发展专家咨询委员会委员

李连成　中华人民共和国国家发展和改革委员会综合运输研究所副所长

曹允春　中国民航大学教授、临空经济研究中心主任

谭小平　招商局集团交通物流部运营协同部总经理

梅冠群　中国国际经济交流中心创新发展研究所处长

李　弢　交通运输部规划研究院城市交通与现代物流研究所副所长

李　伟　阿里云大交通事业部副总经理

孔庆峰　满帮集团研究院政策研究中心主任

郭斌亮　上海脉策数据科技有限公司事业部合伙人

龙志刚　河南省交通规划设计研究院股份有限公司交通运输战略发展研究院院长

高　博　货拉拉安全与政府公共事务部资深政策研究专家

本书编委会

主　　　任：李兴华

副 主 任：王　洧

主　　　编：林　坦

执行主编：彭晨鹏　张昕源　李日伟

成　　　员：杨悦怡　徐　维　杨　超　唐鹏程

　　　　　　张晓光　成　诚　付　鑫　喻　饶

　　　　　　李　弢　甘家华　郭赟韬　刘　畅

　　　　　　阮　田　刘岳朋　郭宇彤　王　坤

　　　　　　张菁菁

同济大学中国交通研究院简介

　　同济大学中国交通研究院是同济大学面向国家交通强国战略需要组建的新型专业智库,是交通运输部新型智库联盟首批理事单位的建设主体,依托同济大学交通运输、经济管理、城市规划、土木工程、电子信息等优势学科的专业技术力量,致力于打造具有国际视野、国内领先的高质量新型开放型大学专业智库,与诸多政府主管部门、研究院所、知名企业建立了紧密的政产学研协同创新机制,在综合交通、智慧交通、韧性交通、交通经济和运输物流等领域承担各类技术咨询服务项目200余项。

　　网站主页:https://ctit.tongji.edu.cn/

新驰管理咨询(上海)有限公司简介

　　新驰管理咨询(上海)有限公司以"服务政府科学决策、服务企业价值创造"为使命,以建设成为"全国知名的交通运输咨询与科创机构"为愿景,坚持"数字赋能、合作共赢"的发展理念,为各级交通运输管理部门和各类交通运输企业提供交通经济、运输物流、智慧交通等领域的咨询研究、技术研发及成果转化等工作,并围绕公路资产管理、智慧服务区、共享出行智能调度等提供多项数字化应用软件开发和大数据分析服务。

　　网站主页:www.think-engine.cn

Preface 序言一

城市是人类文明的结晶，也是经济发展的引擎。联合国人居署的报告指出，全世界55%的人口居住在城市地区，到2050年，这一数字将会增加到68%，全球城市化进程仍将持续。城市面积只占地球陆地面积的2%，却创造着全球70%的经济总量。根据第七次全国人口普查数据，2020年我国常住人口城镇化率已达63.9%，超出预期水平。《中华人民共和国国民经济和社会发展第十四个五年规划和2035年远景目标纲要》提出，坚持走中国特色新型城镇化道路，深入推进以人为核心的新型城镇化战略，"十四五"时期我国常住人口城镇化率将提高到65%。可以预见，未来我国新型城镇化仍将高质量深度推进，形成以城市群、都市圈为核心，大中小城市和小城镇协调联动、特色化发展的新格局。

城市让生活更美好。我们正在积极践行这一理念，通过落实《变革我们的世界——2030年可持续发展议程》《新城市议程》《格拉斯哥气候公约》等具体行动，旨在让城市更舒适、更宜居、更可持续。但是，突如其来的新型冠状病毒肺炎疫情向人类敲响了如何面对城市脆弱性的警钟，还有诸如风险韧性、公平正义、气候变化、空间包容、数字治理等诸多问题有待更优的解决方案。在各种现实问题中，城市交通尤其是城市通勤出行受到了广泛的关注，但是城市物流的重要性和迫切性却未引起足够的重视，存在着基础情况不明、设施布局不优、资源整合不足、服务网络不畅、运营效率不高等诸多问题。与此同时，我们也看到，智能信息技术日新月异，将给城市货运物流的模式创新和体系变革带来更多的可能性。

交通运输是经济社会发展重要的基础性、先导性、战略性产业和服务性行业。《交通强国建设纲要》围绕建立便捷舒适、经济高效的运输服务，要求打造绿色高效的现代物流系统，提高物流效率，降低物流成本。《国家综合立体交通网规划纲要》进一步明确，推进交通与现代物流融合发展，加强现代物流体系建设，优化国家物流大通道和枢纽布局，畅通物流大通道与城市配送网络交通线网连接，提高干支线衔接能力和转运分拨效率。城市物流是保障城市人民正常生活和高效运转的生命线之一，是城市日常生活的重要组成、城市经济发展的关键因素。城市物流能力与城市高质量发展水平息息相关。疫情防控期间，人们可以通过居家办公、网络购物等方式减少出行，但是城市物流体系需要不停运转才能满足每天超过数亿吨的城市物资需求。虽然判断新型冠状病毒肺炎疫情对于城市治理和发展的永久性影响还为时尚早，但百年变局与世纪疫情叠加影响下，现代物流体系对产业发展、城市运行、居民生活的保障作用无疑将会更加突出。构建"双循环"新发展格局，也更加要求统筹推进现代流通体系建设、提升物流枢纽的门户作用，发挥新一代信息技术的赋能作用，推动城市物流的数字化转型。

城市物流能力建设正成为城市发展的内在需要，绿色低碳、美丽宜居城市需要注重绿色物流体系建设，创新发展、融入全球需要物流体系支撑要素流通与优化资源配置，抵御风险、提升韧性更是物流体系建设的重要课题。集约、绿色、高效、便捷的现代化物流体系将成为未来城市发展中的重要变量。《中国城市物流竞争力报告（2021）》，以中国特色的新型城镇化战略为指引，以地级及以上城市为对象，对我国城市的物流竞争力进行了深入的理论分析和量化研究，可以为城市研判自身物流发展水平、城市物流枢纽体系建设与城市健康发展提供重要的决策参考。尤其是报告统筹考虑了城市物流的复合型产业特性，构建了涵盖政府引导和市场选择的多维度评价指标体系，并运用大数据技术深度挖掘了能够体现城市高质量发展内涵的结构化物流指标，可以为观察和审视城市物流发展定位提供一个全新的视角。

我国各个城市物流的发展水平和所处阶段存在很大差异，有的城市如上海，已经崛起为全球城市和全球性物流中心，有的城市如重庆，区域性物流枢纽地位正在快速提升，大部分城市还处于物流体系完善阶段。物流竞争力的建设不局限于国家枢纽城市，大型枢纽和中小型城市都有不同的发展侧重点和选择，面临着物流基础设施建设、物流降本增效、营商环境优化、科技创新应用等多重发展任务。《中国城市物流竞争力报告（2021）》提供了一个完整的坐标体系，让城市物流发展既可以循序改进，也可以横向对标，无论是评价物流能力的虹吸和溢出效应、识别省内城市物流发展的竞合关系，还是优化城市群物流竞争力的提升路径，都可以基于城市物流竞争力体系进行深入探讨。

　　面向未来,要以习近平新时代中国特色社会主义思想为指导,着眼于加快建设便捷顺畅、经济高效、开放共享、绿色智能、安全可靠的现代综合运输服务体系,按照交通运输部发布的《综合运输服务"十四五"发展规划》提出的目标任务,立足新发展阶段、贯彻新发展理念、构建新发展格局,进一步推动运输服务行业高质量发展,进一步提升运输服务便民惠民利民水平,进一步提升运输服务支撑保障能力。希望同济大学中国交通研究院专业团队将城市物流竞争力的评价追踪作为一个长期课题持续进行下去,为城市物流竞争力的提升提供更有系统性、科学性、前瞻性的量化观察和方向建议,为更好地发挥交通运输在国民经济扩大循环规模、提高循环效率、增强循环动能、降低循环成本、保障循环安全中的重要作用做出积极的贡献。

第十一届全国人大环境与资源保护委员会主任委员
原中华人民共和国建设部部长
2022 年 1 月

Preface 序言二

物流业是融合运输、仓储、货代、信息等产业的复合型服务业,是支撑国民经济发展的基础性、战略性产业。虽然中国物流行业起步较晚,但随着国民经济的飞速发展,中国的国内生产总值已经上升到全球第二,而贸易量稳居全球第一。这有力地推动了我国物流行业的持续高速增长,物流体系不断完善,覆盖范围不断扩展,运行效率不断提高,我国已经发展成为全球物流大国。受国家发展和改革委员会委托,南开大学现代物流研究中心自2002年以来编写发布《中国现代物流发展报告》,已经持续20年跟踪观察中国物流业的最新动态和发展趋势,英文版 Contemporary Logistics in China 也已经向海外发行了10年,使全世界看到了中国物流阔步前进的步伐,听到了中国物流发展的声音。

当今中国正面临百年未遇之大变局,"加快形成以国内大循环为主体、国内国际双循环相互促进的新发展格局"是党中央面对国内外形势变化做出的全新战略部署。其中,现代物流体系在国民经济循环中发挥着重要的基础性作用,推动物流行业高质量发展是新发展格局下实现社会经济高质量发展的迫切需求和现实需要。当前全球新型冠状病毒肺炎疫情依然肆虐,中国率先走出疫情阴霾,国内物流业发展也正在进入高发展阶段和疫情防控的"新常态",物流供应链安全稳定正成为总体国家安全观的重要组成部分。

百年变局与全球疫情影响叠加,新发展格局下的国内物流业正呈现新模式、新技术、新特征、新格局等新的变化趋势。随着国内产业在全球供应链和价值链分工中的地位提高,我国物流业在全球贸易和物流网络中的枢纽地位必然会大大提升。与此同时,随着新一代信息技术的广泛应用,物流业正经历平台化创新和智能化升级,推动形成多领域协同的供应链创新模式,支撑国内1天送达、周边国家2天送达、全球主要城市3

天送达的"全球123快货物流圈"交通强国目标实现。无人机、无人车、无人仓、无人超市等全程无人化物流科技和智能技术，已成为城市物流体系的标配。

城市是人类经济活动交汇融通的主要场所，也是物流空间服务的落地场景。立足"两个一百年"历史交汇点，我国的新型城镇化水平仍有较大提升空间，城市也将面临高质量发展的全新课题。城市高质量必须以新发展格局为统领，积极顺应人口、土地、资本、数据、环境等要素转化的新趋势，从供需互动、创新驱动、空间要素生产率提升、制度变革、产业链升级、治理深化等多方面着手，构建符合人口大国要求的城市产业和空间体系。物流是一座城市的核心基础设施，也是城市居民品质生活的基本保障。可以预见，随着区域一体化进程深入推进，各种生产要素的跨区域流动规模将会大规模增加，产业融合与资源共享越来越明显，现代物流体系将成为城市高质量发展的核心战略资源。

《中国城市物流竞争力报告（2021）》首次提出城市物流高质量发展评价理论，从绿色低碳、数字智能、通达融合、产业政策等维度，为我们提供了当下城市物流竞争力的量化结果。包括物流规划层级、城市物流政策、城市营商环境、中欧班列指数等多个指标都是城市物流体系建设历程中动态演进发展的，为我们展望和构思城市物流未来的发展路径与策略提供了借鉴参考。中国物流业的创新发展需要建立集约高效、符合产业发展规律、具有中国特色的物流管理制度，完善促进物流产业创新发展的政策、法规和市场信用体系，以物流科技、产业创新为引领，不断提升产业融合和供应链管理水平，加快服务模式创新，构筑高效、安全、可靠、先进的国际物流体系，这些都可以在本书的研究讨论中探得端倪。未来城市最重要的指标是生活品质的提升，涵盖人本精神、自然底色、科技质感和效率水平多个方面，物流作为一种实物性的服务过程，未来物流的服务方向也可以看作是未来城市的追求方向。同济大学中国交通研究院团队对城市物流竞争力的追踪评价，为我们提供了一个了解中国城市发展的重要平台，更可以为城市物流发展决策贡献力量。

南开大学教授、博士生导师
南开大学经济与社会发展研究院院长
京津冀协同发展专家咨询委员会委员
2022年1月

物流是经济的血液,物流枢纽是现代流通体系的加速器、产业要素的聚集地、经济势能的辐射源,主导和支配物流网络的空间流动。面对全球经济的不确定性,党中央提出加快形成以国内大循环为主体、国内国际双循环相互促进的新发展格局。物流枢纽城市将崛起为门户接口,串联"国内大循环、国内国际双循环",成为国内国外两个扇面双向开放、陆海联动的旋转中枢,由"通道+枢纽+网络"组成的现代物流体系将在"双循环"新发展格局中发挥更加重要的作用。为更准确评价我国城市物流发展能力,本报告首次提出了城市物流高质量发展评价理论,构建了城市物流高质量发展的指标体系,对我国主要城市的物流竞争力进行了量化评价,并对城市物流发展的区域特征、城市类型和典型案例进行了重点分析,以供政府部门、企业经营和投资决策参考。

2020年的年度关键词是"新型冠状病毒肺炎疫情"。考虑疫情导致的经济冲击、物流失序、国际供应链中断等波动和反弹,以及电商购物增长、线上经济爆发、航空货运和中欧班列剧增等结构性变化,本报告的年度主题为:疫情冲击下的城市物流韧性经受考验。报告分为综合篇、方法篇、策略篇、地区篇、国际篇、展望篇六大篇,共二十章,内容涵盖疫情冲击下的物流大变局、城市物流竞争力榜单、不同视角下的城市物流发展策略、重点城市物流竞争力深度分析、物流枢纽城市国际经验参考以及城市物流韧性发展趋势展望等核心内容。

本报告由同济大学中国交通研究院、新驰管理咨询(上海)有限公司牵头,联合上海脉策数据科技有限公司、长安大学运输工程学院、交通运输部规划研究院、河南省交通规划设计研究院股份有限公司等单位共同编写完成。本报告主要数据和素材来自《中华人民共和国国民经济和社会发展第十四个五年规划和 2035 年远景目标纲要》以及地方各级人民政府 2021 年政府工作报告、国家和各城市统计局发布的《2020 年国民经济和社会发展统计公报》以及各地货运物流发展统计公报、"十四五"交通运输和物流业专项发展规划,部分大数据通过地图网站、地方政府网站等公开渠道整理获取。除非特别说明,本报告内容不含中国香港特别行政区、澳门特别行政区和台湾省的情况。

由于学识和时间有限,且受数据可得性、指标覆盖性和评价方法影响,报告中难免存在不足之处,请广大读者批评指正。未来期待与更多伙伴、同仁一起助推我国城市物流发展能力的提升。

同济大学中国交通研究院
新驰管理咨询(上海)有限公司
2021 年 11 月

综合篇

引言	百年变局叠加世纪疫情下的城市物流体系重构	2
第一章	**疫情冲击下的物流大变局**	11
	第一节 2020年我国物流发展经济环境分析	11
	第二节 2020年我国物流发展政策环境分析	16
	第三节 2020年我国物流运行情况分析	18
第二章	**城市物流竞争力榜单**	23
	第一节 城市物流竞争力排名	23
	第二节 城市物流竞争力分项指标排名	29
第三章	**城市物流竞争力（2021）述评：物流韧性承压**	32
	第一节 中国城市经济发展格局	32
	第二节 中国城市物流竞争力发展格局	37
	第三节 中国城市物流竞争力年度对比：物流韧性经受考验	44

方法篇

第四章	**城市物流的发展与演变**	56
	第一节 现代物流的演化与内涵	56
	第二节 现代物流与城市高质量发展	60
	第三节 新发展格局下的物流枢纽崛起	65

第五章	城市物流竞争力评价指标与方法	70
	第一节 城市物流竞争力的内涵	70
	第二节 城市物流竞争力评价指标	72
	第三节 城市物流竞争力评价方法	77

策 略 篇

第六章	经济视角：谁是最具发展潜力的物流城市	84
	第一节 物流发展潜力城市榜单	84
	第二节 物流竞争力与城市经济增长	88
	第三节 提升经济潜力的物流发展重点	89

第七章	市场视角：谁是受企业欢迎的物流城市	92
	第一节 物流市场欢迎度城市榜单	92
	第二节 企业网络优势与城市物流竞争力	94
	第三节 提升市场欢迎度的物流发展重点	95

第八章	政策视角：谁是受政策支持的物流城市	97
	第一节 物流政策支持度城市榜单	97
	第二节 政策资源支持与城市物流竞争力	99
	第三节 提升政策支持度的物流发展重点	100

地 区 篇

第九章	城市物流竞争力省域分布格局分析	106
	第一节 中国省域物流竞争力层次划分	106
	第二节 中国省域物流竞争力的对比分析	109

第十章	上海市城市物流竞争力分析	121
	第一节 城市发展总体情况	121
	第二节 上海市物流竞争力专项分析	124
	第三节 趋势与展望：打造全球物流中心	128

第十一章　重庆市城市物流竞争力分析 ………………………………… 131
第一节　城市发展总体情况 ………………………………………… 131
第二节　重庆市物流竞争力专项分析 ……………………………… 133
第三节　趋势与展望：打造国际多式联运中心 …………………… 137

第十二章　郑州市城市物流竞争力分析 ………………………………… 140
第一节　城市发展总体情况 ………………………………………… 140
第二节　郑州市物流竞争力专项分析 ……………………………… 142
第三节　趋势与展望：打造国家综合交通物流中心 ……………… 145

第十三章　长沙市城市物流竞争力分析 ………………………………… 147
第一节　城市发展总体情况 ………………………………………… 147
第二节　长沙市物流竞争力专项分析 ……………………………… 150
第三节　趋势与展望：打造国家商贸物流枢纽 …………………… 154

第十四章　衢州市城市物流竞争力分析 ………………………………… 157
第一节　城市发展总体情况 ………………………………………… 157
第二节　衢州市物流竞争力专项分析 ……………………………… 159
第三节　趋势与展望：建设四省边际物流中心 …………………… 162

国　际　篇

第十五章　中美物流发展对比分析 ……………………………………… 166
第一节　美国物流业的发展背景 …………………………………… 166
第二节　美国物流业的整体情况 …………………………………… 170
第三节　中美物流发展情况对比 …………………………………… 178

第十六章　航空物流枢纽城市：孟菲斯 ………………………………… 183
第一节　孟菲斯基本情况 …………………………………………… 183
第二节　孟菲斯物流发展历程 ……………………………………… 185
第三节　孟菲斯物流发展特色 ……………………………………… 189

第十七章　铁路物流枢纽城市：芝加哥 …… 194
第一节　芝加哥基本情况 …… 194
第二节　芝加哥物流发展历程 …… 197
第三节　芝加哥物流发展特色 …… 202

第十八章　港口物流枢纽城市：杜伊斯堡 …… 205
第一节　杜伊斯堡基本情况 …… 205
第二节　杜伊斯堡物流发展历程 …… 207
第三节　杜伊斯堡物流发展特色 …… 210

第十九章　陆港物流枢纽城市：萨拉戈萨 …… 212
第一节　萨拉戈萨基本情况 …… 212
第二节　萨拉戈萨物流发展现状 …… 214
第三节　萨拉戈萨物流发展特色 …… 216

展　望　篇

第二十章　城市物流展望与对策：为经济反弹做好韧性物流储备 …… 220
第一节　中国城市物流业的发展趋势展望 …… 220
第二节　提升城市物流枢纽地位的对策建议 …… 224

附　录

附录一　中国城市物流竞争力年度榜单 …… 228
榜单一　2020 年中国地区生产总值前 50 位城市 …… 228
榜单二　2020 年中国地区生产总值增长率前 50 位城市 …… 230
榜单三　2020 年中国快递业务量前 50 位城市 …… 232
榜单四　2020 年中国国际快递业务量前 50 位城市 …… 234
榜单五　2020 年中国常住人口前 50 位城市 …… 236
榜单六　2020 年中国综合交通覆盖人口规模前 50 位城市 …… 238
榜单七　2020 年中国铁路班列数发车前 50 位城市 …… 240

榜单八　2020年中国国内航班数起飞前50位城市 …………………………… 242

　　榜单九　2020年中国国际航班数起飞前50位城市 …………………………… 244

　　榜单十　2020年中国机场货邮吞吐量前50位城市 …………………………… 246

　　榜单十一　2020年中国港口外贸货物吞吐量前50位城市 …………………… 248

　　榜单十二　2020年中国主要物流政策支持城市分布情况 …………………… 250

附录二　表目录 ………………………………………………………………… 251

附录三　图目录 ………………………………………………………………… 253

参考文献 ………………………………………………………………………… 256

综 合 篇

COMPETITIVENESS OF
CITY LOGISTICS IN CHINA
(2021)

引言　百年变局叠加世纪疫情下的城市物流体系重构

百年变局叠加世纪疫情,2020年是世界发展历史上极其特殊的一年。世界经济面临着经济全球化倒退、贸易摩擦叠加疫情冲击、全球货币宽松等大变局,国际经济贸易大循环的不确定性日益增大。为应对外部发展环境的不确定性,我国提出构建以国内大循环为主体、国内国际双循环相互促进的新发展格局。新发展格局下的区域发展格局将会发生重大变化,由"通道+枢纽+网络"组成的现代物流体系将在"双循环"新发展格局中发挥更加重要的作用,物流枢纽城市将逐渐崛起为国内国际双循环的门户接口,成为国内国外两个扇面双向开放、陆海联动的旋转中枢。以中国城市物流格局的"钻石结构"为主体,构建多层次城市物流枢纽的"雁阵形态",依托发达的城市物流能力发展枢纽经济,推动地区供应链、产业链、价值链地位提升,正成为国内城市提升经济韧性能力和推动高质量发展的主导策略。

一、百年变局叠加世纪疫情下的全球经济贸易体系失序

当今世界正经历百年未有之大变局。全球范围内保护主义、内顾倾向抬头,贸易摩擦加剧,民粹主义和孤立主义等思潮兴起,"逆全球化"力量明显增强,大宗商品价格和国际海运运费剧烈波动,世界面临的不确定性上升,苏伊士运河和港口大规模拥堵等偶发事件更加剧了全球供应链的"牛尾效应"。国际力量对比深刻调整,以中国为代表的新兴经济体和城市快速崛起,全球经济与战略重心东移、国际战略格局"东升西降"成为不可逆转的发展大势,亚洲在全球经济格局中的地位日益上升。麦肯锡全球研究院的研究成果提出,2000—2010年,全球经济重心以每年140公里的速度向亚洲移动❶。亚洲经济总量在全球占比由2015年的33.8%增加至2019年的49.5%,对全球的经济贡献率高达60%以上。亚洲已逐渐成为全球经济增长的重要引擎、国际投资的重要目的地,未来有望代替欧美成为全球经济增长中心。中国的国内生产总值增量占全球增量的比例超过30%,中国的经济规模占全球的份额从5%提升到了15%,正成为世界发展的主要带动力量。同时,"一带一路"倡议加快推动全球生产要素和消费重心由发达国家转向新兴国家,要素流动方向也将由发达国家向发展中国家的单向流动转为发展中国家向发达国家、发展中国家与发展中国家的多向流动,并且进一步向"一带一路"沿线的欧亚大陆腹地区域转移。

现代信息技术重构全球价值链。新一轮科技革命、能源革命和产业变革呈现多领域、跨学科、群体性突破新态势,正在向经济社会各领域广泛深入渗透,以分享经济、信息经济、生物经济、绿色经济、创意经济、智能制造经济为阶段性重点的新兴经济业态正逐步形成。全

---

❶ Dobbs R,et al. Urban world:cities and the rise of the consuming class[R]. McKinsey Global Institute,2012.

球经济进入一个空前的创新密集和产业振兴时期,煤炭、石油、钢铁和耐用消费品制造等传统行业的全球化布局正在放缓,而依托互联网创新的金融、电子商务、服务外包、共享经济等新兴行业均保持了强劲的增长态势,全球经济形态、经济表征与产业链接方式产生了颠覆性变化。新兴经济体和城市快速崛起、新型全球化和治理体系正在重构以及新一代科技革命和产业变革的影响,必将对现有的全球城市网络和供应链物流体系产生冲击。

新型冠状病毒肺炎(以下简称新冠肺炎)疫情加速变局之变。根据美国约翰·霍普金斯大学数据,截至2021年10月7日,新型冠状病毒感染人数已超过2.37亿例,累计死亡人数达到484.71万例。全球新冠肺炎疫情大流行时间已超过一年半,全球疫情传播形势依然不容乐观。新冠肺炎疫情突然爆发,短期进一步加剧了国际环境的不确定性,长期更将会对全球治理体系产生深远影响。世界贸易组织和国际货币基金组织均指出,新冠肺炎疫情对全球经济的冲击导致了"自大萧条以来最严重的衰退"。百年变局叠加世纪疫情,主要发达国家竞相采取货币宽松政策,全球债务总额和贫富收入差距再创新高已成定局❶,全球经济发展更加脆弱,全球宏观经济治理进入未知领域。同时,全球产业链断裂风险加大,大宗商品价格暴涨暴跌,全球集装箱缺箱与空箱滞留两极分化严重,国际运费持续上涨,全球港口大规模拥堵,国际物流供应链运作不畅,全球价值链加速重构,生产布局和网络体系受到冲击。

新一轮科技革命带来的技术进步和交易成本降低则进一步加速瓦解和重塑进程。企业越来越倾向于在邻近消费市场的地方开展生产,推进供应链向本地化转型,全球服务贸易的比重将由5%上升至30%,相应的货物贸易的比重由90%下降至70%。全球货物贸易中,中间品贸易与产生品贸易的比重将由3∶7转变为7∶3,全球经济对于贸易便利化的要求越来越高❷。全球价值链正在从以美国、德国、日本等发达国家为核心、发展中国家主动嵌入的形式,逐渐转变成美国、欧洲、东亚主导的三大区域性国际供应链体系新格局。中国拥有全球最大的消费市场和完备的工业供应链配套体系,未来将有更多的企业将供应链的核心环节布局于中国。相较于全球化贸易下的全球物流枢纽,随着全球供应链格局向区域供应链的重新调整,区域性国际物流枢纽将在服务区域贸易中发挥更大的作用。

二、双循环新发展格局深化对内对外开放的广度、深度和韧度

为应对百年变局、世纪疫情等国内外冲击,党中央提出构建"以国内大循环为主体、国内国际双循环相互促进的新发展格局"的长期战略部署。构建双循环发展新格局虽然是在新冠肺炎疫情全球大流行的背景下提出的,但并不是权宜之计,而是一个长期演变的动态过程,彰显了党中央对于我国区域发展格局、国内发展潜力和国际发展形势的长期研判。国内国际双循环新发展格局有两大核心动力:一方面,中国与世界的要素禀赋发生逆转,充足的劳动资本、健全的工业门类体系和研发能力、超过100亿元的庞大经济体量、全球最大的消费市场规模转变成为中国发展的内生优势,成为主动打造内循环体系的内在底气。另一方

---

❶ 中华人民共和国商务部,国际贸易经济合作研究院. 中国对外贸易形势报告[R],2020.
❷ Susan Lund, et al. Risk, resilience, and rebalancing in global value chains [R]. McKinsey Global Institute,2020.

面,中国与世界的产业分工地位发生逆转,从低端、附属、模仿、代工,向高端、支配、创新、研发转化,中国与主要发达国家的关系从合作为主逐渐转向合作竞争,国外对我国产业地位崛起的打压,使得外循环为主的发展格局不得不转向双循环新格局。新冠肺炎疫情突发的背景下,卓越的国内疫情防控能力更加放大了我国的超大规模经济和内需市场优势,中国经济的"V"形反转更加凸显了构建新发展格局的紧迫性和重要性。

新发展格局下参与全球竞争,并不意味着出口加工模式的升级版,而是要将庞大的内需市场培育成全球市场,进一步提高我国产业链供应链的安全韧性水平和国际主导能力。随着中国成为全球最大的消费市场,各类市场机会从海外市场转向国内市场,与出口加工模式相配合的生产、分配、流通、消费关系都要重新调整,最突出的表现就是产业逐步跟随市场机会向内陆地区转移。随着人均国内生产总值超过1万美元、经济总量突破100万亿元,经济的对外依赖性逐渐降低,国内市场具有更大的发展空间。原本以较高成本参与国际竞争的地区和企业深度融入区域供应链之中,劳动力、技术、资本和市场等区域比较优势将会发生重大转变。随着产业链从沿海地区转移到内陆地区,我国产业链的高级化和现代化水平得到进一步提升。构建双循环新发展格局的核心在于提升中国经济参与全球竞争的广度、深度和韧度。充分发挥全球最大的市场规模优势,保障供应端的自主可控,在确保全球原材料和中间品"买得到""进得来""出得去"的基础上降低采购价格的波动性,需要推进全球物资投送能力建设,提高国际物流资源分布的分散化和通道布局的多样化,降低对于重要国际物流咽喉和通道的依赖,避免国际供应链被"卡脖子"。

三、双循环新发展格局将会重构我国现代区域物流体系

构建双循环新发展格局,必须打通国内生产、流通、分配到消费的各个环节,高效衔接国内国际两个市场、两种资源。物流一端连接生产,一端连接消费,是分配的重要手段和流通的重要形式,是畅通供应链、配合产业链、创造价值链的重要支撑。2020年9月,习近平总书记在主持召开中央财经委员会第八次会议时,强调流通体系在国民经济中发挥着基础性作用,构建新发展格局,必须把建设现代流通体系作为一项重要战略任务来抓。《中共中央关于制定国民经济和社会发展第十四个五年规划和二〇三五年远景目标的建议》也提出"完善综合交通枢纽和物流网络""健全现代流通体系""构建现代物流体系"。

新发展格局将会对物流通道和物流枢纽的布局产生根本性影响。长期以来,我国已经形成了与出口加工模式相适应的现代物流体系,总体呈现两头在外、大进大出、港口主导、公路集散的特征。物流业的发展,为改革开放四十余年来的经济高速增长和国内企业参与并融入全球供应链做出了突出贡献,我国年均经济增速超过9%,并且融入全球价值链程度不断加深,中国制造占全球制造业附加值的30%、占全球进出口份额的23%。疫情下的供应链稳定表现也证明了物流服务价值。

但是出口加工模式下,我国经济发展严重依赖进出口,我国对于贸易依存度超过60%。并且,不同地区物流发展水平参差不齐,尤其是中西部地区参与国际物流竞争的能力和水平有限,全国超过80%的集装箱生成量分布在距离沿海港口300公里的范围内,内陆物流枢纽地位普遍不高。根据《中国城市物流竞争力报告(2020)》,我国城市物流竞争力分布不均

衡,具有全球竞争力的强枢纽型物流城市较少,绝大多数城市物流竞争力偏弱,尤其是中西部城市的物流竞争力排名普遍落后于其经济排名,物流对城市发展的贡献度不足,没有发挥其对于城市经济的先导引领作用❶。与此同时,我国社会物流成本相对较高,存在着国际物流与国内物流脱节、企业物流与社会物流脱节、干线运输与末端配送脱节、各种运输之间转运脱节等问题,转运时间长、衔接成本高,虽然单一运输方式和运输组织环节已经实现了极大优化,但整体物流降本增效仍有较大的提升空间。

面对双循环发展新格局和城市高质量发展的要求,需要打通区域间商品和要素流通障碍,完善由"通道+枢纽+网络"组成的物流发展新格局,构建一体化的区域物流体系。改革开放以来形成的以沿海为主导的组织体系将逐步演化为沿海与内陆、内陆与内陆的区域间、区域内、城市群的货物流向,内陆地区相对于沿海地区的物流势能将会大大提升。

构建双循环新发展格局,提升中国企业参与国内国际市场的广度、深度和韧度,要求现代物流体系适应双循环新发展格局下的物流发展新特征:物流流向双向化,由出口加工模式下的自西向东流动为主,转为东西双向、短程联动的新趋势,疫情爆发下的中欧班列逆势爆发便是重要表现,城市群、都市群之间的物流联系也更加紧密;物流通道多样化,在海运物流大通道的基础上,陆上和空中物流通道地位更加突出,精准对接区域发展战略,西部陆海新通道、长江物流大通道、丝绸之路经济带将发挥更大作用,多式联运发展潜力巨大;物流组织数字化,在信息技术支撑下,物流与制造业、消费端的融合更加紧密发展,物流数据和科技成为物流组织优化的重要力量。

四、城市物流枢纽体系在双循环新发展格局中发挥压舱石作用

城市物流枢纽作为现代流通体系的加速器、产业要素的聚集地、经济势能的辐射源,主导和支配着现代流通网络的空间流动。物流枢纽作为集中实现货物集散、存储、分拨、转运等多种功能的物流设施群和物流活动组织中心,是现代物流业发展的重要基础设施和空间载体,具有辐射区域更广、集聚效应更强、服务功能更优、运行效率更高等特点,在国家和地区现代物流体系中承担着关键节点、重要平台和骨干枢纽的核心作用。同时,作为干线流通与末端配送衔接、运输方式转化、供应链组织衔接的物流枢纽,城市物流枢纽也是我国现代流通体系建设的短板,新冠肺炎疫情导致运价波动、城市配送的仓库爆仓、供应链物流中断等痛点、断点、堵点问题突出,反映出城市物流网络韧性能力亟待加强。

新发展格局下,物流枢纽城市将成为带动所在地区融入国内统一大市场的门户接口和国内国际双循环的旋转中枢,进一步深化区域间物流供应链的网络连接和要素流动,在双循环发展新格局中发挥压舱石作用。具体表现在以下几个方面:

(1)物流枢纽有利于扩大循环总量。现代物流枢纽可以提升基础设施通行能力,打通"肠梗阻",通过成本优势、网络效应和聚集经济,吸引原材料、劳动者、信息、资本等各类战略要素在本地集中,强化经济走廊和城市节点的辐射能力,提高经济发展水平。中欧班列、航空港综合试验区、综合保税区、跨境电子商务综合试验区等物流基础服务平台的搭建,大大

---

❶ 同济大学中国交通研究院,上海脉策数据科技有限公司,等.中国城市物流竞争力报告(2020)[R],2020.

提升了郑州的辐射范围和国际通达水平,郑州已经形成了电子信息产业基地以及高端装备制造基地,跨境电商产业连续多年实现翻番式增长。郑州作为典型的内陆城市,正成为国内第三大跨境电商基地,综合实力和产业竞争力显著增强。

(2)物流枢纽有利于提高循环速度。随着交通技术的进步和基础设施的完善,空间距离的消失使得基于运输成本的竞争优势作用在不断下降,但是基于空间接近性和时间可达性的聚集优势越来越重要,物流枢纽成为本地产品融入全球市场的门户,加速物流、资金流、人才流、技术流和信息流。在内河水运和铁路时代,芝加哥依托铁水联运优势迅速发展成为全球的农产品和大宗商品贸易中心,新加坡、迪拜、中国香港等国际物流枢纽在全球供应链体系中发挥着不可或缺的战略支点作用,并逐渐发展成为全球大都市。

(3)物流枢纽有利于降低循环成本。物流枢纽可以集约、集中利用各类资源,调节经济流通的结构性矛盾,充分发挥规模经济和网络优势,推动车货匹配、装备共享、集中配送等先进组织模式,降低流通成本,提高城市对于周边地区经济发展的辐射力和带动力。重庆通过发展渝新欧集装箱班列、国际集装箱班轮、陆海贸易新通道等外向型物流服务体系,吸聚和培育了一批高端制造企业,电子信息产业快速发展,短短数年成为重庆的支柱性产业,重庆也成为西部地区重要的高端电子产业基地。

(4)物流枢纽有利于提升循环能级。物流枢纽可以扩大新业态新模式服务供给,通过充分利用大数据、人工智能、第五代移动通信技术(5G)等新技术实现枢纽数字化升级,加快数据和人才等高端要素流动,吸引枢纽偏好型产业聚集发展,有利于培育枢纽经济发展,带动国内产业链的国际化和高级化水平,提升在国际大循环中的价值链地位。中欧班列集结地、高铁货运站、航空货运机场等高速型枢纽的建设更是为高端产业在内地布局打开了空间,成为城市提升发展能级的重要抓手。

五、城市物流正成为综合立体交通网时代的主要短板

2021年1月,中共中央、国务院印发《国家综合立体交通网规划纲要》,《交通强国建设纲要》和《国家综合立体交通规划纲要》两大战略性文件,分别作为我国交通强国的总纲和总图,部署了未来一段时间交通运输发展的推进路径。

随着国家综合立体交通网络的完善,国内国际物流大通道越来越便捷,地区之间的交通发展差距不断缩小,依托健全的物流服务网络发展枢纽经济,正成为未来城市发展的主导策略。江苏省在《交通强国江苏方案》中提出打造枢纽经济发展样板;陕西省积极推动枢纽经济、门户经济、流动经济发展,建设内陆改革开放新高地;重庆市、郑州市等地通过构建中欧班列、航空机场、综合保税区和跨境电商试验区等外向型物流服务体系,提升了地区的全球价值链地位。据不完全统计,全国已有浙江、河南、湖南、云南、上海等省(区、市)在"十四五"规划和2035年远景目标中明确提出,打造国内大循环的重要支点、国内国际双循环的战略链接;武汉、郑州、西安、昆明等城市结合区域禀赋,提出建设国际性或区域性物流中心的城市发展新定位。

与此同时,现代流通体系的痛点越来越集中于中转和末端两个环节,难以支撑国内大循环、国内国际双循环新格局的高效运转。具体表现在:

(1) 全球连接能力不强。根据世界银行发布的《2018 年全球物流绩效指数排名》，美国得分为 3.92，排名第 10 位；中国得分为 3.60，排名第 27 位；德国继续排名第 1 位❶。中国与美国在通关、追踪与准时性等方面差距明显。我国空运的全球连接力只有美国和德国的一半。2019 年我国国际航空物流中，国内民航完成货运量 241.9 万吨，占比 33%，外航完成货运量占比 67%，空中物流大通道亟待完善。

(2) 供应链物流融合程度不深。物流业与交通运输、制造业、商贸服务业、金融信息业等重点产业的深度融合程度有待提高，尤其是疫情冲击下的物流供应链断链、短链、弱链问题突出，韧性能力亟待提升。按照完成每美元国内生产总值所需要的货物周转量计算，我国为 1.34 吨公里/美元，美国为 0.24 吨公里/美元，我国的货运强度是美国的 5.5 倍，供应链物流组织化程度相对较低，物流效率有待提高。

(3) 跨运输方式衔接不畅。出口加工模式下，我国不同地区物流发展水平参差不齐，尤其是中西部地区参与国际物流竞争的能力和水平有限，公路承担了过多的中长距离货物及大宗货物运输，内陆物流枢纽地位普遍不高。2020 年，全社会完成营业性货运量 463.4 亿吨，其中公路运输占比超过 73%，尚未实现港铁衔接的港口达到 90%，货物周转效率仍有较大的提升空间。

(4) 区域之间的发展不均衡。区域间的物流服务能力和水平不均衡，尤其是跨行政区划的物流网络化和一体化水平较低，物流链一体化组织、供应链管理水平有待提高，难以支撑国内大市场体系形成。根据《中国城市物流竞争力报告(2020)》，我国城市物流竞争力分布不均衡，具有全球竞争力的强枢纽型物流城市较少，绝大多数城市物流发展水平对城市经济发展呈现制约作用。

六、"钻石结构"和"雁阵形态"串联中国城市物流枢纽体系

为更准确评价我国城市物流发展能力，同济大学中国交通研究院联合上海脉策数据科技有限公司、新驰管理咨询(上海)有限公司、长安大学运输工程学院、满帮集团研究院等机构编制国内首份城市领域的竞争力报告——《中国城市物流竞争力报告(2020)》，以城市为切入点来把握中国物流发展的整体格局和演变特征，通过构建城市物流竞争力评价指标，对 2019 年全国 302 个地级及以上城市(含直辖市、大部分地级市、部分自治州)的城市物流竞争力进行了量化评价，并对城市物流发展的区域特征、城市类型和典型案例进行了重点分析。《中国城市物流竞争力报告(2020)》的年度主题为："双循环"新格局下的内陆枢纽崛起。研究发现，城市物流竞争力前 10 位的城市依次为：上海、广州、深圳、北京、重庆、武汉、天津、成都、郑州、南京，成为物流新一线城市。前 10 强中，中西部城市占据四席，反映出"双循环"新格局下内陆地区的物流势能提升，带动一批对内对外双向开放的物流枢纽崛起，在区域产业链中发挥引领作用。

在 2020 年报告基础上，研究团队综合考察了疫情导致的经济下滑、物流封锁、供应链中断等冲击和反弹，以及电商购物增长、线上经济爆发、航空货运剧增等结构性变化，对 2020

---

❶ The World Bank Group. Connecting to compete 2018: the logistics performance index and its indicators [R], 2020.

年全国302个地级及以上城市(含直辖市、大部分地级市、部分自治州)的城市物流发展水平进行了深度分析,编制形成了《中国城市物流竞争力报告(2021)》,年度主题为:疫情冲击下的城市物流韧性经受考验。研究发现:

从全国格局来看,中国区域物流格局继续维持以北京—天津、上海、广州—深圳、武汉、成都—重庆为核心的"五极"时代,五个国家级城市群的顶点城市构成"钻石结构",五个顶点之间的南北沿海物流带、长江物流带、丝绸之路物流带、西部陆海新通道、京港澳物流通道等物流大通道串联京津冀城市群、山东半岛城市群、长江三角洲(简称"长三角")城市群、粤港澳大湾区、成渝地区双城经济圈、长江中游城市群等区域物流聚集区,支撑起中国物流体系大格局。

从省域格局来看,省份物流城市分布可分为均衡型、多中心型或一核多中心型、单极或多极型、欠发达型等不同布局结构。江苏、浙江、广东、山东等省份的物流市场比较发达,物流枢纽城市分布比较均衡,江苏更是拥有最多的物流竞争力30强城市和100强城市;河南、安徽、湖北、湖南等中西部省份具有较强物流竞争力的城市数量较少,为多中心型或一核多中心型物流省份;部分中西部省份物流发展不平衡,为单中心欠发达型或者不发达型物流省份。

从城市格局来看,上海、深圳、广州、北京、重庆、天津、武汉、成都、苏州、杭州的城市物流竞争力在国内处于领先地位,物流吸引力和物流辐射力均十分强大,属于枢纽型物流城市。其中,上海市属于具有国际竞争力的强枢纽型物流城市。随着北京、广州、深圳、成都崛起为全球城市,城市物流的吸引力和辐射力也不断增强,我国的物流枢纽也正在进入多中心格局。总体来看,中西部地区城市物流竞争力偏弱,物流节点网络和服务能力呈现"东密西疏"的局面。区域间的物流服务能力和水平不均衡,尤其是跨行政区划的物流网络化和一体化水平有待提高。近年来沿海地区的产业链不断向东南亚国家迁移,而不是向内陆地区转移,国内产业间循环不畅,内陆地区的产业链被锁定在价值链低端。

随着我国新型城镇化战略的深入推进,城市群、都市圈成为承载发展要素的主要空间形式。根据第七次全国人口普查数据,2020年我国常住人口城镇化率达63.9%,到"十四五"末我国城镇化率将超过65%,人口超过100万人的城市群占比达到32.5%。双循环新格局下,区域集中化和协同化程度进一步提升,城市(群)、都市圈为主体形态的城市化布局成为区域发展的重要动力,"多中心网络化"格局加快形成。根据《国家物流枢纽布局和建设规划》,中西部和东北地区的国家物流枢纽数量占比达60%,中西部经济发展潜力将得到充分释放。构建"国家物流大通道+区域化物流仓储中心+网格化城市配送中心"的现代物流系统,城市物流枢纽梯队发展的雁阵模式初步显现:

第一梯队以长三角城市群、京津冀城市群、粤港澳大湾区、成渝地区双城经济圈等世界级城市群为依托,建设具有全球影响力的国际物流枢纽,突出枢纽的国际服务功能及腹地城市的区域一体化建设,最大限度承接全球供应链转移的溢出效应,孵化高附加值和新兴战略性产业。

第二梯队以长江中游城市群、郑州都市圈、哈长城市群、北部湾城市群、关中平原城市群等国家级城市群、都市圈的物流枢纽群为依托,重点推进跨城市的区域内物流枢纽资源统筹,大力发展多式联运,推动城市间物流功能互补,支撑区域间和产业内分工。

第三梯队以核心节点城市物流枢纽建设为依托,重点推动干线运输与末端配送的无缝衔接,大力发展道路集约化运输和共同配送、集中配送,提高物流组织化水平和第三方物流能力,补齐最后一公里短板。

第四梯队以城乡物流枢纽建设为依托,重点完善城乡三级物流体系建设,完善城乡寄递体系,大力发展城镇物流、农村物流和快递下乡,提升城乡物流发展一体化水平。

七、提高物流网络韧性支撑城市高质量发展

2020年,受新冠肺炎疫情影响,国内物流体系受到较大冲击。根据国家卫生健康委员会数据,截至2020年12月31日,全国31个省(自治区、直辖市)和新疆生产建设兵团累计报告确诊病例87071例,累计治愈出院病例82067例,累计死亡病例4634例。全国共有超过250个城市的确诊病例在100例以下,说明绝大部分城市的疫情防控效果较好。长江中游城市群13个城市受到影响最为严重,累计确诊病例达到67099例,占2020年全国累计确诊病例的77.1%。2020年度城市物流竞争力指数与2019年度相比普遍下降,变动程度与疫情确诊病例呈现负相关关系,可见疫情对我国城市的物流能力产生了一定的影响。

但是,重要枢纽城市表现出了显著的快速痊愈能力,展现了良好的系统韧性。长安大学针对全国城市层面的公路物流活动监测显示,全国八大城市群公路货运流量水平相较2019年同期整体呈大幅下降态势,疫情影响严重时期,所有城市群货运流量损失均过半,中原城市群降幅为62.56%,关中平原城市群降幅为58.85%,京津冀城市群降幅为53.39%,长三角城市群降幅为50.37%,成渝城市群降幅为50.14%。2020年5月后,伴随全社会复工复产,各城市群流量基本恢复正常,且长三角、珠江三角洲(简称"珠三角")、长江中游、成渝等城市群流量均超过了2019年的同期水平。总体上看,在整个国家流通网络受到疫情等重大突发事件外部冲击的状态下,进一步凸显了部分重要物流枢纽节点及骨干网络在全局性应急响应过程中的重要地位和作用。

2020年度物流竞争力排名前30位的城市变动幅度较小,城市物流韧性经受住了考验。武汉市的城市物流竞争力指数在前30位城市中的下滑幅度最大,但是整体排名也仅下降1位。疫情对于武汉市的经济造成一定冲击,2020年,武汉市生产总值比2019年下降4.7%,尤其是居民消费和货物运输量降幅明显,社会消费品零售总额比2019年下降20.9%。但是与此同时,武汉市的水路运输特色进一步发挥,水路运输量增长36.0%,多式联运政策支持力度进一步加大,国家和各省市也积极援助武汉复工复产。各种新模式、新业态快速发展,跨境电商综合试验区快速发展,国际货运航线大幅增加,进出口逆势增长10.8%。武汉的城市物流发展以强大韧性和蓬勃生机,成为疫情防控与复工复产常态化统筹的重要标杆。

疫情同时催生城市物流多元化发展。数字经济、线上经济快速发展,物流数字化转型加速推进。在电子商务的带动下,金华市完成快递业务量大幅增长52.2%,金华市城市物流竞争力指数排名大幅增加。港口型物流城市依然发挥主体作用。城市物流竞争力指数前30位中,有17个港口型物流城市,其中14个为沿海港口、3个为长江和珠江水系的内河港口。成都、郑州、西安、合肥等中西部内陆地区的物流枢纽能级继续提升,在"双循环"新格局中担

当门户枢纽。在全球海运体系受到疫情冲击,秩序混乱的背景下,2020年中欧班列开行列数、发送集装箱量同比增长均超过50%;深圳宝安机场和上海浦东机场在起降架次大幅下降的情况下仍实现货邮吞吐量的逆势增长;广西北部湾港集装箱吞吐量突破500万标箱,增幅超过30%。西部陆海新通道、中欧班列的稳定运行和航空货运的能力提升,为保障疫情期间国际产业链、供应链不中断和城市社会经济运行发挥了战略性作用。

立足新发展阶段、贯彻新发展理念、构建新发展格局,尤其是充分应对百年变局与世纪疫情叠加下的国内国际循环新形势,我国城市已进入高质量韧性发展新阶段。其中,依托物流优势大力发展枢纽经济成为城市高质量发展的重要手段。一方面,部分城市着力推进物流降本增效,打造物流成本洼地,吸引各类战略要素本地聚集;另一方面,部分城市着力提升物流能级,打造物流势能高地,提高对周边地区经济发展的辐射带动能力,通过发展物流业推动产业升级,以资源重组再造实现地区的价值链地位提升。同时,物流成本优势和服务能力成为企业选址和产业投资的核心考量。物流发展水平正成为未来区际竞争的主导策略,基于区域物流中心的新一轮枢纽经济之争已经开启。

随着交通技术的进步,距离的消失使得基于物流成本的竞争优势作用在不断下降,但是基于空间接近性和时间可达性的聚集效应越来越重要,枢纽城市将成为本地产品融入全球市场的门户。双循环新格局下,现代物流体系在促进城市供需匹配、支撑现代化产业体系、降低城市物流成本、创造新兴市场需求等方面将承担更加重要的作用,通过物流枢纽和服务的集聚扩散功能,加速要素流通、扩大循环总量、提升附加值水平,吸引各种生产要素聚集带动本地产业发展,利用物流竞争能力提升城市产业链地位和促进城市高质量发展成为必然趋势。

第一章　疫情冲击下的物流大变局

2020年,对于我国经济社会和物流发展都是极不平凡的一年。百年变局叠加世纪疫情背景下,国际形势发展的不确定性日益增大。面对极其错综复杂的国内外形势,在党中央的坚强领导下,我国积极统筹疫情防控和经济社会发展,疫情防控取得重大战略成果,经济增长实现"V"形反转,在全球主要经济体中唯一实现经济正增长,脱贫攻坚战取得全面胜利,决胜全面建成小康社会取得决定性成就。"十四五"时期,我国将开启全面建设社会主义现代化国家新征程,准确把握新发展阶段,深入贯彻新发展理念,加快构建新发展格局,物流业将面临更大的机遇和挑战,也将在国民经济高质量发展中发挥更大的作用。

第一节　2020年我国物流发展经济环境分析

一、新冠肺炎疫情突如其来

新冠肺炎疫情是百年来全球发生的最严重的传染病大流行,是中华人民共和国成立以来我国遭遇的传播速度最快、感染范围最广、防控难度最大的重大突发公共卫生事件,人类生命安全和健康面临重大威胁。

新冠肺炎疫情突袭而来,给人民身体健康和国内生产生活造成巨大冲击。根据国家卫生健康委员会统计,病毒扩散初期,全国新型冠状病毒感染的肺炎病死率约为2.1%,绝大多数是轻症,在传染性疾病中处于中等位置。从2020年1月23日至2月中旬,每日感染病例数量从不到1000例增加到超过15000例,且60%的病例集中于湖北,医疗救护资源严重紧缺。面对来势汹汹的新冠肺炎疫情,全国人民在党中央的坚强领导下,迅速打响疫情防控的人民战争、总体战、阻击战,采取最全面、最严格、最彻底的防控措施,有效阻断了病毒传播链条,用1个多月的时间初步遏制疫情蔓延势头,用2个月左右的时间将本土每日新增病例控制在个位数以内,用3个月左右的时间取得武汉保卫战、湖北保卫战的决定性成果,夺取了全国抗疫斗争重大战略成果。2020年3月18日,武汉首次报告无新增确诊病例。2020年4月8日,武汉开始有序恢复铁路、民航、水运、公路运行。2020年4月26日,武汉市及湖北省在院新冠肺炎患者"清零"。

根据国家卫生健康委员会数据,截至2020年5月31日,31个省区市和新疆生产建设兵团累计报告确诊病例83017例,累计治愈出院病例78307例,累计死亡病例4634例,治愈率94.3%,病亡率5.6%,有效维护了人民生命安全和身体健康,为维护地区和世界公共卫生安全做出了重要贡献。随着全国疫情防控进入常态化,我国统筹推进疫情防控和经济社会发展工作,抓紧恢复生产生活秩序,取得显著成效。国内新冠肺炎确诊病例变化情况如图1-1所示。

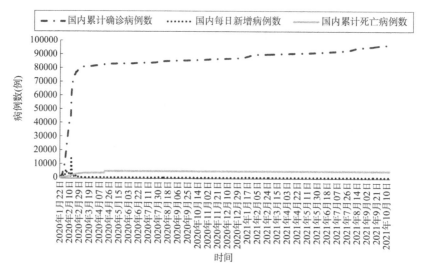

图1-1　国内新冠肺炎确诊病例变化图

资料来源:根据约翰·霍普金斯大学发布的全球新冠肺炎疫情数据整理。

疫情在全球持续蔓延的势头尚未得到有效控制。2020年1月31日,世界卫生组织宣布将2019年新冠肺炎疫情列为"国际关注的突发公共卫生事件"(Public Health Emergency of International Concern,简称PHEIC),是全世界人类需要共同面对的严重危机和严峻考验。根据美国约翰·霍普金斯大学数据:2020年4月2日,全球新冠肺炎累计确诊病例达100万例;2020年7月2日,全球新冠肺炎累计确诊病例达1000万;2021年1月27日,全球新冠肺炎累计确诊病例达到1亿例。截至2021年10月17日,全球新冠肺炎累计确诊病例2.4亿例,累计死亡人数489.5万例,疫情在全球传播蔓延的势头仍未得到有效控制。全球及主要国家新冠肺炎累计确诊病例变化情况如图1-2所示。

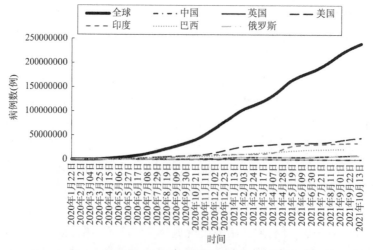

图1-2　全球及主要国家新冠肺炎累计确诊病例变化图

资料来源:根据约翰·霍普金斯大学发布的全球新冠肺炎疫情数据整理。

新冠肺炎疫情更是对全球经济发展和治理体系产生直接且长远的影响。新冠肺炎疫情大流行导致百年不遇的全球大封锁,国际组织普遍预测全球经济将因新冠肺炎疫情陷入第二次世界大战以来最严重的大衰退,绝大多数经济体陷入负增长。在全球无限量宽松货币政策刺激下,2020年,全球债务规模达到281万亿美元,超过全球经济生产总值的365%,创历史新高。加之全球供应链体系中断、大宗货物市场受到严重冲击、全球物流市场失序等次生影响,新冠肺炎疫情大流行正成为全球经济发展大变局中的最大变量。

二、经济社会发展好于预期

面对历史罕见的冲击,我国积极采取稳就业、稳金融、稳外贸、稳外资、稳投资、稳预期以及保居民就业、保基本民生、保市场主体、保粮食能源安全、保产业链供应链稳定、保基层运转"六稳""六保"重大工作举措,以保促稳、稳中求进,稳住了经济基本盘。2020年,全年实现国内生产总值101.6亿元,比2019年增长2.3%,是2020年全球唯一实现正增长的主要经济体。我国经济总量首次超越100万亿元大关,稳居世界第二大经济体,人均国内生产总值连续两年超过1万美元,经济恢复好于预期,彰显出良好的发展韧性。我国2010—2020年国内生产总值及增长率变化如图1-3所示。

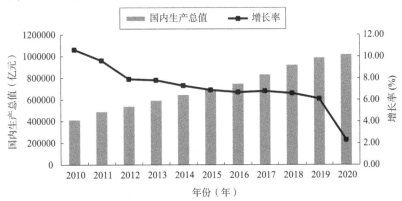

图1-3 我国2010—2020年国内生产总值及增长率变化图
资料来源:国家统计局。

2020年,全国第一产业增加值77754亿元,增长3.0%;第二产业增加值384255亿元,增长2.6%;第三产业增加值553977亿元,增长2.1%。如图1-4所示,三次产业结构的比重由2010年的9.3:46.5:44.2升级为2020年的7.1:37.8:54.5,第三产业占比继续维持在50%以上,产业结构持续优化。

三、经济增长实现"V"形反转

疫情对一季度经济增长冲击明显。受新冠肺炎疫情突发影响,2020年一季度我国经济增速降至历史最低,我国国内生产总值同比下降6.8%,增速较上季度和2019年同期分别下滑12.8和13.2个百分点。其中,第一产业增加值下降3.2%,第二产业增加值下降9.6%,第三产业增加值下降5.2%。疫情对消费的负面冲击最为明显,消费、投资、净出口分别拖累一季度经济增速4.36、1.5、0.98个百分点,消费对国内生产总值的贡献率为-64%。为应对海内外疫情对经济的影响,中国加强逆周期调节力度,通过更加灵活的货币政策,以及积极有为的财政政策,以减轻困难企业的成本负担,促进实体经济投资和消费,对冲经济下行压力。我国国内生产总值季度同比增速如图1-5所示。

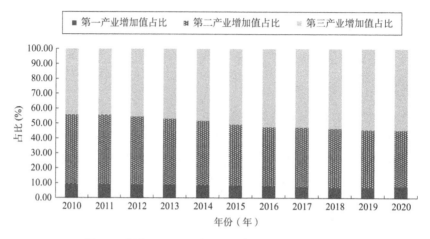

图1-4 我国2010—2020年国民经济三次产业结构变化图
资料来源:国家统计局。

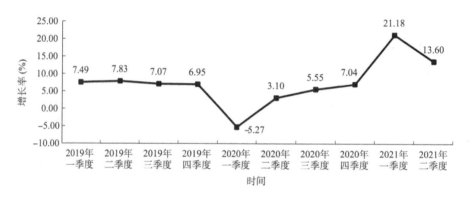

图1-5 我国国内生产总值季度同比增速
资料来源:国家统计局。

国内经济季度增速快速反弹。从2020年二季度开始,全国上下统筹推进疫情防控和经济社会发展各项工作,主要指标恢复性增长,经济稳步复苏,走在世界前列。二季度经济增长由负转正,实际同比增速大幅回升至3.1%,三次产业增速均有所回升,工业恢复快于农业和服务业。三季度国内生产总值实际同比增速回升至5.6%,较二季度提升1.4个百分点。前三季度我国经济由负转正,累计同比增长0.7%,第二产业增幅最大,成为国内生产总值增长的主要支撑。四季度国内生产总值实际同比增速进一步回升至7.0%,较三季度提升1.5个百分点。2020年,我国经济呈现"前低后高"的走势,全年经济累计同比增长2.3%。随着国内疫情防控取得较好成果,消费市场逐步复苏,消费对经济增长的拉动作用也逐季回升,四季度最终消费支出拉动经济增长2.6个百分点,对经济增长的贡献率上升至39.6%。

四、对外贸易实现逆势增长

2020年,我国实现进出口总额约4.6万亿美元,累计同比增长1.5%,较2019年提升2.5个百分点。其中,出口2.6万亿美元,同比逆势增加3.6%;进口约2万亿美元,累计同比下降1.1%。贸易顺差5350亿美元,比2019年同期增加1140亿美元,增长27.4%。其中,四季度贸易顺差为2117亿美元,创历史新高。中国领先全球开启复工复产,较强的制造业供给能力提振出口,并带动经济增速修复。全年净出口对国内生产总值增长的贡献率为28%,为1997年以来最高比例。我国对外贸易总额及增长率变化如图1-6所示。

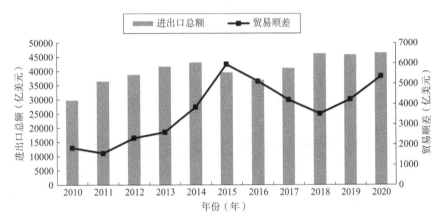

图1-6　2010—2020年我国对外贸易总额及增长率变化图
资料来源:国家统计局。

2020年,东南亚国家联盟(简称东盟)占中国外贸总额的比重达到14.8%,超越了欧洲联盟(简称欧盟),东盟成为我国第一大贸易伙伴。2020年,我国对美国出口4518亿美元,同比增长7.9%,自美国进口1349亿美元,同比增长9.8%。我国对"一带一路"沿线国家进出口总额13538.4亿元,比2019年增长1.0%。新冠肺炎疫情期间,全球产业链受到防控措施带来的巨大冲击,使企业重新思考产业链供应链安全稳定的重要性。而我国率先在全球范围复工复产,叠加政府推出多项稳外资政策,供应链韧性得到了检验。

五、数字化转型加速推进

疫情为数字经济发展提供了新机遇,线上办公、网络购物、无接触配送等广泛开展,社会和企业数字化转型进程加速。2020年,全年社会消费品零售总额为39.2万亿元,比2019年下降3.9%。但是,网络购物、网上订餐等线上消费迅速发展,网络零售表现亮眼,全年实物商品网上零售额比2019年增长14.8%,占社会消费品零售总额的比重为24.9%,比2019年提高4.0个百分点。网上零售额占比及其增速如图1-7所示。2020年9月,国务院发布《关于以新业态新模式引领新型消费加快发展的意见》,提出将着力补齐新型消费短板、引导新一代信息技术与更多的消费领域融合,线上经济将会迎来更大的发展机会。2020年,我国完成快递业务量达到833.6亿件,首次突破800亿件,比2019年大幅逆势增长31.2%。

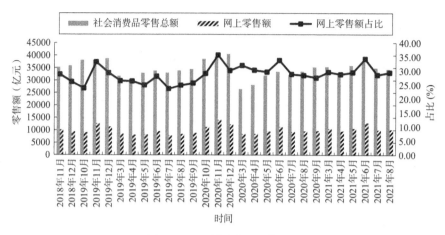

图 1-7 网上零售额占比及其增速
资料来源：国家统计局。

第二节　2020 年我国物流发展政策环境分析

一、疫情防控与复工复产统筹推进

物流业为扎实做好疫情防控、持续强化运输保障、迅速实现复工复产、全力保障国际物流供应链畅通等多项工作统筹推进做出巨大贡献。2020 年 2 月 15 日，交通运输部发布《交通运输部关于新冠肺炎疫情防控期间免收收费公路车辆通行费的通知》，要求从 2 月 17 日 0 时起至疫情防控工作结束，所有依法通行收费公路的车辆免收通行费。2 月 17 日至 5 月 5 日，全国共免收收费公路客、货车辆通行费 1593 亿元，同时"免费不免服务"，有力支持企业复工复产。

湖北地处我国的经济地理中心，武汉更是国家综合立体交通网的核心枢纽，交通物流网既是国家经济运行的大动脉，也是疫情防控的生命线。在武汉和湖北省疫情防控阻击战进入关键阶段之时，交通运输部和湖北省防控指挥部在武汉、鄂州、襄阳三地选择武汉捷利物流、武汉宝湾物流、鄂州赤湾东方物流、武汉萃元冷链食品物流、襄阳光彩国际物流基地 5 个物流园区，作为进鄂应急物资道路运输中转调运站，为外省进鄂的各类应急物资运输提供转运服务。在武汉封控长达两个多月的时间内，物流为城市的物资保障发挥了难以替代的作用，是武汉保卫战、湖北保卫战的重要支撑。

二、双循环新发展格局稳步推进

十九届五中全会提出，要推动形成以国内大循环为主体、国内国际双循环相互促进的新发展格局。2020 年 9 月 9 日，习近平总书记在主持召开中央财经委员会第八次会议时强调，要求统筹推进现代流通体系建设，为构建新发展格局提供有力支撑。立足新发展阶段，贯彻新发展理念，构建新发展格局，关键在于实现经济循环流转和产业关联畅通。物流体系是畅通国内国际双循环的重要纽带和基础支撑,"双循环"新格局要求现代流通体系补断点、畅堵点、解痛点,优化"通道+枢纽+网络"配置,降低物流成本,提升物流枢纽的双循环门户作用。《国民经济和社会发展第十四个五年规划和2035年远景目标纲要》对物流发展和供应链创新高度重视,提出完善综合交通枢纽和物流网络,健全现代流通体系,明确提出构建现代物流体系。

三、"交通强国"建设号角吹响

党的十九大开启了全面建设社会主义现代化强国的新征程,吹响了建设交通强国的冲锋号。2019年9月,中共中央、国务院印发《交通强国建设纲要》,紧紧围绕"人民满意、保障有力、世界前列"的总目标,明确到2035年基本建成交通强国,到21世纪中叶全面建成交通强国"两步走"战略安排,打造设施一流、技术一流、管理一流、服务一流的安全、便捷、高效、绿色、经济的现代化综合交通体系。《交通强国建设纲要》明确提出建设"全球123快货物流圈"(国内1天送达、周边国家2天送达、全球主要城市3天送达),打造绿色、高效的现代物流系统,包括优化运输结构,加快"公转铁"重点项目建设,推进大宗货物及中长距离货物运输向铁路和水运有序转移;推动铁路与水运(简称铁水)、公路与铁路(简称公铁)、公路与水运(简称公水)、空运与陆运(简称空陆)等联运发展;推进电商物流、冷链物流、大件运输、危险品物流等专业化物流发展等具体要求,进一步推动物流行业转型升级。

2021年2月,中共中央、国务院印发的《国家综合立体交通网规划纲要》也明确要求"推进交通与现代物流融合发展""加强现代物流体系建设,优化国家物流大通道和枢纽布局",对现代物流发展及体系建设提出了更高的要求。

四、物流"新基建"稳步推进

2019年,国家发展和改革委员会(简称"国家发改委")、交通运输部发布《国家物流枢纽布局和建设规划》,提出依托127个承载城市,规划建设212个国家物流枢纽,包括41个陆港型、30个港口型、23个空港型、47个生产服务型、55个商贸服务型和16个陆上边境口岸型国家物流枢纽。截至2020年,国家发改委、交通运输部共确定了45个国家物流枢纽,覆盖全国27个省(区、市),枢纽平均入驻企业数量达1384家,平均货物吞吐量达到4799万吨,核心节点在物流网络中的作用进一步突显。

针对疫情期间暴露的航空货运和冷链物流短板,国家各部委加大政策支持力度,推动物流专业化发展。国内民航采取"点对点"货运包机、建立审批"绿色通道"、新增"客改货"航班等措施,较好地缓解了国际货运能力紧缺态势。2020年,航空货运电子运单突破708.4万票,货运信息化水平全面提升。2020年8月,国家发改委、中国民航局印发《关于促进航空货运设施发展的意见》,提出建成湖北鄂州专业性货运枢纽机场,优化完善北京、上海、广州、深圳等综合性枢纽机场货运设施,逐步构建功能完善、布局合理、衔接顺畅的航空货运设施布局和通达全球的航空货运网络体系。2020年7月,国家发改委印发《关于做好2020年国家骨干冷链物流基地建设工作的通知》,公布2020年北京、武汉、郑州等17个国家骨干冷链物流基地建设名单,构建国家层面的骨干冷链物流基础设施网络。

在第四次工业革命的带动下,物流业与制造业进一步深度融合,智慧物流基础设施也在加速升级。2019年3月,国家发改委联合中共中央网络安全和信息化委员会办公室(简称"中央网信办")、工业和信息化部(简称"工信部")、公安部、财政部、自然资源部等24个部门和单位印发的《关于推动物流高质量发展促进形成强大国内市场的意见》,提出大力发展数字物流,加强数字物流基础设施。2019年7月,《数字交通发展规划纲要》也提出要加快实现物流活动全过程数字化,推进城市物流全链条信息共享。2020年,国家发改委、工信部等14个部门联合下发了《推动物流业制造业深度融合创新发展实施方案》,提出统筹推动物流业降本增效提质和制造业转型升级,促进物流业制造业协同联动和跨界融合,延伸产业链,稳定供应链,提升价值链。

五、物流"新业态"健康发展

货运结构调整不断深入,大宗货物"公转铁""公转水"加快发展。2020年,我国铁路完成货物总发送量占全社会货运量的比重为9.8%,比2019年提高0.3个百分点。与此同时,"高铁+电商"服务不断拓展,"高铁极速达"已覆盖全国980条线路、80多个大中城市,高铁货运完成货运量4.4万吨,同比增长40%。多式联运加快推进,2020年全国港口完成集装箱铁水联运量687万标箱,比2019年增长29.6%,占港口集装箱吞吐量的比重为2.6%,提高了0.6个百分点。截至2020年,我国已开展三批多式联运示范工程项目建设,前三批70个多式联运示范工程共完成集装箱多式联运量约480万标箱,货物多式联运和"一单制"联运模式加快推广。网络货运发展势头迅猛,截至2020年底,30个省(区、市)已与交通运输部网络货运交互系统实现联调测试,约736家网络货运企业整合社会零散运力约287万辆,网络货运平台日均运单量达13万单,降低交易成本6%~8%。

第三节 2020年我国物流运行情况分析

一、物流"生命线"作用充分发挥

物流对于保障国际供应链畅通、社会民生政策运转和区域重大融合战略均发挥了重大作用。2020年2月,国务院办公厅印发《关于做好公路交通保通保畅工作 确保人员车辆正常通行的通知》,各地交通运输部门按照"一断三不断""三不一优先"的总体要求,坚决阻断病毒传播渠道,保障公路交通网络不断、应急运输绿色通道不断、必要的群众生产生活物资运输通道不断,全力保障公路网的有序运行。

各级政府和各类市场主体积极协调解决国际物流问题,采取"点对点"包机、"客改货"、加密开行中欧班列、开行快船运输等措施快速提升国际货运能力,有力保障疫情期间国际产业链供应链稳定运行。2020年,西部陆海新通道开行班列3600列、发送19万标箱,分别同比增长73%、80%。中欧班列通达欧洲21个国家、92个城市,开行1.24万列、发送集装箱113.5万标箱,分别同比增长50%、56%,往返综合重箱率达98.4%。

物流对于地方产业支撑带动和引领作用日益突出。随着物流大通道的打通,一方面帮助当地生产制造企业降低原材料采购成本,另一方面推进地农产品、工业品进军国际市场,推进当地经济由"通道经济"迈向"枢纽经济",也为"一带一路"建设、京津冀协同发展、长江经济带建设、粤港澳大湾区建设、西部陆海新通道建设等国家重大决策实施提供了重要支撑。

二、社会物流运行恢复正常

物流业景气指数持续回升。2020年2月,受新冠肺炎疫情冲击影响,物流活动严重受阻,我国物流业景气指数为26.2%,较上月回落23.7个百分点。从行业来看,物流各细分行业运行也普遍明显回落,尤其是运输型物流企业回落幅度更大。2020年3月份,随着统筹推进疫情防控和经济社会发展系列政策措施的实施,我国新冠肺炎疫情防控形势明显向好,物流业景气指数大幅回升至51.5%,较上月回升25.3个百分点。企业有序复工复产进程不断加快,市场需求连连释放,物流业务量、库存周转次数、设备利用、固定资产投资、从业人员、资金周转、企业效益、业务活动预期等都有了明显好转。如图1-8所示,2020年3月之后,物流业景气指数均在50%以上的扩张区间,呈现明显回升态势。

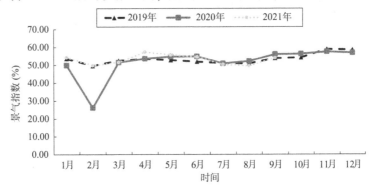

图1-8　2019—2021年我国物流业景气指数变化图

资料来源:中国物流与采购联合会。

物流市场规模水平持续提升。2020年,全国社会物流总额达到300.1万亿元,同比增长3.5%。从构成看,物流需求结构进一步优化,民生和绿色物流发展势头良好。工业品物流依然占绝对主体地位,占社会物流总额的89.9%,较2019年下降0.8个百分点;其次是进口货物物流,总额14.2万亿元,占比0.7%,比重与2019年相比同样小幅下降。单位与居民物品物流总额为9.8万亿元,增长13.2%,占比增加至3.3%。再生资源物流总额1.6万亿元,增长16.9%,占社会物流总额的比重为1.5%。我国社会物流总额及增长情况如图1-9所示。

三、社会物流成本趋于稳定

物流成本与经济生产总值的比重保持稳定。2020年社会物流总费用14.9万亿元,同比增长2.0%。社会物流总费用与国内生产总值的比率为14.7%,与2019年基本持平,近五年保持稳中有降的趋势。从结构看,运输费用、保管费用和管理费用的占比分别为52.3%、34.2%、12.8%,运输费用依然是物流费用的主要构成。我国社会物流总费用及与国内生产总值的比值如图1-10所示。

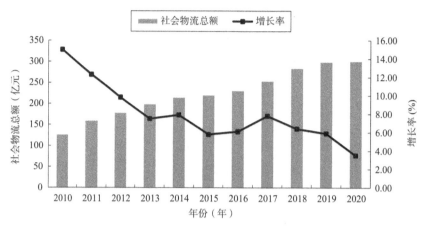

图 1-9 我国社会物流总额及增长情况
资料来源:中国物流与采购联合会。

图 1-10 我国社会物流总费用及与国内生产总值的比值
资料来源:中国物流与采购联合会。

虽然国内疫情整体得到有效控制,总体物流运转和区域供需不协调等问题得到极大缓解,但是随着零星确诊病例在全国散发,不同地区的疫情防控标准处于动态变化之中,使得进出口物流、冷链物流、长途跨地区运输等物流运营仍存在一些问题,物流需求不足及效率不高导致部分物流环节成本升高,物流运行总体仍处于反弹期。

四、物流服务市场基本恢复

2020 年,全国完成营业性货运量 464.40 亿吨,同比仅下降 0.5%,货运物流市场显示出良好的发展韧性。从不同运输方式看,铁路完成货物总发送量 45.52 亿吨,比 2019 年增长 3.2%;公路完成营业性货运量 342.64 亿吨,比 2019 年下降 0.3%,并没有因疫情防控导致断崖式下降,整体情况好于预期;水路完成货运量 76.16 亿吨,比 2019 年下降 3.3%。全国港口完成集装箱吞吐量 2.64 亿标箱,比 2019 年增长 1.2%;完成货物吞吐量 145.50 亿吨,比 2019 年增长 4.3%,其中外贸完成 44.96 亿吨,增长 4.0%,实现逆势增长。民航完成货邮运输量 676.6 万吨,比 2019 年下降 10.2%,民航货运尤其是腹舱货运受到冲击较为严重。

受疫情影响,2020 年一季度,国内货运量出现大幅下降。尤其是 2 月和 3 月份,月度货运量同比分别下降 29.9% 和 13.0%。但到 5 月,货运量增速逐步恢复并超过 2019 年同期水平,到 2020 年底已恢复至疫情前的 99.5%。我国铁路、公路、水路、民航的货运量和周转量仍位居世界前列水平。图 1-11 为我国 2020 年公路货运量及增幅月度变化。

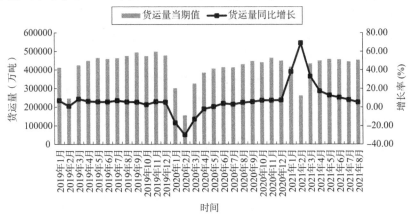

图 1-11　我国 2020 年公路货运量及增幅月度变化
资料来源:国家统计局。

五、物流市场主体加速成长

2020 年,国内物流企业 50 强的营业收入入围"门槛"升至 37.1 亿元,比 2019 年增加 4.5 亿元,比 2015 年增加了 1 倍。2020 年,综合 50 强物流企业共实现物流业务收入合计约为 1.1 万亿元,同比增长了 15.6%,占全国物流业总收入的比重为 10.7%,企业规模化和市场集中度进一步提升。其中,共有 3 家企业物流收入超过 1000 亿元,有 19 家企业物流收入在 100 亿~1000 亿元之间。顺丰速运有限公司(简称顺丰)、德邦物流股份有限公司(简称德邦物流)、上海中谷物流股份有限公司(简称中谷物流)等物流企业,通过网络化、规模化做大,依赖专业化、精细化做强,已迅速成长为业内知名物流企业。东部发达地区一些运输企业和物流园区正逐步向仓储、加工、分拨、包装、信息服务、配送等现代物流产业链延伸发展,展现了转型升级的良好态势。物流企业 50 强榜首及榜尾企业营收规模如图 1-12 所示。

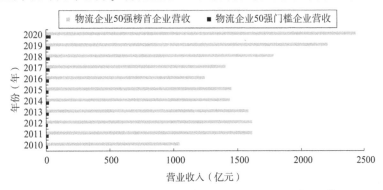

图 1-12　2010—2020 年物流企业 50 强榜首及榜尾企业营收规模
资料来源:根据中国物流与采购联合会发布数据整理。

六、物流基础设施稳步提升

截至2020年底,全国综合交通网里程达到550万公里。高铁营业里程3.8万公里,占铁路营业里程的比重为26.0%。高速公路里程16.10万公里,占公路总里程的比重为3.1%。三级及以上航道里程增加565公里,占航道总里程的比重为11.3%,全国港口万吨级及以上泊位数量达到2592个。定期航班通航机场、定期航班通航城市分别提高至240个和237个。2020年我国交通基础设施发展情况见表1-1。

我国交通基础设施发展情况　　　　　表1-1

指　　标	2010年	2015年	2020年
铁路营业里程(万公里)	9.12	12.1	14.6
高速铁路营业里程(万公里)	0.51	1.9	3.8
公路里程(万公里)	400.82	457.73	519.81
高速公路里程(万公里)	7.41	12.35	16.10
内河航道里程(万公里)	12.42	12.70	12.77
万吨级及以上泊位数(个)	1661	2221	2592
定期航线里程(万公里)	276.51	531.72	942.63
定期航班通航城市(个)	175	204	237

2020年,我国高速铁路里程、高速公路里程、沿海港口万吨级及以上泊位数仍稳居世界第一,高速铁路对100万以上人口城市的覆盖率超过95%,高速公路对城区常住人口为20万人以上城市的覆盖率达到100%,中欧班列通达21个国家,国际道路运输合作范围拓展至19个国家,水路国际运输航线覆盖100多个国家,民航航线通达64个国家和地区,以"十纵十横"国内综合运输大通道为主骨架,服务"六廊六路多国多港"的内畅外通综合立体交通网络基本形成。民航运输机场已覆盖92%的地级市,45个国家物流枢纽建设工作稳步推进,北京、上海、广州、深圳等综合交通枢纽城市已经初具国际竞争力,"通道+枢纽+网络"的现代交通物流运行体系框架基本形成。

第二章 城市物流竞争力榜单

2020年度,我国城市物流竞争力前5强的城市依次为上海市、深圳市、广州市、北京市和重庆市。上海市是我国城市物流竞争力最强的城市,其物流吸引力和物流辐射力同样排名国内城市第1位。本章列出了我国2020年度物流竞争力排名前100城市的指数得分和排名,并列出了排名前50城市的10个二级分项指标排名,以及排名100位之后的城市区间排名,见表2-1~表2-4。

第一节 城市物流竞争力排名

(1)2020年度我国城市物流竞争力排名(1~100名),见表2-1。

2020年度我国城市物流竞争力排名(1~100名)　　　　表2-1

城　市	城市物流竞争力指数	排名	城市物流吸引力指数	排名	城市物流辐射力指数	排名
上海	73.43	1	77.76	1	68.93	1
深圳	55.60	2	58.98	3	52.10	2
广州	55.20	3	63.27	2	46.81	3
北京	46.05	4	51.32	5	40.56	4
重庆	45.43	5	53.81	4	36.71	6
天津	40.84	6	46.07	7	35.39	9
武汉	40.45	7	44.40	9	36.35	7
成都	40.36	8	45.36	8	35.16	10
苏州	39.36	9	48.26	6	30.10	15
杭州	39.10	10	43.57	10	34.45	11
郑州	38.70	11	41.75	11	35.52	8
西安	37.60	12	35.87	16	39.40	5
南京	36.48	13	40.86	13	31.92	13
宁波	35.43	14	40.89	12	29.75	16
青岛	35.06	15	36.28	15	33.79	12
长沙	33.20	16	35.83	17	30.45	14
合肥	31.36	17	34.69	18	27.89	17
厦门	30.91	18	34.41	20	27.27	19

续上表

城　　市	城市物流竞争力指数	排名	城市物流吸引力指数	排名	城市物流辐射力指数	排名
无锡	30.01	19	34.58	19	25.25	22
东莞	29.98	20	37.66	14	21.99	27
福州	28.77	21	32.15	24	25.26	21
济南	28.60	22	31.88	25	25.20	23
石家庄	27.60	23	28.37	32	26.80	20
金华	26.92	24	33.01	22	20.59	32
沈阳	26.58	25	31.45	26	21.51	29
唐山	25.94	26	24.55	48	27.38	18
泉州	25.83	27	34.31	21	17.00	46
佛山	25.71	28	32.91	23	18.21	42
大连	25.63	29	29.30	27	21.81	28
昆明	25.60	30	28.70	30	22.37	24
芜湖	24.71	31	29.03	29	20.22	34
徐州	24.66	32	27.07	40	22.15	26
南通	24.42	33	29.27	28	19.38	37
南昌	24.19	34	28.45	31	19.76	35
哈尔滨	23.81	35	26.92	41	20.58	33
烟台	23.60	36	27.80	36	19.24	38
太原	22.78	37	27.41	38	17.96	43
常州	22.61	38	22.87	56	22.34	25
嘉兴	22.60	39	27.76	37	17.24	45
贵阳	22.53	40	26.11	44	18.81	39
舟山	22.51	41	26.26	43	18.62	40
长春	21.87	42	27.12	39	16.41	51
南宁	21.79	43	28.29	33	15.04	61
潍坊	21.40	44	27.83	35	14.71	65
温州	21.31	45	28.17	34	14.17	74
海口	21.26	46	24.13	50	18.27	41
连云港	20.92	47	21.22	65	20.60	31
泰州	20.29	48	26.29	42	14.05	76
兰州	20.27	49	22.91	54	17.53	44
洛阳	19.98	50	22.88	55	16.96	47
岳阳	19.95	51	23.86	51	15.89	53

续上表

城　市	城市物流竞争力指数	排名	城市物流吸引力指数	排名	城市物流辐射力指数	排名
日照	19.90	52	18.80	89	21.04	30
乌鲁木齐	19.63	53	24.40	49	14.67	68
淮安	19.20	54	22.67	58	15.58	57
宜昌	19.10	55	22.40	61	15.66	54
临沂	19.08	56	24.95	47	12.97	101
镇江	19.07	57	18.60	94	19.56	36
襄阳	18.80	58	20.80	70	16.72	48
扬州	18.73	59	22.45	60	14.86	63
邯郸	18.37	60	20.07	72	16.61	49
阜阳	18.36	61	21.82	63	14.76	64
湖州	18.36	62	22.63	59	13.91	83
台州	18.29	63	25.61	45	10.69	158
珠海	18.28	64	20.83	69	15.63	56
盐城	18.26	65	22.81	57	13.53	91
惠州	18.17	66	25.12	46	10.95	151
绍兴	18.02	67	23.66	52	12.15	118
商丘	17.99	68	19.86	78	16.04	52
蚌埠	17.90	69	20.07	73	15.64	55
保定	17.77	70	22.29	62	13.07	97
信阳	17.70	71	21.25	64	14.02	78
沧州	17.52	72	19.90	76	15.04	60
赣州	17.46	73	23.57	53	11.10	147
淄博	16.79	74	19.10	85	14.39	70
马鞍山	16.79	75	18.40	97	15.12	58
衡阳	16.75	76	18.74	90	14.68	67
南阳	16.52	77	20.01	75	12.89	104
银川	16.50	78	20.89	68	11.94	126
安阳	16.48	79	17.85	103	15.05	59
铜陵	16.41	80	18.91	87	13.81	84
榆林	16.38	81	18.70	92	13.97	80
呼和浩特	16.28	82	20.74	71	11.64	132
驻马店	16.26	83	18.44	96	14.00	79
济宁	16.22	84	18.60	93	13.75	87

续上表

城　市	城市物流竞争力指数	排名	城市物流吸引力指数	排名	城市物流辐射力指数	排名
遵义	16.16	85	21.01	66	11.11	146
汕头	16.07	86	21.00	67	10.94	152
宿迁	16.05	87	19.20	84	12.77	106
上饶	16.04	88	17.32	111	14.71	66
宜春	15.90	89	16.89	120	14.87	62
九江	15.82	90	18.91	86	12.61	112
漯河	15.82	91	17.49	108	14.09	75
许昌	15.82	92	17.34	110	14.24	71
中山	15.73	93	19.23	83	12.10	120
德州	15.70	94	17.56	106	13.77	86
宣城	15.57	95	18.32	100	12.72	109
荆州	15.56	96	18.89	88	12.09	121
廊坊	15.50	97	19.41	81	11.42	138
新乡	15.49	98	17.11	113	13.80	85
菏泽	15.47	99	18.20	101	12.63	111
安庆	15.45	100	18.09	102	12.70	110

(2) 2020年度我国城市物流竞争力排名(101～200名),见表2-2。

2020年度我国城市物流竞争力排名(101～200名)　　表2-2

城市(按拼音顺序)	排　名	城市(按拼音顺序)	排　名
包头		怀化	
毕节		淮南	
滨州		黄冈	
亳州		黄石	
常德		吉安	
潮州		江门	
池州	101～150	揭阳	101～150
滁州		开封	
鄂尔多斯		聊城	
鄂州		临汾	
贵港		柳州	
桂林		六安	
鹤壁		娄底	
衡水		泸州	

续上表

城市(按拼音顺序)	排　名	城市(按拼音顺序)	排　名
绵阳	101~150	广安	151~200
平顶山		广元	
萍乡		呼伦贝尔	
莆田		淮北	
秦皇岛		黄山	
宿州		焦作	
泰安		锦州	
铜仁		晋中	
威海		荆门	
渭南		丽水	
咸阳		龙岩	
湘潭		茂名	
孝感		南充	
邢台		南平	
鹰潭		内江	
营口		宁德	
运城		濮阳	
枣庄		齐齐哈尔	
湛江		钦州	
漳州		清远	
周口		曲靖	
株洲		衢州	
安顺	151~200	三门峡	
鞍山		三明	
宝鸡		三亚	
北海		韶关	
郴州		邵阳	
达州		十堰	
大同		天水	
德阳		乌兰察布	
东营		梧州	
防城港		西宁	
抚州		咸宁	

续上表

城市(按拼音顺序)	排　　名	城市(按拼音顺序)	排　　名
新余	151~200	永州	151~200
宜宾		长治	
益阳		肇庆	

(3)2020年度我国城市物流竞争力排名(201~302名),见表2-3。

2020年度我国城市物流竞争力排名(201~302名)　　　　表2-3

城市(按拼音顺序)	排　　名	城市(按拼音顺序)	排　　名
巴中	201~250	攀枝花	201~250
百色		盘锦	
朝阳		庆阳	
承德		汕尾	
赤峰		朔州	
楚雄		随州	
大庆		遂宁	
丹东		天门	
定西		通辽	
哈密		铜川	
汉中		锡林浩特	
葫芦岛		忻州	
吉林		延安	
佳木斯		阳江	
晋城		阳泉	
景德镇		玉林	
喀什		玉溪	
拉萨		云浮	
来宾		张家界	
乐山		张家口	
丽江		昭通	
辽阳		资阳	
六盘水		自贡	
吕梁		张掖	
眉山		阿克苏	251~302
梅州		安康	
牡丹江		巴彦淖尔	

续上表

城市(按拼音顺序)	排名	城市(按拼音顺序)	排名
白城	251~302	辽源	251~302
白山		林芝	
白银		临沧	
保山		陇南	
本溪		平凉	
昌都		普洱	
昌吉		七台河	
崇左		日喀则	
大理		商洛	
抚顺		石嘴山	
阜新		双鸭山	
格尔木		四平	
固原		松原	
海东		绥化	
河池		塔城	
河源		铁岭	
贺州		通化	
鹤岗		吐鲁番	
黑河		乌海	
鸡西		吴忠	
嘉峪关		武威	
金昌		雅安	
酒泉		伊春	
克拉玛依		中卫	

第二节　城市物流竞争力分项指标排名

2020年度我国城市物流竞争力细分排名(前50位)见表2-4。

2020年度我国城市物流竞争力细分排名(前50位)　　表2-4

| 城市 | 物流吸引力指数 | | | | | 物流辐射力指数 | | | | |
	发展潜力指数排名	市场规模指数排名	枢纽布局指数排名	营收环境指数排名	绿色低碳指数排名	地理区位指数排名	市场覆盖指数排名	智慧物流指数排名	通达性指数排名	国际物流指数排名
上海	1	1	1	1	5	34	2	12	1	1

续上表

城市	物流吸引力指数					物流辐射力指数				
	发展潜力指数排名	市场规模指数排名	枢纽布局指数排名	营收环境指数排名	绿色低碳指数排名	地理区位指数排名	市场覆盖指数排名	智慧物流指数排名	通达性指数排名	国际物流指数排名
深圳	2	4	7	4	42	85	1	33	6	2
广州	3	2	5	3	32	47	3	22	3	3
北京	6	5	11	2	184	36	4	82	8	5
重庆	5	3	10	8	58	102	12	59	2	12
天津	38	7	3	6	56	52	16	22	4	8
武汉	30	13	4	5	35	3	7	16	10	19
成都	7	8	6	7	184	122	5	28	13	7
苏州	4	6	8	11	92	63	23	16	9	16
杭州	8	9	13	9	79	28	6	33	34	6
郑州	12	17	2	14	184	1	10	22	14	13
西安	19	20	12	13	184	8	9	2	32	9
南京	14	15	29	10	17	13	13	9	12	25
宁波	13	12	15	16	22	93	39	33	7	10
青岛	26	18	9	15	94	139	20	59	5	4
长沙	9	16	20	18	116	6	8	28	41	21
合肥	17	19	16	20	69	7	15	12	44	23
厦门	20	43	24	12	33	158	17	43	16	11
无锡	16	21	19	19	67	62	30	7	19	37
东莞	11	11	30	28	31	160	35	140	22	18
福州	22	40	43	22	18	68	34	43	21	15
济南	21	22	18	24	163	51	11	59	38	33
石家庄	43	23	28	40	184	12	18	3	51	63
金华	18	10	34	44	166	69	28	43	83	20
沈阳	96	28	14	17	184	176	21	59	35	22
唐山	62	27	52	53	111	127	49	6	11	17
泉州	15	26	25	38	23	157	40	59	39	38
佛山	10	14	45	33	74	57	50	82	31	48
大连	88	39	37	23	38	177	36	82	15	24
昆明	25	38	22	31	180	113	14	82	33	35
芜湖	78	83	39	51	3	49	44	4	54	90
徐州	31	29	70	41	50	10	31	9	43	62

续上表

城市	物流吸引力指数					物流辐射力指数				
	发展潜力指数排名	市场规模指数排名	枢纽布局指数排名	营收环境指数排名	绿色低碳指数排名	地理区位指数排名	市场覆盖指数排名	智慧物流指数排名	通达性指数排名	国际物流指数排名
南通	23	41	56	43	19	134	37	59	23	41
南昌	27	57	23	26	97	44	27	82	36	50
哈尔滨	193	45	21	25	118	171	22	59	28	31
烟台	24	50	38	36	61	173	54	82	20	30
太原	29	88	31	21	184	64	26	43	65	53
常州	49	48	160	50	55	46	29	16	27	55
嘉兴	33	30	55	60	24	99	53	140	26	61
贵阳	41	47	41	29	181	61	24	82	45	68
舟山	67	108	51	80	2	115	264	82	18	28
长春	28	52	27	34	184	198	19	140	42	60
南宁	35	31	32	35	83	159	25	82	117	49
潍坊	113	32	17	47	72	125	66	82	49	74
温州	42	34	50	30	37	155	41	140	58	52
海口	47	138	65	98	7	133	42	59	24	59
连云港	209	81	60	52	63	88	120	20	30	26
泰州	40	70	125	75	1	150	192	43	40	51
兰州	118	127	35	32	184	184	33	82	53	27
洛阳	74	66	49	39	170	4	62	43	77	116

第三章 城市物流竞争力(2021)述评：物流韧性承压

突如其来的新冠肺炎疫情对国内国际物流体系带来较大冲击。疫情爆发初期，全国货车流量仅相当于 2019 年的 30% 左右，疫情严重地区的城市内物流体系几乎停滞，城市间物流受到冲击最为严重。但是，从 2020 年全年来看，我国的城市物流竞争力指数仅小幅下降，整体物流竞争力格局没有发生巨大变化，我国的城市物流韧性经受住了疫情考验。此外，在数字经济、商贸消费、对外出口、跨境电商等新经济的带动下，部分城市的港口物流、航空货运、中欧班列等逆势增长，进一步催生城市物流多元化发展。

第一节 中国城市经济发展格局

哈佛大学教授爱德华·格莱泽(Edward Glaeser)在其著作《城市的胜利》中提出，城市是人类最伟大的发明与最美好的希望。城市的发展水平是国家现代化的重要标志，也是全球化与信息化时代的发展主体，21 世纪将成为城市的世纪。改革开放以来，尤其是随着近年来我国新型城镇化战略的实施，我国城市的数量和质量均实现了快速发展，并形成了京津冀、长三角、粤港澳大湾区、成渝地区双城经济圈等国家级城市群，涌现出北京、上海、深圳等一批具有世界影响力的全球城市，成为带动我国经济快速增长和参与国际经济合作与竞争的主要平台。

一、城市数量和规模快速增加

根据《中国城市统计年鉴》，1978—2019 年，我国建制城市数量(含地级以上城市和县级城市)从 193 个增加到 684 个，其中直辖市 4 个、副省级城市 15 个、地级市 278 个、县级市 387 个。其中，拥有城市最多的省份为山东省，拥有 2 个副省级城市、14 个地级市、27 个县级市。其他超过 30 个城市的省份分别为广东省(41 个)、河南省(39 个)、湖北省(37 个)、江苏省(36 个)、四川省(36 个)、黑龙江省(33 个)、河北省(32 个)、湖南省(31 个)、辽宁省(30 个)、新疆维吾尔自治区(30 个)。城市平均生产总值从 1985 年的 37.55 亿元增加到 2019 年的 1390.69 亿元。我国城市数量变化如图 3-1 所示。

二、新型城镇化战略深化推进

诺贝尔经济学奖获得者斯蒂格利茨(J. E. Stiglitz)，把中国的城镇化与美国的高科技并列为影响 21 世纪人类发展进程的两大关键因素。2014 年，中共中央、国务院印发《国家新型城镇化规划(2014—2020年)》,城镇化的发展目标为:常住人口城镇化率达到60%左右,户籍人口城镇化率达到45%左右。根据第七次全国人口普查数据,2020年我国常住人口城镇化率达63.9%,相较于2010年第六次全国人口普查的49.7%,上升了14.2个百分点。广东、浙江、江苏是人口增长最多的省份,重庆市(3205万人)、上海市(2487万人)、北京市(2189万人)、成都市(2094万人)是我国人口数量最多的4座城市。中国当前仍然处于城镇化率有潜力以较快速度提升的发展机遇期,"十四五"时期,我国的城镇化率有望突破65%。我国常住人口城镇化率变化如图3-2所示。

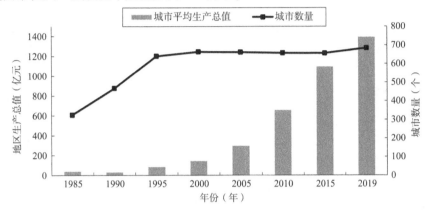

图3-1　1985—2019年我国城市数量变化图
资料来源:中国城市统计年鉴。

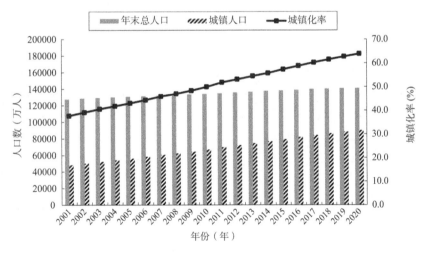

图3-2　2001—2020年我国常住人口城镇化率变化图
资料来源:国家统计局。

三、城市能级影响力显著提升

随着中国城市的崛起,中国的全球城市数量和能级也快速增加。全球城市是城市发展的高级阶段和国际化的高端形态,是世界城市网络体系的核心节点。根据全球化及世界城市研究网络(Globalization and World Cities Research Network,简称GaWC)的世界城市排名,进入 GaWC 世界城市榜单的中国城市从 2000 年的 6 个增加到 2016 年的 33 个,2020 年共有 40 个中国城市进入 GaWC 榜单❶。其中,香港、北京、上海、台北、广州、深圳等城市已上升为 Alpha 级(一线)全球城市,香港、上海、北京已经成为世界前 10 的全球城市;成都、天津、南京、杭州、重庆、武汉、长沙、厦门、郑州、沈阳、西安、大连、济南 13 个城市跻身 Beta 级(二线)全球城市;青岛、苏州、昆明、合肥等 21 个城市位列 Gamma 级(三线)全球城市。中国代表城市入围 GaWC 榜单见表 3-1。

表 3-1 中国代表城市入围 GaWC 榜单以及 2018 年与 2020 年对比变化

序号	城 市	2020 年排名	2018 年排名	变 化 情 况
1	香港	3	3	—
2	上海	5	6	↑1
3	北京	6	4	↓2
4	广州	34	27	↓7
5	台北	36	26	↓10
6	深圳	46	55	↑9
7	成都	59	71	↑12
8	天津	77	86	↑9
9	南京	87	94	↑7
10	杭州	90	75	↓15
11	重庆	96	105	↑9
12	武汉	98	95	↓3
13	长沙	108	122	↑14
14	厦门	114	121	↑7
15	郑州	116	153	↑37
16	沈阳	119	126	↑7
17	西安	125	150	↑25
18	大连	127	118	↓9
19	济南	131	132	↑1

资料来源:GaWC(2018)、GaWC(2020)。

四、城市群(圈)加速崛起

随着城市规模的扩大和综合交通网络的完善,城市高度集中的地区呈现一体化发展的趋势,形成城市群或者都市圈。2021 年发布的《中华人民共和国国民经济和社会发展第十四个五年规划和 2035 年远景目标纲要》提出,优化提升京津冀、长三角、珠三角、成渝、长

---

❶ Globalization and World Cities (GaWC) Research Network. The World According to GaWC 2000—2020[EB/OL]. http://www.lboro.ac.uk/gawc/gawcworlds.html.

江中游等城市群,发展壮大山东半岛、粤闽浙沿海、中原、关中平原、北部湾等城市群,培育发展哈长、辽中南、山西中部、黔中、滇中、呼包鄂榆、兰州—西宁、宁夏沿黄、天山北坡等城市群,形成多中心、多层级、多节点的网络型城市群。京津冀、长三角、粤港澳大湾区、成渝地区双城经济圈成为中国经济发展的"四大增长极",以占全国2.8%的面积集聚了18%的人口,创造的生产总值占全国生产总值的36%,是我国经济最具活力、开放程度最高、创新能力最强、吸纳外来人口最多的地区,正逐步打造成为世界级城市群。

五、区域城市发展格局分化明显

(1)城市规模差距巨大。根据国家统计局公布的城市评级,上海、北京、深圳、重庆、广州、成都、天津7座城市为超大城市,城区常住人口超过1000万人。武汉、东莞、西安、杭州、佛山、南京、沈阳、青岛、济南、长沙、哈尔滨、郑州、昆明、大连14座城市为特大城市,城区常住人口位于500万人以上1000万人以下。如图3-3所示,纳入本报告考察范围的302个城市平均人口规模为443.2万人,中位数是200万~300万人,主体为百万人口大城市。

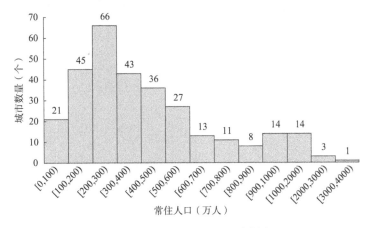

图3-3 样本城市的人口区间分布图

注:样本人口的区间分布为不等距分组。

302个城市平均经济规模为3268.2亿元,中位数是1000亿~2000亿元,主体为中等规模城市。地区生产总值超过3万亿元的城市有上海和北京,另外深圳、广州、重庆、苏州4座城市的地区生产总值也超过2万亿元。地区生产总值超过1万亿元的城市共有23个,合计占全国生产总值的37.75%,超大城市、特大城市、大城市、中小城市规模差距巨大,中小城市集聚产业和人口不足,潜力没有得到充分发挥。城市的地区生产总值区间分布如图3-4所示。

(2)区域城市发展格局分化。我国各城市发展不平衡不充分问题依然比较突出,总体上看,东西差距逐步放缓,而南北差距在不断加大。2000年,东部地区与中部地区、西部地区的人均生产总值差距分别为1.75倍和2.26倍,2005年东中西地区人均生产总值差距扩大到2.07倍和2.40倍。此后收入差距逐渐缩小,到2020年,东部地区与中部地区、西部地区的人均生产总值差距分别为1.54倍和1.63倍。在西部大开发、中部崛起等国家战略支持下,中西部地区的经济增长快于东部地区,成都、重庆、郑州、西安等中西部城市快速发展,崛起成为国家或者区域性中心城市。"十三五"期,东部、中部、西部、东北四大板块货运量增速分别为7.6%、7.9%、7.8%、3.3%,区域物流格局整体呈现东部稳步发展、中西部地区加速追赶的局面。但是,东部地区与中西部地区经济发展水平的绝对差距仍在扩大。我国东部、中部、西部地区人均生产总值变化如图3-5所示。

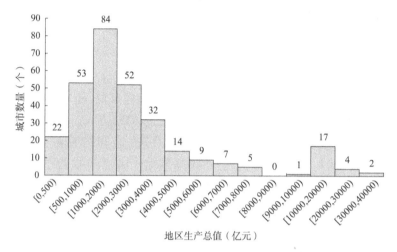

图3-4 样本城市的地区生产总值区间分布图
注:样本城市地区生产总值的区间分布为不等距分组。

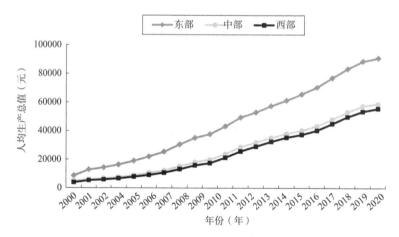

图3-5 我国东部、中部、西部地区人均生产总值变化趋势图
资料来源:根据国家统计局数据整理。

(3)南北差距有加大趋势。2000年,南方地区的人均生产总值是北方的1.04倍,差距只有235.75元,南北方经济发展水平基本相当。2012—2019年南北经济总量差距从14个百分点迅速扩大至29个百分点,城市生产总值前10强中,北方只有北京和天津上榜,其余均为南方城市,即使在前20强中也只有郑州、青岛等少数几个北方城市。到2020年,南方地区的人均生产总值是北方的1.26倍,差距进一步扩大,达到1.6万元。按照现有趋势发展,到"十四五"末期,南北差距将会大于东西差距,成为我国区域差距的主要矛盾。我国南北地区人均生产总值变化如图3-6所示。

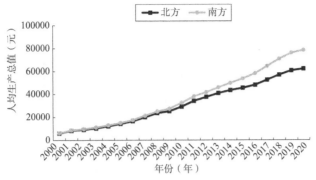

图 3-6　我国南北地区人均生产总值变化趋势图
资料来源:根据国家统计局数据整理。

第二节　中国城市物流竞争力发展格局

一、中国城市物流综合竞争力

(一) 综合物流竞争力指数

2020 年度,我国 302 个城市物流综合竞争力指数最高的是上海市,得分为 73.43。综合竞争力指数超过 80 的城市空缺,说明我国物流水平最发达的城市仍有很大的发展空间。综合竞争力指数位于 60~70 区间的城市同样空缺,物流竞争力指数超过 50 的还有深圳(55.60)和广州(55.20)两座城市,分别排名第二、三位,但是距离上海的综合物流发展水平还有一定的差距。

从分布情况看,我国城市 2020 年度物流竞争力指数区间为[5.92,73.74],城市物流竞争力指数的平均值为 15.49,中位数位于[10,15]区间内。超过 250 座城市的物流竞争力指数低于 20 分,这意味着我国城市的总体物流发展水平距离最佳实践仍有较大的差距,城市物流发展水平不充分不均衡现象突出,具有较大的改善空间。2020 年度中国城市物流竞争力指数分布如图 3-7 所示。

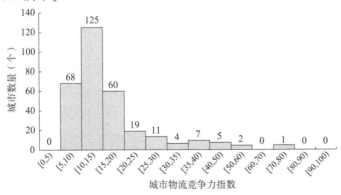

图 3-7　2020 年度中国城市物流竞争力指数分布图

（二）分项物流竞争力指数

城市物流综合竞争力可细分为城市物流吸引力和城市物流辐射力两个维度。其中，城市物流吸引力指数排名最高的5座城市分别为上海、广州、深圳、重庆、北京，得分分别为77.76、63.27、58.98、53.81、51.32；城市物流辐射力指数排名最高的5座城市分别为上海、深圳、广州、北京、西安，得分分别为68.93、52.10、46.81、40.56、39.40。物流吸引力指标下的5个三级指数，发展潜力指数、市场规模指数、枢纽布局指数、营商环境指数最高的城市均为上海市，绿色低碳指数最高的城市为泰州市。物流辐射力指标下的5个三级指数，地理区位指数最高的城市为郑州市，市场覆盖指数最高的城市均为深圳市，通达性指数和国际物流指数最高的城市均为上海市，见表3-2。

物流竞争力指数分项排名前三名城市　　　　表3-2

物流吸引力指数		上海、广州、深圳	物流辐射力指数		上海、深圳、广州
三级指标	发展潜力指数	上海、深圳、广州	三级指标	地理区位指数	郑州、驻马店、武汉
	市场规模指数	上海、广州、重庆		市场覆盖指数	深圳、上海、广州
	枢纽布局指数	上海、郑州、天津		智慧物流指数	榆林、西安、石家庄
	营商环境指数	上海、北京、广州		通达性指数	上海、重庆、广州
	绿色低碳指数	泰州、舟山、芜湖		国际物流指数	上海、深圳、广州

从吸引力指标的分布情况看，2020年度我国城市物流吸引力指数区间为[8.81，77.76]，城市物流竞争力指数的平均值为18.65，中位数位于[10，15]区间内。超过227座城市的物流吸引力指数低于20分。从辐射力指标的分布情况看，2020年度我国城市物流辐射力指数区间为[1.49，68.93]，城市物流竞争力指数的平均值为12.20，中位数位于[10，15]区间内。超过268座城市的物流吸引力指数低于20分。相对来看，中国城市的吸引力稍强于辐射力，意味着绝大多数城市的物流业发展仍以服务于本地市场为主，对于周边地区的辐射带动能力相对有限。2020年度中国城市物流吸引力和辐射力指数分布如图3-8、图3-9所示。

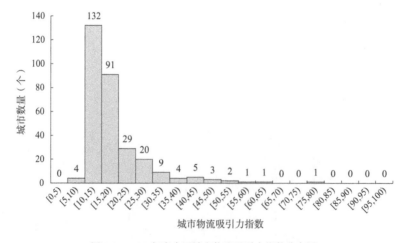

图3-8　2020年度中国城市物流吸引力指数分布图

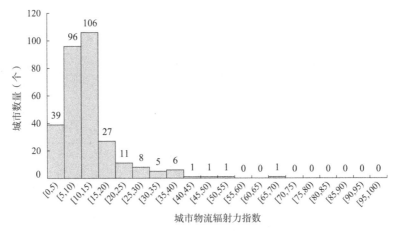

图3-9 2020年度中国城市物流辐射力指数分布图

二、中国新一线物流城市

(一) 中国新一线物流城市榜单

参考中国社会科学院(GUCP)发布的"全球城市竞争力报告"、GaWC发布的"全球城市分级排名"、A. T. Kearney发布的"全球城市报告"、日本森纪念财团都市战略研究所(MMF)发布的"全球城市实力指数排名"等全球城市研究报告,将城市物流竞争力指数排名前30位的城市定义为"中国新一线物流城市"。中国新一线物流城市分别为:上海、深圳、广州、北京、重庆、天津、武汉、成都、苏州、杭州、郑州、西安、南京、宁波、青岛、长沙、合肥、厦门、无锡、东莞、福州、济南、石家庄、金华、沈阳、唐山、泉州、佛山、大连、昆明,见表3-3。

2020年度中国物流新一线城市(物流竞争力前30强) 表3-3

城 市	城市物流竞争力指数	排名	城市物流吸引力指数	排名	城市物流辐射力指数	排名
上海	73.43	1	77.76	1	68.93	1
深圳	55.60	2	58.98	3	52.10	2
广州	55.20	3	63.27	2	46.81	3
北京	46.05	4	51.32	5	40.56	4
重庆	45.43	5	53.81	4	36.71	6
天津	40.84	6	46.07	7	35.39	9
武汉	40.45	7	44.40	9	36.35	7
成都	40.36	8	45.36	8	35.16	10
苏州	39.36	9	48.26	6	30.10	15
杭州	39.10	10	43.57	10	34.45	11
郑州	38.70	11	41.75	11	35.52	8
西安	37.60	12	35.87	16	39.40	5
南京	36.48	13	40.86	13	31.92	13
宁波	35.43	14	40.89	12	29.75	16

续上表

城　　市	城市物流竞争力指数	排名	城市物流吸引力指数	排名	城市物流辐射力指数	排名
青岛	35.06	15	36.28	15	33.79	12
长沙	33.20	16	35.83	17	30.45	14
合肥	31.36	17	34.69	18	27.89	17
厦门	30.91	18	34.41	20	27.27	19
无锡	30.01	19	34.58	19	25.25	22
东莞	29.98	20	37.66	14	21.99	27
福州	28.77	21	32.15	24	25.26	21
济南	28.60	22	31.88	25	25.20	23
石家庄	27.60	23	28.37	32	26.80	20
金华	26.92	24	33.01	22	20.59	32
沈阳	26.58	25	31.45	26	21.51	29
唐山	25.94	26	24.55	48	27.38	18
泉州	25.83	27	34.31	21	17.00	46
佛山	25.71	28	32.91	23	18.21	42
大连	25.63	29	29.30	27	21.81	28
昆明	25.60	30	28.70	30	22.37	24

(二) 中国新一线物流城市分布

我国30座新一线物流城市包括4个直辖市、13个副省级城市和13个地级市。4个直辖市均进入城市物流竞争力前10名,上海、北京、重庆市、天津市分列第1、4、5、6位。副省级城市中,城市物流竞争力排名前5位的依次是深圳、广州、武汉、成都和杭州,长春和哈尔滨的城市物流竞争力未能进入前30名。省会城市中,城市物流竞争力排名前5位的依次是广州、武汉、成都、杭州和郑州。地级市中,城市物流竞争力排名最高的是苏州市,另外还有无锡、东莞、金华、唐山、泉州、佛山等地级市位列城市物流竞争力前30名。表3-4～表3-6列出了副省级城市、省会城市、地级市物流竞争力前10位。

2020年度副省级城市物流竞争力前10位　　　　表3-4

城　　市	城市物流竞争力指数	排名	城市物流吸引力指数	排名	城市物流辐射力指数	排名
深圳	55.60	2	58.98	3	52.10	2
广州	55.20	3	63.27	2	46.81	3
武汉	40.45	7	44.40	9	36.35	7
成都	40.36	8	45.36	8	35.16	10
杭州	39.10	10	43.57	10	34.45	11
西安	37.60	12	35.87	16	39.40	5
南京	36.48	13	40.86	13	31.92	13

续上表

城 市	城市物流竞争力指数	排名	城市物流吸引力指数	排名	城市物流辐射力指数	排名
宁波	35.43	14	40.89	12	29.75	16
青岛	35.06	15	36.28	15	33.79	12
厦门	30.91	18	34.41	20	27.27	19

2020 年度省会城市物流竞争力前 10 位 表3-5

城 市	城市物流竞争力指数	排名	城市物流吸引力指数	排名	城市物流辐射力指数	排名
广州	55.20	3	63.27	2	46.81	3
武汉	40.45	7	44.40	9	36.35	7
成都	40.36	8	45.36	8	35.16	10
杭州	39.10	10	43.57	10	34.45	11
郑州	38.70	11	41.75	11	35.52	8
西安	37.60	12	35.87	16	39.40	5
南京	36.48	13	40.86	13	31.92	13
长沙	33.20	16	35.83	17	30.45	14
合肥	31.36	17	34.69	18	27.89	17
福州	28.77	21	32.15	24	25.26	21

2020 年度地级市物流竞争力前 10 位 表3-6

城 市	城市物流竞争力指数	排名	城市物流吸引力指数	排名	城市物流辐射力指数	排名
苏州	39.36	9	48.26	6	30.10	15
无锡	30.01	19	34.58	19	25.25	22
东莞	29.98	20	37.66	14	21.99	27
金华	26.92	24	33.01	22	20.59	32
唐山	25.94	26	24.55	48	27.38	18
泉州	25.83	27	34.31	21	17.00	46
佛山	25.71	28	32.91	23	18.21	42
芜湖	24.71	31	29.03	29	20.22	34
徐州	24.66	32	27.07	40	22.15	26
南通	24.42	33	29.27	28	19.38	37

2020 年度物流竞争力指数前 10 名城市中,7 座城市位于东部地区、3 座位于中西部地区,8 座城市位于南方地区、2 座城市位于北方地区。与 2019 年相比,苏州和杭州两座城市进入前 10 名,而郑州和南京掉出前 10 名。如图 3-10 所示,2020 年度物流竞争力指数前 30 名城市中,22 座城市位于东部地区、8 座位于中西部地区,20 座城市位于南方地区、10 座城市位于北方地区。虽然新一线物流城市仍以东部沿海地区的城市为主,但是在中国经济驱动方式持续由以外循环向内循环为主、国内国际双循环背景下,中西部中心城市获得利好显著,中西部地区的物流枢纽地位也将明显上升。

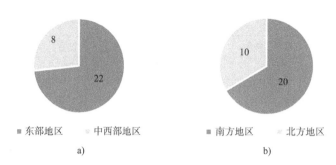

图3-10 2020年度中国新一线物流城市地区分布图

三、中国城市物流枢纽类型

(一)中国城市物流竞争力类型划分

城市物流竞争力可细分为城市物流吸引力和城市物流辐射力两个维度,由此构建二维象限。以城市物流吸引力指数和城市物流辐射力指数的前25%分位数为划分标准,将二维象限分为四个区间。其中,城市物流吸引力和城市物流辐射力均比较强的城市为枢纽型物流城市,城市物流吸引力较强、城市物流辐射力较弱的城市为消费型物流城市,城市物流吸引力较弱、城市物流辐射力较强的城市为口岸型物流城市,城市物流吸引力和城市物流辐射力均比较弱的城市为一般型物流城市。

(二)中国城市物流枢纽类型分布

按照中国城市物流竞争力类型划分标准,我国302个城市的物流竞争力可以分成59个枢纽型物流城市、15个消费型物流城市、15个口岸型物流城市、213个一般型物流城市。其中,上海市的物流吸引力和竞争力均显著高于其他的枢纽型物流城市,因此将上海市进一步定义为强枢纽型物流城市。如图3-11所示,我国绝大多数城市的物流竞争力类型为一般型,吸引力和辐射力均比较弱。

强枢纽型物流城市:上海市。城市物流吸引力和辐射力均排名全国第1位,属于具有国际竞争力的强枢纽型物流城市。

枢纽型物流城市:广州、深圳、重庆、北京、苏州、天津、成都、武汉、杭州、郑州、宁波、南京、东莞、青岛、西安、长沙、合肥、无锡、厦门、泉州、金华、佛山、福州、济南、沈阳、大连、南通、芜湖、昆明、南昌、石家庄、南宁、温州、潍坊、烟台、嘉兴、太原、长春、徐州、哈尔滨、舟山、贵阳、唐山、乌鲁木齐、海口、岳阳、兰州、洛阳、常州、淮安、扬州、宜昌、阜阳、连云港、珠海、襄阳、邯郸、蚌埠58个城市。城市物流吸引力和辐射力均位于全国前25%,排名靠前的城市也正在打造具有全球影响力的国际物流枢纽。

消费型物流城市:泰州、临沂、湖州、台州、盐城、惠州、绍兴、保定、信阳、赣州、银川、呼和浩特、遵义、汕头、泸州15个城市。城市物流吸引力位于前25%,城市物流辐射力落后于全国前25%。

口岸型物流城市:日照、镇江、商丘、沧州、淄博、马鞍山、衡阳、安阳、上饶、宜春、许昌、娄底、孝感、鄂州、萍乡15个城市。城市物流吸引力落后于前25%,城市物流辐射力位于全国前25%。

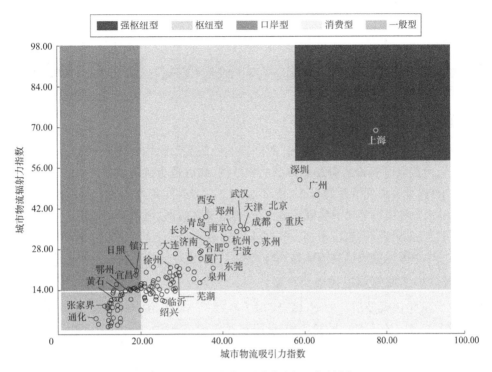

图 3-11　2020 年度中国城市物流枢纽类型划分

一般型物流城市：其余共 213 个城市，城市物流吸引力和辐射力均落后于全国前 25% 的城市。

四、中国城市物流集群的"钻石结构"

中国的城市物流呈现明显的集群化发展特征。城市物流发达的城市主要聚集在京津冀、山东半岛、长三角、粤港澳大湾区、成渝地区双城经济圈、长江中游等城市群，其中京津冀城市群的北京—天津、长三角城市群的上海、粤港澳大湾区的广州—深圳以及成渝地区双城经济圈的重庆—成都、长江中游城市群的武汉等城市既是枢纽型物流城市，也是国家级物流枢纽，正在成为中国的物流枢纽发展极。沿海物流带、长江物流带、丝绸之路物流带等既是城市之间的物流纽带，也是国家的物流大通道。

从全国格局来看，与京津冀协同发展、长三角一体化、粤港澳大湾区、成渝地区双城都市圈、长江中游城市群构成的中国区域发展战略相对应，中国区域物流格局正进入以北京—天津、上海、广州—深圳、武汉、成都—重庆为顶点的"五极"时代，南北沿海物流带、长江物流带、丝绸之路物流带、西部陆海新通道、京港澳物流通道加速促进国内国际双循环，如图 3-12 所示，五个城市顶点构成的"钻石结构"串联起中国物流体系。

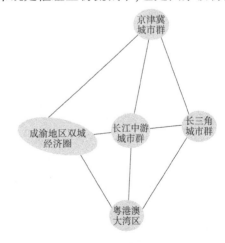

图 3-12　2020 年度中国城市物流集群的"钻石格局"

第三节 中国城市物流竞争力年度对比：物流韧性经受考验

一、疫情冲击城市物流体系

2020年初，新冠肺炎疫情突如其来，对国内的经济活动和物流体系产生了严重冲击。到2020年3月，全国现有确诊病例达到最高5.8万例，此后现有确认病例快速下降。国内用1个多月的时间初步遏制疫情蔓延势头，用2个月左右的时间将本土每日新增病例控制在个位数以内，用3个月左右的时间实现了武汉和湖北现存病例"清零"，到2020年6月份基本实现了国内生产生活恢复，取得了抗击疫情斗争的显著成效。与此同时，新冠肺炎疫情开始在全球爆发，对于国际供应链物流体系同样产生了重大影响，并且现在依然在持续。

（一）长江中游城市群疫情最为严重

根据国家卫生健康委员会数据，截至2020年12月31日，纳入本报告范围的302个城市累计报告确诊病例82933例，占2020年全国累计确诊病例的95.25%。其中，除了山东东营、广西崇左以及西藏❶全部地市、西北省份部分地市保持"零感染"外，绝大部分城市均有确诊病例。如图3-13所示，城市累计确诊病例数的中位数为[10,100]，全国共有超过250个城市的确诊病例在100例以下，说明绝大部分城市的疫情防控效果良好。

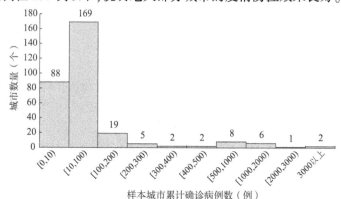

图3-13　302个样本城市累计确诊病例数区间分布图(截至2020年12月31日)

确诊病例最多的城市是武汉市，超过50000例确诊病例。另外，还有孝感、黄冈、荆州、上海、鄂州、随州、襄阳、黄石8个城市的确诊病例超过1000例，见表3-7。长江中游城市群是疫情发生最严重的地区。长江中游城市群13个城市，累计确诊病例达到67099例，占2020年全国累计确诊病例的77.06%。长江中游城市群位于我国的经济地理中心，是全国的农产品加工基地和汽车装备制造基地，覆盖人口超过1.2亿人，地区生产总值总额接近9万亿元，货运总量占全国的10%左右，疫情冲击对于长江中游城市群的影响逐渐波及全国的货运物流体系。

---

❶　西藏拉萨有一例感染（来自湖北）。

国内城市累计确诊病例数前 10 位（截至 2020 年 12 月 31 日）　　　表 3-7

序号	城　市	累计确诊病例数（例）	序号	城　市	累计确诊病例数（例）
1	武汉	50340	6	鄂州	1394
2	孝感	3518	7	随州	1307
3	黄冈	2907	8	襄阳	1175
4	荆州	1580	9	黄石	1015
5	上海	1516	10	北京	987

资料来源：国家卫生健康委员会。

疫情发展初期阶段，城市物流货运几乎停滞。武汉市是长江中游城市群的中心城市，同样是国家物流枢纽，是东西南北物流大通道的必经之地，疫情给城市物流体系带来了较为严重的影响。疫情发生前，武汉市生产总值占长江中游城市群的17%左右，货运量占比更是超过地区生产总值占比，货运密集度较高。疫情发生后，武汉发出的货物量减少90%以上，发往武汉的货物也下降70%，并且以蔬菜、医药、食品等日常必需品和抗疫保障物资为主，城市物流运作一度几近停滞。与此同时，全国的货车流量仅相当于 2019 年的 30% 左右，城市间物流受到冲击最为严重。

疫情有效控制阶段，全国城市货运需求快速恢复。2020 年 4 月 8 日后，武汉城市物流量快速恢复至 60%，大多数城市间物流需求整体恢复超过 80%。2020 年一季度公路货运量恢复至 2019 年的 65%，华南、华东等部分地区恢复势头甚至超过 100%，经济活动在疫情得到控制后"报复性"反弹。

疫情防控与社会生产统筹阶段，城市物流基本恢复至正常水平。2020 年 6 月，虽然新冠肺炎疫情偶然复发，但是国内生产生活基本恢复正常。在疫情防控长期常态化的背景下，国内物流活动基本与 2019 年持平，并且部分城市实现"V"形反转，逆势增长。从恢复情况看，尤其是考虑国外输入性疫情影响，整体东部地区受疫情影响要显著高于中西部地区。外贸高依存度城市的经济复苏进度要明显慢于内需驱动型城市。

（二）物流竞争力指数变动与确诊病例负相关

根据 2020 年度城市物流竞争力指数与 2019 年度城市物流竞争力指数的对比分析，285 个城市的竞争力指数出现下降，占样本城市的 97.68%。2020 年度城市物流竞争力指数均值为 15.49，比 2019 年降低了 4.05。上海虽然仍是国内城市物流竞争力最高的城市，但是竞争力指数下降了 3.07，尤其是受物流网络通达性和国际物流失序影响，辐射力下降更为明显。详细对比结果见表 3-8。

2020 年度中国城市物流竞争力指数与 2019 年度对比分析表　　　表 3-8

参　　数		2019 年度	2020 年度
城市物流竞争力指数	最大值	76.50	73.43
	最小值	5.59	5.92
	均值	19.54	15.49
	标准偏差	9.87	8.52

续上表

参数		2019 年度	2020 年度
城市物流吸引力指数	最大值	75.53	77.76
	最小值	6.91	8.81
	均值	16.50	18.65
	标准偏差	9.81	9.02
城市物流辐射力指数	最大值	75.75	68.93
	最小值	2.41	1.49
	均值	22.47	12.20
	标准偏差	10.14	8.37

物流竞争力指数变动与疫情确诊病例负相关。如图 3-14 所示,将城市确诊病例数取对数后,以年度物流竞争力指数变动情况进行相关性分析,可以发现二者之间呈现明显的负相关关系。由于城市物流受多种复杂因素影响,难以准确量化,相关系数不是非常显著。但是,仍可见疫情对我国城市物流能力产生一定的影响。

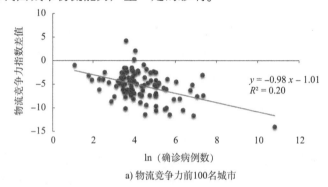

a) 物流竞争力前100名城市

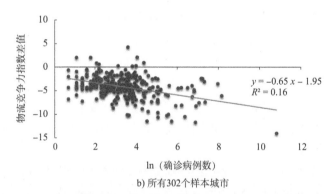

b) 所有302个样本城市

图 3-14 城市物流竞争力年度差值与城市确诊病例(取对数)的散点图

二、中国城市物流韧性经受住考验

(一)城市物流韧性

韧性(Resilience)最早被物理学家用来描述材料在外力作用下形变之后的复原能力。

韧性强调系统在不改变自身基本状况的前提下,对干扰、冲击或不确定性因素的抵抗、吸收、适应和恢复能力。城市物流韧性是指城市物流网络能够预测和适应不断变化的外部环境,具有较高的稳健性和必要的冗余性,能承受、应对突发事件并实现快速恢复。如图3-15所示,从抵御外来冲击维度来看,韧性物流能力建设可解构为常态化物流环境风险评估、外来冲击发生前的预防和准备、面临冲击时对于不良影响的抵御和吸收、运行严重受限时做出响应和适应举措、冲击发生后的快速恢复行动,保障城市物流服务能力。

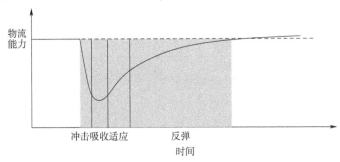

图 3-15　城市物流韧性示意图

物流韧性通常具有稳健性、冗余性、应变性、恢复性、学习转化性及适应性的 4R2A 主要特征:

稳健性(Robustness):物流网络系统抵抗和应对外部冲击的能力。

冗余性(Redundancy):具有相同功能的可替换要素,通过多重物流方式或增加某种运输方式通行能力来提高系统可靠性。

应变性(Resourcefulness):能迅速识别问题,利用现有资源、资金、信息、科技和人力及时制订应急方案。

恢复性(Recovery):具有可逆性和还原性,受到冲击后仍能恢复至系统原有的结构或服务能力。

学习转化性(Ability to learn and translate):从对抗外来冲击事件吸取教训并转化创新的能力。

适应性(Adaptation):系统根据环境的变化调节自身的形态、结构或功能,以便与环境相适合,需较长时间形成。

(二)物流新一线城市韧性充足

2020 年度城市竞争力排名前 30 位的城市与 2019 年度相比,只有哈尔滨、徐州、武汉 3 座城市跌出物流一线城市,金华、唐山、佛山则首次进入排名前 30 强,见表 3-9。一线物流城市排名的变动幅度较小,城市物流韧性经受住了考验。

2020 年度中国城市物流竞争力指数与 2019 年度对比变化表　　　　表 3-9

城市	2020 年度城市物流竞争力指数	排名	2019 年度城市物流竞争力指数	排名	指数变化	排名变化
上海	73.43	1	76.50	1	-3.07	0
深圳	55.60	2	60.09	3	-4.49	1

续上表

城市	2020年度城市物流竞争力指数	排名	2019年度城市物流竞争力指数	排名	指数变化	排名变化
广州	55.20	3	63.36	2	-8.16	-1
北京	46.05	4	57.72	4	-11.67	0
重庆	45.43	5	55.92	5	-10.49	0
天津	40.84	6	52.29	7	-11.45	1
武汉	40.45	7	54.45	6	-14.00	-1
成都	40.36	8	50.97	8	-10.61	0
苏州	39.36	9	40.23	15	-0.87	6
杭州	39.10	10	43.82	11	-4.72	1
郑州	38.70	11	48.33	9	-9.63	-2
西安	37.60	12	40.14	16	-2.54	4
南京	36.48	13	47.91	10	-11.43	-3
宁波	35.43	14	42.81	13	-7.38	-1
青岛	35.06	15	40.46	14	-5.40	-1
长沙	33.20	16	43.47	12	-10.27	-4
合肥	31.36	17	36.31	17	-4.95	0
厦门	30.91	18	35.88	19	-4.97	1
无锡	30.01	19	34.29	21	-4.28	2
东莞	29.98	20	31.80	28	-1.82	8
福州	28.77	21	35.86	20	-7.09	-1
济南	28.60	22	35.95	18	-7.35	-4
石家庄	27.60	23	31.68	29	-4.08	6
金华	26.92	24	26.64	45	0.28	21
沈阳	26.58	25	32.84	25	-6.26	0
唐山	25.94	26	23.83	59	2.11	33
泉州	25.83	27	32.44	26	-6.61	-1
佛山	25.71	28	30.90	31	-5.19	3
大连	25.63	29	32.89	24	-7.26	-5
昆明	25.60	30	33.69	23	-8.09	-7

从具体城市来看，上海仍是国内物流竞争力最强的城市，竞争力指数比2019年下降3.07。由于疫情导致的经济增速低于2019年、机场货邮吞吐量下降等多种因素，深圳和广州的物流竞争力指数均有下降。但是从排名来看，深圳超越广州升至第2位，主要是因为消费增长速度相对较快、人口增加带来的需求潜力增大、工业基础比较发达、物流企业业务布

局选择等。第七次全国人口普查数据与 2019 年户籍人口数据对比,深圳市净流入人口 793.17 万人,位居全国第 1,净流入人口高达 59.02%。深圳市与广州市城市物流竞争力二级指数如图 3-16 所示。

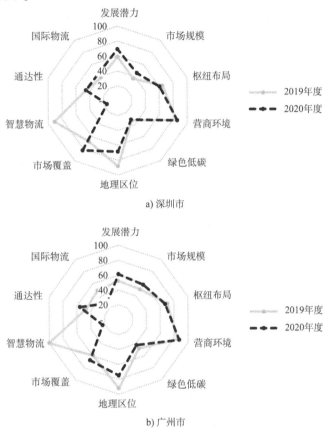

图 3-16 深圳市与广州市城市物流竞争力二级指数雷达图

北京和重庆的物流竞争力指数下降,但是相对排名保持不变。北京的对外贸易和机场货邮吞吐量受疫情影响下降比较严重,且疏解非首都功能导致物流企业进一步外迁,但是在发达的综合立体交通网以及各项政策的支持下,北京仍然是国家核心物流枢纽。重庆仍是我国内陆地区物流竞争力指数最高的城市。虽然公路货运量、港口吞吐量等物流运输量指标有所下降,但是正逐步恢复至 2019 年同期水平,部分指标实现增长。重庆市的经济增长在中西部地区仍然保持较高水平,并且消费市场活跃,快递业务量和商品零售总额保持高速增长。在全球海运体系失序的情况下,西部陆海新通道运输量同比增长 45.1%,中欧班列和西部陆海新通道逆势增长也为国际物流运输提供了韧性保障。

武汉市的城市物流竞争力指数下降幅度最大,降幅达到 14.00,与此同时排名也下降 1 位。疫情对于武汉经济造成一定冲击,2020 年武汉市生产总值比 2019 年下降 4.7%,排在全国城市第 9 位,比 2019 年度下降 1 位,仍居全国城市前 10 位。尤其是居民消费和货物运输量降幅明显,社会消费品零售总额比 2019 年下降 20.9%。2020 年,武汉市货物运输量比 2019 年下降 5.8%,其中航空运输量和公路运输量分别比 2019 年下降了 38.9% 和 24.1%,

武汉市城市物流发展潜力指数排名大幅下降20位。武汉市外贸货物吞吐量下降14.7%，城市国际物流指数受到严重影响。但是与此同时，武汉市的水路运输特色进一步发挥，水路运输量增长36.0%，多式联运政策支持力度进一步加大，国家和各省市也积极援助武汉复工复产。各种新模式新业态快速发展，跨境电商综合试验区快速发展，国际货运航线大幅增加，进出口逆势增长10.8%。武汉的城市物流发展以强大韧性和蓬勃生机，成为疫情防控与复工复产常态化统筹的重要标杆。武汉市城市物流竞争力二级指数如图3-17所示。

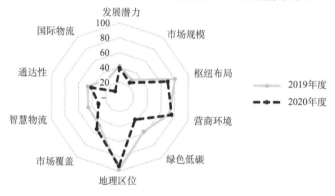

图3-17 武汉市城市物流竞争力二级指数雷达图

成都市的物流竞争力指数排名仍维持在第9位，保持不变。成都市的确诊病例较少，对于经济活动的影响较小。成都市将现代物流作为五大新兴服务业之一，内外贸流通体系和多式联运物流发展特色突出。苏州市的物流竞争力指数排名大幅提升，首次进入前10位。苏州市是国内经济规模最大的10个城市中疫情控制最好的城市，截至2020年12月31日，新冠肺炎累计确诊病例只有87例。苏州市生产总值突破2万亿元，尤其是工业经济增长强劲，第二产业增加值接近1万亿元，全国排名第4位，物流发展潜力进一步增强。苏州市位于国内经济最发达的长三角城市群的中心位置，长三角地区的货运量占全国的16%，苏州市的公路货运流量也远高于全国平均水平。社会零售总额和对外贸易均位于国内城市前列，国内快递和国际快递均保持高速增长，国内国际双循环流通水平不断增强。苏州市城市物流竞争力二级指数如图3-18所示。

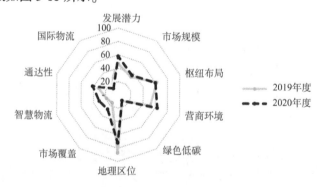

图3-18 苏州市城市物流竞争力二级指数雷达图

(三)疫情催生城市物流多元化发展

新冠肺炎疫情也给新业态新模式带来新机遇。数字经济、线上经济快速发展，物流数字化转型加速推进。金华市城市物流竞争力指数增长0.28,排名上升21位,主要得益于电商快递的逆势增长。2020年,金华市全年网络零售规模占全省网络零售额的15.9%,排名浙江省第2位;跨境网络零售出口规模占全省跨境网络零售出口的46.4%,排在浙江省第1位。2020年,金华市完成快递业务量90.11亿件,增长52.2%,人均快递使用量超过1200件,以电商企业发件为主,无论是总量还是人均业务量高居全国第1位。金华市城市物流竞争力二级指数如图3-19所示。

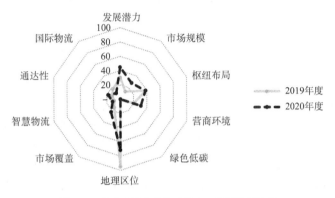

图3-19 金华市城市物流竞争力二级指数雷达图

港口型物流城市依然发挥主体作用。城市物流竞争力指数前30位中,有17个港口型物流城市,其中14个为沿海港口,3个为长江和珠江水系的内河港口。虽然在国内疫情爆发期以及国外疫情输入初期,港口物流体系受到严重冲击,但是在复工复产的带动下,我国水路货物运输市场快速复苏,港口吞吐量和集装箱吞吐量均实现增长,港口型物流城市依然在我国物流体系中发挥主体作用。上海港集装箱吞吐量、港口连接度保持全球首位,上海国际航运中心全球排名第三,国际物流地位和世界影响力稳步提升。天津港集装箱吞吐量年均增长5.4%,稳居全球集装箱港口十强。2020年,唐山港完成货物吞吐量首次突破7亿吨,货物吞吐量跃升世界沿海港口第2位,外贸货物吞吐量位列国内港口第5位,港口型(生产服务型)国家物流枢纽加快推进。唐山市物流竞争力指数位列全国第26位,排名比2019年大幅上升。天津市与唐山市城市物流竞争力二级指数如图3-20所示。

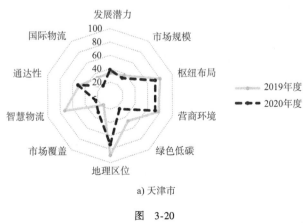

a) 天津市

图 3-20

中国城市物流竞争力报告(2021)——疫情冲击下的城市物流韧性经受考验

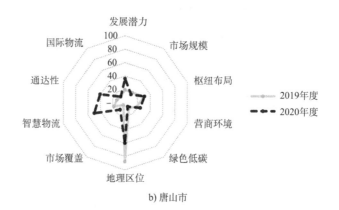

b) 唐山市

图 3-20　天津市与唐山市城市物流竞争力二级指数雷达图

中西部内陆物流枢纽持续崛起。在以国内大循环为主体、国内国际双循环新发展格局的带动下,经济中心逐步由东南沿海向内陆地区转移,内循环发展潜力逐步释放,中西部内陆地区的物流枢纽能级大幅提升,在"双循环"新格局中担当门户枢纽。郑州市凭借其地理区位优势和发达的物流基础设施网络,在城市物流竞争力指数排名全国第 11 位、中西部地区第 4 位。西安市的物流竞争力指数排名全国第 12 位、中西部地区第 5 位。在枢纽经济、门户经济和流动经济发展战略带动下,西安国际港务区和中欧班列集结中心建设稳步推进,无车承运人企业大幅增加。西安市正成为网络型物流企业西北地区物流业务布局的中心,城市物流枢纽地位比 2019 年上升 5 位。长沙市的城市物流竞争力指数排名全国第 16 位、中西部地区第 6 位。合肥市正加快建设国家物流枢纽布局承载城市、国家骨干冷链物流基地,城市物流竞争力指数排名全国第 17 位、中西部地区第 7 位,与 2019 年相比保持不变。昆明市的交通基础设施更加健全,尤其是航空经济和人口聚集效应开始显现,作为国家物流枢纽承载城市和云南省唯一的一级物流节点城市,城市物流竞争力指数排名全国第 30 位、中西部地区第 8 位,与 2019 年相比保持不变。西安市与合肥市城市物流竞争力二级指数如图 3-21 所示。

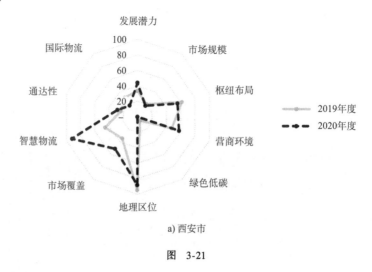

a) 西安市

图　3-21

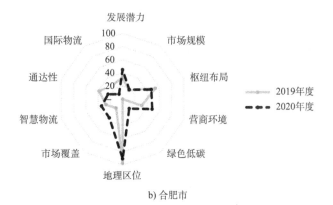

b) 合肥市

图 3-21　西安市与合肥市城市物流竞争力二级指数雷达图

中欧班列和航空货运的韧性战略价值作用凸显。在全球海运体系受到疫情冲击秩序混乱的背景下,中欧班列的稳定运行和航空货运的能力提升为保障疫情期间国际产业链供应链不中断发挥了战略性作用。2020年,中欧班列共开行1.24万列、发送集装箱113.5万标箱,分别同比增长50%、56%,年度开行数量首次突破1万列,单月开行数量稳定在1000列以上,其中"义新欧"班列往返开行1399列、增长165%,开行量跃居全国第4位,成为支撑全球经济复苏的物流大通道。疫情导致客运航班大幅减少,腹舱运能大幅下降,航空公司纷纷发展全货机、客机改货机等业务,深圳、西安、长沙等城市纷纷增开国际货运航线,满足跨境货运需求。深圳机场保障国际货运包机和客改货航班超2900班。2020年,深圳机场货邮吞吐总量达139.9万吨,疫情期间逆势同比增长9.0%,增速创下深圳宝安国际机场近4年来货运业务增长最高纪录。

西部陆海新通道物流地位更加突出。西部地区至北部湾图定班列达到9条,铁路与海运联运班列、中国与越南跨境班列分别开行4607列、1264列,同比增长105%、23.2%。2020年,西部陆海新通道班列发送集装箱19万标箱,同比增长80%。在战略地位和运量增加的带动下,钦州、北海等北部湾地区城市物流竞争力大幅提升,北海—钦州—防城港入选港口型国家物流枢纽,成为国家重要的物流节点。西部陆海新通道的建设推动西南地区的"内陆腹地"跃升为第二轮开放的"前沿高地",为提高我国西部地区的对外开放水平、深化与东盟国家互联互通发挥了重要价值,正在成为西部地区走向东盟、走向世界的黄金走廊。

物流数字化进程加快推进。顺应数字化、网络化、智能化发展趋势,智慧物流和数字物流也在加速发展。随着近些年来电商网购和快递、跨境电商等的快速发展,数字物流基础设施也在不断健全。截至2020年底,全国约736家网络货运企业通过许可整合社会零散运力约287万辆,降低交易成本6%~8%。初步统计,榆林、西安、石家庄等城市通过网络货运平台线上服务能力认定的企业数量排名前3位。与此同时,疫情直接冲击线下消费产业,跨境电商加速崛起,成为城市对外贸易发展的新增长引擎,2020年全球电商渗透率显著提升,比2019年提高4.4个百分点,达18%。国家关于跨境电商零售进口试点的范围进一步扩大,目前国内石家庄、秦皇岛、廊坊、太原等86个城市及海南全岛均在积极开展网购保税进口业务。数字化技术在物流运营中加速推广应用,城市的数字化物流能力必将对未来城市物流的竞争格局产生重大影响,数字物流枢纽呼之欲出。

方 法 篇

COMPETITIVENESS OF
**CITY LOGISTICS
IN CHINA**
(2021)

第四章　城市物流的发展与演变

随着经济现代化和产业专业化的深入发展,现代物流的发展水平不断提高,物流的内涵也在动态演化之中。城市是现代物流组织的核心节点,也是物流活动的重要聚集地和目的地。现代物流服务既是支撑城市日常运转的基础要素,也是决定本地产业发展水平的先导条件,更是放大城市特定优势功能的强力抓手,芝加哥、孟菲斯、新加坡、萨拉戈萨都依托特定优势发展成为国际知名的物流大都市。面向2035年发展远景目标,城市物流将在以国内大循环为主体、国内国际双循环的新发展格局中发挥更大的作用,决定着城市的产业能力、枢纽地位和能级上限。

第一节　现代物流的演化与内涵

一、物流的发展历程

物流作为经济的衍生需求,是伴随着人类经济活动的产生而产生的。自人类开始商品交易活动以来,物资的物理性流动就伴随而生。物流是随着市场经济的发展而产生的,并随着市场经济的发展而进一步发展,直到20世纪70年代,现代物流的概念才逐渐形成并逐渐丰富起来。

(一)古代运输阶段

"兵马未动,粮草先行",《孙子兵法》中的军事战略可以看作是物流活动的最早总结,"丝绸之路"更是成为古代文明的重要标志。古代农业社会,以自给自足经济为主,异地贸易需求规模非常有限,且物流成本极高,粮食运输和军事战争是为数不多的需要进行货物大规模长距离运输的场景。由于技术水平和基础设施相对落后,运输效率十分低下。《史记·匈奴列传》记载,"粟马发十万骑,私负从马凡十四万匹,粮重不与焉"。即运送军马十万匹,负责后勤保障随行的马则有十四万匹,还不包括粮草。汉朝时期,把一斤粮食运到匈奴前线,所需的运输消耗和马匹饲料需要192倍的粮食。因此,"一骑红尘妃子笑,无人知是荔枝来"也只能用于皇家享乐。即使是古代相对比较发达的驿站系统,主要用于传送轻便的信件,每天的快递传送距离也不过100公里。汉简《二年律令·行书律》规定:"邮人行书,一日一夜行二百里。"秦汉时期,300步为1里,6尺为1步,古铜尺合今制为23.1厘米,1里为415.80米,百里为41.58公里,二百里相当于83公里。到18世纪的清朝,从北京到新疆边境的喀什,即使使用速度最快的官方驿站系统也需要105天,与公元前3世纪汉朝跟匈奴人作战时代的限期相差无几,物流技术在两千年的时间里并没有太多进步。

(二)古典运输阶段

伴随着工业革命带来的工业经济专业化和复杂性的提高,西方古典政治经济学逐渐认识到运输、仓储等物流功能的重要性。18 世纪开始,在工业革命的带动下,运输业经历了由以自然和牲畜为动力的运输工具阶段发展到以机械化为动力的运输工具的根本性变革,形成由五种运输方式并存的基本格局,继而演进到现代各种运输方式综合发展的新阶段。在运输业发展的进程中,相对于其不同的发展阶段,为反映和解决当时的运输经济问题,出现了许多有关运输经济的思想或有代表性的运输经济学论著。最早注意到运输经济问题的是 18 世纪中叶的英国古典政治经济学家亚当·斯密,他在《国民财富的性质和原因的研究》中提出,运输业(主要是帆船和马车运输)在社会分工、对外贸易、促进城市和地区繁荣等方面发挥重要作用,运输发展既是专业化分工的结果,又是专业化分工的原因。马克思在《资本论》中指出,只有 18 世纪下半叶的工业革命才能与 19 世纪的运输革命相比。马克思认为,运输是社会进步的一般条件,商品生产中社会劳动的物质交换是在资本循环这个循环的一个阶段的商品形态变化中完成的,这种物质交换要求产品发生场所的变换,即产品由一个地方到另一个地方的实际运输。两次世界大战导致全球经济发展和贸易中断,物流发展也进入沉寂期。

(三)实物分销阶段

1915 年,阿奇·萧(Arch W. Shaw)在其著作《市场分销中的若干问题》(Some Problems in Marketing Distribution)中将市场分销活动分为两类,一类为创造需求,另一类为商品的实体配送。"实物分销(Physical Distribution)"的概念首次出现,用来代指流通领域中的实物供应活动,包括运输、储存、包装等活动,来解决市场流通中的问题。1935 年,美国营销协会(American Marketing Association,简称 AMA)把实物分销定义为包含于销售之中的物资与服务从生产地点到消费地点流动过程中伴随的种种经济活动。

20 世纪 50 年代中期到 80 年代中期,实体配送的概念继续得到发展和完善。1962 年,彼得·德鲁克(Peter F. Drucker)发表了《经济中的黑大陆》(The Economy's Dark Continent)一文,指出消费者所支出的商品价格中约 50% 是与商品流通活动相关的费用,物流是企业降低成本的最后领域,强调应当高度重视物流管理。1970 年,日本权威物流成本研究学者西泽修教授在其著作《物流——降低成本的关键》中提出了"物流冰山说",冰山的特点是大部分沉在水面之下,而露出水面的仅是冰山的一角。物流便是冰山,其中沉在水面以下的是看不到的。在黑大陆中和冰山的水下部分正是物流尚待开发的领域,这潜在的好处就是"第三利润源",当作为第一个利润源的原材料资源和第二个利润源的人力资源在提高经济效率方面的作用减弱时,"第三利润源"越来越被人们予以重视。

(四)现代物流阶段

到了 20 世纪 80 年代,随着物流活动的集成化、一体化、信息化的发展,人们逐渐意识到物流概念不应仅限于分销领域,实物分销的内涵开始不适应这种形势,其局限性逐渐显现出来,渐渐被 Logistics 一词取而代之。

从物流实践的发展来看,第二次世界大战期间,美国在军队后勤保障供应系统中,成功地运用了军事后勤(Logistics)技术,在军队的后勤供应中开创了物流的先河。Logistics 作为美军后勤保障的军事术语,指军队的后勤保障系统,包括物资、人员和设备的获得、维护和运输。20 世纪 50 年代,通用汽车公司在追求从遍布各地的零部件工厂采购运输零部件到组装工厂的物流合理化和效率化的过程中,第一次导入了 Logistics 的概念,把军事领域的 Logistics 作为新的管理思想、理念和技术引入企业经营管理中。随后,西方工业发达国家广泛地将 Logistics 用于管理实践,Logistics 逐渐成为物流的代名词。

20 世纪 60 年代,随着计算机应用的普及和推广,人们逐渐把计算机应用到指定生产计划上,物料需求计划(Material Requirement Planning,简称 MRP)、配送资源计划(Distribution Resources Planning,简称 DRP)、物流资源计划(Logistics Resources Planning,简称 LRP)和企业资源计划(Enterprises Resources Planning,简称 ERP)等概念相继产生并且在企业中得到广泛应用。日本丰田公司创造的准时化生产技术(Just in Time,简称 JIT)以及相应的看板技术不仅在生产领域创造了一种革命性的哲学和技术,而且为整个物流管理学提供一种理想的物流思想理论和技术,现在已经应用到物流的各个领域。20 世纪 70 年代,经济全球化进入高速发展时代,跨国企业纷纷将工厂从国内搬迁到国外的原料产地,或者把产品的零部件运往消费地,在消费地进行组装,促进了物流业地区范围的扩大和货物快速分销思想的形成。

随着工业化的进程以及社会化的分工协作,20 世纪 80 年代供应链理论诞生,供应链管理系统的形成进一步导致物流管理的联合化、共同化、集约化和协调化。进入 20 世纪 90 年代,现代物流业进入发展的鼎盛时期,企业为不失去每一个销售机会而纷纷建立起了高效的商品供应链。

20 世纪 90 年代中期,第三方物流的概念开始传入我国,第三方物流业得到了快速发展和壮大。随着我国逐步扩大对外开放规模,国内物流业加快了向标准化和国际化方向发展的步伐。物流技术水平和信息化程度的提高带动了物流的发展,由物流基础设施业、物流服务业、货主物流业、物流装备制造业、物流信息技术及物流系统业五大行业组成的物流产业框架已经基本形成,物流业成为我国经济发展态势最强、最具活力的一个行业。

二、现代物流的内涵

物流是物品从供应地向接收地的实体流动过程,根据实际需要,将运输、储存、装卸、搬运、包装、流通加工、配送、信息处理等基本功能实施有机结合。物流是个高速发展的行业,随着经济的迅速发展,高新技术的不断涌现,物流界对物流活动的认识随之不断提高,对物流术语的定义、范围有了新的要求,继而赋予更新、更深的内涵和全新的概念,物流业正在从传统物流向现代物流转变。

现代物流是在供应链思潮影响下发展的物流,其内涵强调系统化的供应链思想。现代物流是指运用现代化的技术装备、组织方式和管理手段,从供应链系统的角度统筹规划和整合各种物流活动,实现运输合理化、仓储自动化、包装标准化、装卸机械化、加工配送一体化、信息管理网络化,其运行过程不是追求单个活动的最优化,而是追求系统整体活动的最优化,通过应用综合的、一体化的先进理念和先进管理技术,在错综复杂的市场关系中使供应链不断延长,并通过市场机制使得整个社会的物流网络实现系统总成本最小。

现代物流是由传统物流演化而来,但是与传统物流有着巨大的差别,传统物流和现代物流在服务、管理、技术、经济等方面的比较见表4-1。

传统物流与现代物流的比较　　　　表4-1

性质	传统物流	现代物流
服务	(1)基础设施相对滞后,服务目的是以低成本满足消费者需求; (2)全社会物流服务的规模和能力欠佳; (3)综合物流服务发展水平不高; (4)服务质量较低,难以满足现代物流服务要求	(1)基础设施比较完善,服务目的是以最大收益创造消费者需求; (2)全社会物流服务的能力较强,规模较大; (3)物流企业以提供综合物流服务为主; (4)服务质量(成本、时间、效率等)较高,可以满足现代物流服务需求,能提供更加专业化、一体化的服务
管理	(1)物流功能单一,第三方物流企业较少; (2)企业自我物流服务比例高,物流外包意识落后,以传统外包服务为主; (3)物流企业独立性强,缺乏合作与资源共享	(1)物流功能多样,第三方物流企业较多; (2)企业自我物流服务比例较低,物流外包意识较强,物流外包比例较高; (3)物流战略联盟发展程度较高,物流企业实施一体化运作; (4)物流管理的柔性化和系统化水平较高
技术	(1)物流作业以半机械、半手工为主; (2)信息化技术应用没有得到普及,应用水平较低	(1)运输、仓储等作业机械化、自动化程度较高; (2)物流信息技术应用得到普及,物流企业广泛使用电子数据交换(Electronic Date Interchange,简称EDI); (3)物流企业内部控制、管理实现信息化
经济	(1)物流产业结构不合理,高成本、低效率的物流企业占据主导地位,缺乏规模效应; (2)市场条块分割,资源配置待优化; (3)政府对物流市场干预较多,产业总体利润不高	(1)物流产业结构较为合理,低成本、高技术、服务优的物流企业占据主导地位,规模效应明显; (2)企业之间较多地进行跨部门合作,产业联动和资源配置水平较高; (3)政府对物流市场干预较少,产业总体利润较高

三、现代物流的产业特征

现代物流具有服务性、基础性、高渗透性和综合性等产业特征。国务院发布的《物流业发展中长期规划(2014—2020年)》提出,物流业是融合运输、仓储、货代、信息等产业的复合型服务业,是支撑国民经济发展的基础性、战略性产业,加快发展现代物流业,对于促进产业结构调整、转变发展方式、提高国民经济竞争力和建设生态文明具有重要意义。现代物流业具有以下主要特征。

(一)基础性

现代物流运行的载体是由物流基础设施和依靠物流基础设施运行的物流设备两部分组成。其中,公路、铁路、航空等物流基础设施对于现代物流的顺利运作具有决定性的作用,没有物流基础设施就没有物流手段,而没有物流手段就不可能进行流通和市场的扩展。此外,对于一个国家或地区而言,很多物流基础设施都具有重要的战略地位,它们不仅是社会的公共设施,而且是关系到国民经济运行效率和国家安全的战略性行业。

(二)先导性

物流业是国民经济的先导性产业,这体现在要发展经济必须超前发展物流业。"要想富先修路",这句话从运输条件的角度充分说明经济的发展必须有畅通的物流做基础。而物流基础设施建设,如交通设施中铁路、公路、桥梁等的建设,物流园区的建设等,都需要一个相对较长的周期,一般需要提前进行。某一地区要发展,必须要提前发展该地区的物流设施,而物流设施的建设,又会引发对关联产业的需求,对相关产业产生不同程度的带动作用。

(三)服务性

物流企业生产的产品是物流服务产品,是为物品在空间上的移动而提供的一种专业性服务。物流服务具有时间价值和空间价值,通过运输、储存、装卸、搬运、包装、流通加工、配送和信息处理等功能的组合来实现。物流服务的本质在于满足顾客的需求,使顾客满意,它具有服务产品的无形性、即时性、异质性和易逝性等特征。现代物流产业是伴随着信息技术的应用和信息产业的发展而出现的,是信息技术和传统储运业相结合的产物。因此,服务性是现代物流产业的基本特征之一。

(四)系统性

伴随着工业化进程的逐步推进以及社会分工的日益专业化,现代物流通过对物流资源的重新组合,使原来的物流活动从工业生产和商业销售企业中分离出来,成为一种社会化的活动,专业化的第三方物流公司因此诞生,并成为现代物流的主体。现代物流向生产和消费两端延伸,由原本仓储、运输的单一功能扩展为仓储、运输、配送、包装、装卸、流通加工等多种功能,通过统筹协调、合理规划、资源整合,形成物流大系统,控制整个商品的流动,以达到整个系统的利益最大或成本最小。

(五)智能化

现代物流与新一代信息技术深度融合发展,大数据、人工智能、物联网、智能机器人、自动化立体仓库、自动化分拣系统、条码技术、扫描技术、电子数据交换系统、地理信息系统和全球定位系统等现代化装备和高新技术在物流领域中广泛应用。信息网络技术已成为现代物流的生命线,是实现现代物流发展的根本保证,推动物流的标准化、规范化、智能化、自动化水平不断提升。

第二节 现代物流与城市高质量发展

一、城市物流的内涵

城市物流是指在城市空间范围内,以城市物流基础设施和现代化信息技术为依托,以商业活动、居民生活和工业生产等为主要服务对象,满足城市经济社会需要的一体化物流活动。城市物流是由多种物流组织设施和不同的专业化物流企业构成的具有产业组织、经济运行等物流组织功能的规模化、功能化的系统,服务于城市生活需要和产业发展。

对于物流而言,城市是现代物流体系的核心节点。城市物流是物流设施装备最为集中、物流功能要素最为聚集的空间场景,同时也是运输组织最为复杂的物流环节,是各种运输方式转换的发生地、各种物流功能衔接的发生地、各类物流活动的最主要目的地。随着我国城镇化进程的推进,城市在现代物流体系中的"中心地"和"增长极"地位越发突出。

二、城市物流发展的阶段重点

城市的经济发展水平决定了物流的发展重点不同。以工业化程度为依据:在前工业化阶段,城市经济仍以农业为主导产业,商品、资本和技术均比较短缺,城市物流发展的重点是从规模和数量上解决物流能力不足问题,积极完善水路和铁路等基础设施,发展农产品加工产业,配合工业生产快速扩张的需要。

在工业化阶段,服务于生产制造快速扩张所需要的原辅材料、半成品以及产成品的流通需要,应尽快完善节点体系和物流服务水平,重点解决工业生产能力扩大后产品销售"不足"的问题,并深度参与从源头基地(产地)到末端的价值链体系建设,提高本地产品的附加值水平和在全球价值链中的地位。

在后工业化阶段,消费在城市经济中起着决定性作用,在生产和消费的规模化流通问题基本解决的基础上,以丰富场景、配送到家等方式,满足多批次、小批量、及时性的个性化和体验化需要显得更加重要。与此同时,对于物流信息化和环境保护也越来越重视,物流基础设施与服务的一体化、均等化、绿色化成为城市物流发展的重点。工业化不同阶段的城市物流发展重点见表4-2。

工业化不同阶段的城市物流发展重点 表4-2

发展阶段	时期	人均生产总值（2010年美元）	产业结构特征	城市物流发展重点
前工业化阶段	初级产品	865~1730	第一产业比重超过第二产业	优先完善水运、铁路等大宗运输方式,发展农产品粗加工产业
工业化阶段	工业化初期	1730~3460	第二产业比重超过第一产业	以完善规模主导的物流通道体系为重点,满足工业生产对原辅材料、半成品以及产成品销售的流通需要
工业化阶段	工业化中期	3460~6920	第一产业比重低于20%,第二产业比重超过第三产业	以完善能力主导的物流节点体系为重点,通过网点丰富和能力提升来满足"大生产、大消费"的多样化需要
工业化阶段	工业化后期	6920~13000	第一产业比重低于10%,第二产业比重达到最高	以完善价值主导的供应链物流体系为重点,以优化产业链和价值链为导向,推动本地产业升级,推广应用信息技术,提升价值链地位

续上表

发展阶段	时期	人均生产总值（2010年美元）	产业结构特征	城市物流发展重点
后工业化阶段	初级发达经济	13000~19100	第三产业比重超过第二产业	以完善消费主导的物流节点体系为重点,满足多批次、小批量、及时性的个性化和体验化需要,重视环境保护和可持续发展
	高级发达经济	19100~28700		

三、现代物流对于城市发展的战略价值

对于城市而言,现代物流服务既是支撑城市日常运转的基础要素,也是决定本地产业发展水平的先导条件,更是放大城市特定优势功能的强力抓手。城市物流是关系国计民生的重要领域,是发展现代物流的关键环节,是保障城市经济社会正常运行的基础支撑。

(一)现代物流是城市日常运转的压舱石

2020年,我国常住人口城镇化率达63.9%,人均生产总值突破1万美元。从国际经验来看,城镇化水平为30%~70%时是城市化加速发展的阶段,城市人口及产业集聚所带来的生活性和生产性物流需求迅速增长。规模宏大的城市化,不仅进一步推动物流活动集中于城市群、城市带、大中城市和城际间,而且激增的物流量、机动车增长以及能源短缺、环境污染、交通拥堵和道路安全等现实问题,迫切需要提升城市间、城市内的物流配率。

城市物流是体现城市经济社会功能的不可或缺的组成部分,是保证居民最基本的生产、生活物资供应的主要渠道。城市物流关系着百姓的"菜篮子""米袋子",是重要的民生工程。相对于城市居民出行的基本需求,城市配送应居于同样重要的地位。类似北京市这种常住人口规模在2000万人以上的消费型城市,年城市物流量基本在2亿吨以上、人均快递量在100件以上,城市日常生活均无法离开城市物流配送。2010—2020年我国快递业务量变化情况如图4-1所示。

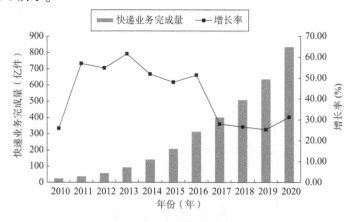

图4-1　2010—2020年我国快递发送量及增长率变化图
资料来源:国家邮政局。

随着经济社会的高速发展和城市化的快速推进,居民消费结构将加快升级,服务型消费支出比重上升,对生活品质的要求越来越高,对消费品的需求也越来越旺盛,随着我国消费者需求的日益精细化、个性化,急需多批次、小批量的物流方式与之相适应。截至 2020 年底,中国电子商务市场交易规模达 37.2 万亿元、快递业务量达到 830 亿件,10 年的时间分别增长了 7.8 倍、35.5 倍。加快构建能够满足各地区、各阶层人民群众生产生活需要的物流服务体系,成为开启全面建设社会主义现代化国家新征程和乡村振兴的基本要求。

(二)现代物流是城市高质量发展的晴雨表

城市不仅是供应链物流活动的集聚点,更是商流、人流、信息流、资金流的集聚地,物流业发展有利于保障城市经济的高质量持续健康稳定发展。现代物流业通过集约化和一体化运作,能够显著提高城市流通效率,节约经济运行成本,提高资源的利用效率与效益,推进经济增长方式的转变和经济增长质量的提高。一方面,物流业发展能够创造巨大的物流业增加值,从而直接拉动地区生产总值的增长,物流业增加值占城市生产总值的比重一般为 5% ~ 15%。另外一方面,城市物流对于工业生产、固定资产投资、进出口贸易等"三驾马车"具有显著的带动作用,推动高附加值产业转型升级,为整个经济持续增长提供重要支撑。基于投入产出表的产业关联分析表明,物流业对工业、服务业等都具有明显的带动作用,对上下游产业增加值的贡献评价在 15% 左右,物流外包对制造业生产率有显著的正向效应,并且提高了城市的全要素生产率。

与传统的"三通一平""五通一平"等招商引资方式相比,企业投资布局越来越看重配套的物流水平,物流服务能力成为城市核心竞争力的重要体现,如图 4-2 所示。

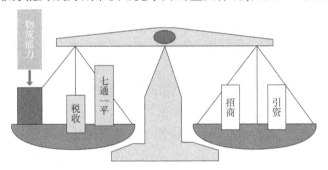

图 4-2　物流能力成为城市招商引资的核心优势

(三)现代物流是城市产业特色的放大器

物流业的发展能为地方产业发展注入新的活力。专业化的物流服务能够解放企业的非核心业务,有效降低工商企业的原材料采购成本、库存成本、制造成本、销售成本等生产经营成本,从而有利于工商企业将优势资源和能力集中于核心业务,提高企业的核心竞争力。客户关系管理、市场信息调查与分析等能够促进企业销售量的增加,融资服务能够为企业拓展经营提供资金帮助等,创造更为直接的经济利益。美国物流业的发展历程表明,物流成本与工业化水平呈现高度相关性,尤其是食品加工、纺织服装、烟草、化工和化学产品、出版印刷和装备制造等相关产业对于物流的依赖性较强。美国物流成本和第二产业占比的关系如图 4-3 所示。

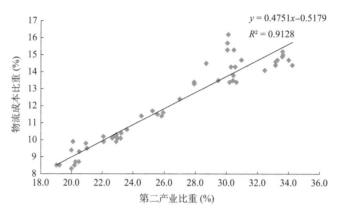

图 4-3 美国物流成本与第二产业占比的散点分布图
资料来源:世界银行数据库。

历史上新加坡、孟菲斯、芝加哥、萨拉戈萨等城市,均依托地理位置、交通网络、自由贸易、物流创新等特色优势大力发展枢纽经济,成为典型的物流大都市。孟菲斯机场凭借强大的承运商——联邦快递和专用货运跑道,成为世界上航空物流规模最大、服务设施最齐全、货运效率最高的航空港,并延伸出美国最大的隔夜药品检测中心、全球最大的眼角膜银行、全球最大的数字通用光盘(Digital Video Disc,简称 DVD)分拨中心、全球最大的便携电脑维修点、全美最大的医疗器械制造中心、美国中南部最大的医疗中心,成为时间敏感性产业的聚集地。

(四)现代物流是城市节能减排的加速器

从行业来看,交通运输与工业、能源并列三大主要碳排放行业之一,其中货运又是交通运输领域碳排放的主要来源。从空间范围来看,城市和城市群也是碳排放最为集中的区域,全球 75% 的能源和碳排放量都集中于城市。世界经济合作组织在《配送:21 世纪城市货运的挑战》中指出发达国家城市货运交通占城市总交通量的 10% ~ 15%,货运车辆对城市环境污染则高达 40% ~ 50%,能耗占全部的 30% ~ 40%。

精益物流、绿色物流、逆向物流等新的物流理念与物流技术的应用,有利于节约资源和保护环境。根据日本以及英国的项目经验,共同配送可使配送车辆行驶总里程降低 72% ~ 73%,即仅仅由于物流组织效率的提升,就可直接降低 73% 的燃油消耗。国内城市也正在采取一些具体行动,启动了装备升级改造、推广新能源车、驾驶技能培训等一批重点工程。成都已经以城市共同配送模式为切入点,有效控制了城市配送车辆总数,使尾气排放减少了 15% ~ 20%。中国城市物流系统节能减排的前景十分可观,通过推进城市货运系统绿色高效发展,可以在城市货运组织模式、城市干线运输与支线衔接布局、城市货运管理控制规则与政策等多个方面取得更多创新性成果与实质性的成效。

(五)现代物流是城市能级跃升的辐射源

城市的能级决定了其在城市网络体系中的地位和能量。伴随着全球互联互通的深度发展,世界城市体系进入"流动空间"基础上的世界城市网络时代。战略要素资源的"空间跳跃性配置"和"全球性配置"成为常态,节点城市中战略要素资源的流量、流速与质量决定了该城市在整个城市网络中的角色地位。全球城市通过全球网络连接和枢纽通道发挥全球资源配置作用,因而在全球经济协调与组织中扮演超越国家界限的关键角色。国内城市的物流枢纽地位决定了其城市的辐射范围和产业的价值地位。

根据国际组织的统计,新冠肺炎疫情使得国际直接投资、国际海运、国际航线以及国际客货运输均大幅下降20%~40%不等。与此同时,2020年第一季度,我国和"一带一路"沿线国家的进出口同比增长3.2%,高出我国外贸增速9.6个百分点,逆势增长。"一带一路"倡议给新兴的全球城市带来了城市能级跃升和全球竞争力提升的新机遇。同样,以国内大循环为主体、国内国际双循环的新发展格局也为国内城市能级跃升和竞争力提升提供了新机遇。与城市经济潜力相匹配,完善互联互通、面向全球的交通网络,提高区域经济连接度,建设具有全球或者区域影响力的国际物流枢纽城市,突出枢纽的国际服务功能及与后方城市联动的区域化建设,培育相互协作的全球性物流枢纽,将成为未来城市发展的重要使命。

第三节 新发展格局下的物流枢纽崛起

一、新发展格局下的城市发展定位

(一)新发展格局的提出

党的十九届五中全会提出推动形成"以国内大循环为主体、国内国际双循环相互促进的新发展格局"的长期战略调整。构建双循环发展新格局虽然是在新冠肺炎疫情全球大流行的背景下提出的,但是并不是权宜之计,而是一个长期演变的动态过程,彰显了党中央对于我国区域发展格局、国内发展潜力和国际发展形势的长期研判。双循环新发展格局有两大核心动力:

一方面,中国与世界的要素禀赋发生逆转。2020年,全年国内生产总值101.6万亿元,人均生产总值达到1.05万美元。充足的劳动资本丰裕度、健全的工业门类体系和研发能力、超过100万亿元的庞大经济体量、全球最大的消费市场规模转变成为中国发展的内生优势,成为主动打造内循环体系的内在底气。

另外一方面,中国与世界的产业分工地位发生逆转。从低端、附属、模仿、代工向高端、支配、创新、研发转化,中国与主要发达国家的关系从以合作为主逐渐转向以竞争为主,受到国外对我们产业地位崛起的打压,外循环为主的发展格局不得不转向双循环新格局。

此外,新冠肺炎疫情突发的背景下,卓越的国内疫情防控能力更加放大了我国的超大规模经济和内需市场优势,全球经济重心进一步加速东移,中国经济的"V"形反转更加凸显了构建新发展格局的紧迫性和重要性。

(二)新发展格局下的城市战略重点

新发展格局战略部署下,我国经济发展的出发点和落脚点、中心和重心都发生了巨大变化,城市必须脱离传统路径依赖,从产业升级、效率提升、创新驱动、现代治理等方面系统推进高质量发展。

城市在双循环新发展格局中的两大作用:一是提升区域一体化水平,进一步畅通内循环和微循环,拉动更多地区参与融入国内大循环;二是带动国内产业链的国际化和高级化水平,提升在国际大循环的价值链地位,站在国家安全的高度保障物流供应链安全。

依托健全的物流服务网络发展枢纽经济将成为"综合立体交通"时代城市发展的主导策略,各地在2035年远景目标中均提出在双循环发展新格局中的战略定位(表4-3),郑州、南京、西安等地枢纽经济发展策略见表4-4,基于枢纽经济的新一轮城市之争已经开启。

部分省市在"双循环"新发展格局中的战略定位 表4-3

地　区	"双循环"新发展格局下的战略定位
上海	国内大循环的中心节点、国内国际双循环的战略链接
广东	国内国际双循环的战略支点
湖北	国内大循环的重要节点、国内国际双循环的战略链接
四川	国内大循环的经济腹地、国内国际双循环的门户枢纽
浙江	国内大循环的战略节点、国内国际双循环的战略枢纽
山东	国内大循环的战略节点、国内国际双循环的战略枢纽
湖南	国内大循环和国内国际双循环的重要节点
天津	国内大循环的重要节点、国内国际双循环的战略支点

典型省市枢纽经济发展策略 表4-4

典型地市	枢纽经济发展策略
江苏	大力发展枢纽经济,《交通强国江苏方案》提出打造枢纽经济发展样板,编制《枢纽经济实施方案》
南京	发展《关于加快推进枢纽型经济建设的意见》,加快空港、海港、高铁三大枢纽经济区建设
无锡	出台《关于加快推进枢纽经济高质量发展的实施意见》,加快建设空港、海港、高铁、陆港等有形枢纽,布局信息服务平台、管理运营服务平台等无形枢纽
西安	打造内陆改革开放新高地,推动枢纽经济、门户经济、流动经济发展,建设西安国际港务区
郑州	经济枢纽向枢纽经济转化,打造郑州航空港经济综合试验区、中国(河南)自由贸易试验区、国际陆港、中国(郑州)跨境电子商务综合试验区等枢纽平台
商丘	把大力发展枢纽经济作为突破口,编制《商丘市枢纽经济发展规划》,打造全国第一个全辖编制枢纽经济规划的城市,成立中共商丘市委枢纽经济发展委员会办公室
衢州	打造四省边际中心城市,建设"空港新城"和华东数字经济示范区,建设物流导向的四省边际多式联运枢纽港

二、新发展格局下的物流城市崛起

（一）以国际大循环为主体下的物流发展格局

改革开放以来,我国采用的"出口加工型"发展模式为经济腾飞作出了巨大的贡献。

"出口加工型"发展模式下,我国以发达国家市场为重点,采取来料加工、来样加工、来件装配与补偿贸易等形式,积极融入经济全球化进程,是一种以国际大循环为主体的发展方式。

长期以来,我国已经形成了与出口加工模式相适应的现代物流体系,总体呈现两头在外、大进大出、港口主导、公路集散的特征,为改革开放40年的经济高速发展和国内企业参与融入全球供应链作出了突出贡献,疫情下的物流服务表现也证明了其价值。但是出口加工模式下,我国不同地区物流发展水平参差不齐,尤其是中西部地区参与国际物流竞争的能力和水平有限,全国超过80%的集装箱生成量分布在距离沿海港口300公里的范围内,内陆物流枢纽地位普遍不高。

根据《中国城市物流竞争力报告(2020)》,我国城市物流竞争力分布不均衡,具有全球竞争力的强枢纽型物流城市较少,绝大多数城市物流竞争力偏弱,尤其是中西部城市的物流竞争力排名普遍落后于其经济排名,物流对城市经济发展的贡献度不足,没有发挥带动引领作用。与此同时,我国社会物流成本相对较高,存在着国际物流与国内物流脱节、企业物流与社会物流脱节、干线运输与末端配送脱节、各种运输之间转运脱节等问题,转运时间长、衔接成本高,虽然单一运输方式和运输组织环节已经实现了极大优化,但整体物流降本增效仍有较大的提升空间。

(二) 以国内大循环为主体下的物流发展格局

双循环新发展格局的根本目的在于提升我国开发开放水平,拓展不同区域尤其是中西部地区参与全球经济发展的广度、深度和韧度,加快推动中国市场成为全球市场,提高中国对于全球战略要素资源的配置主导权。构建双循环新发展格局,必须打通国内生产、流通、分配到消费的各个环节,有效衔接国内国际两个市场、两种资源。物流一端连接生产、一端连接消费,是分配的重要手段和流通的重要形式,是畅通供应链、配合产业链、创造价值链的重要支撑。从"国际大循环"到"国内国际双循环"新发展格局带来的变化如图4-4所示。

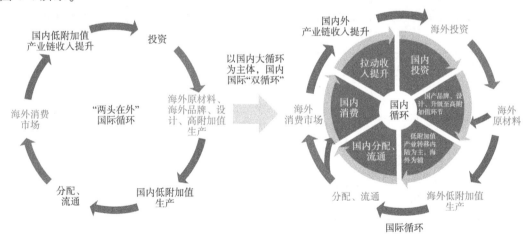

图4-4 从"国际大循环"到"国内国际双循环"新发展格局

新发展格局将会对物流通道和物流枢纽的布局和组织产生根本性影响,改革开放以来形成的向沿海为主的流向将逐步演化为沿海与内陆、内陆与内陆的区域间、区域内、城市群的货物流向,影响传统运输枢纽功能与服务组织的变革。构建双循环新发展格局,提升中国企业参与国内国际市场的广度、深度和韧度,要求现代物流体系适应双循环新发展格局下的物流发展新特征。

一是物流流向双向化。由出口加工模式下的自西向东流动为主,呈现东西双向、短程联动的新趋势,疫情爆发下的中欧班列逆势爆发便是重要表现,城市群、都市群之间的物流联系也更加紧密。新冠肺炎疫情发生以来,中欧班列呈现出逆势爆发,2020年累计开行班列1.24万列、运送113.5万标箱,分别同比增长50%、56%,综合重箱率达98.4%,中欧铁路通道的战略价值凸显。

二是物流通道多样化。在海运物流大通道的基础上,陆上物流通道地位更加突出,精准对接区域发展战略,西部陆海新通道、长江物流大通道、丝绸之路经济带将发挥更大作用,多式联运发展潜力巨大。2020年,北部湾港集装箱吞吐量突破500万标箱,增幅超过30%,跻身全国沿海港口前10、世界前40位。西部地区至北部湾图定班列达到9条,铁海联运班列、中越跨境班列分别开行4607列、1264列,同比增长105%、23.2%。

三是物流组织数字化。在信息技术支撑下,物流与制造业、消费端的融合更加紧密发展,物流数据和科技成为物流组织优化的重要力量。信息不对称得到有效解决,物流业务去中心化、去中介化,平台型企业由于拥有数据资源从而占主导地位,无车承运、跨境电商、即时配送、共享众包等新模式不断出现,线上线下无缝协作,行业集约程度大幅提高。

国家越来越重视物流枢纽建设。随着综合立体交通网络的完善,国际国内物流大通道越来越便捷,现代流通体系的痛点越来越集中于中转和末端两个环节,而这两个环节的空间载体都是物流枢纽,以城市为切入点完善物流枢纽布局,将成为构建现代物流体系、支撑新发展格局的重要抓手。2019年1月,《国家物流枢纽布局和建设规划》提出依托127个承载城市规划建设212个国家物流枢纽,在全国物流网络中发挥关键节点、重要平台和骨干枢纽的作用,加快推进要素集聚、资源整合和城乡空间格局与产业布局重塑,促进生产制造、国际贸易和国际物流深度融合,提高国际供应链整体竞争力。表4-5列举了部分国家政策。

国家积极推进物流枢纽建设　　　　　　　　　　　　　　　　　表4-5

国 家 政 策	建 设 重 点
《国家物流枢纽布局和建设规划》	结合"十纵十横"交通运输通道和国内物流大通道基本格局,选择127个城市作为国家物流枢纽承载城市,规划建设212个国家物流枢纽,分为陆港型(41个)、港口型(30个)、空港型(23个)、生产服务型(47个)、商贸服务型(55个)和陆上边境口岸型(16个)6种类型
《关于推动物流高质量发展促进形成强大国内市场的意见》	围绕"一带一路"建设、京津冀协同发展、长江经济带发展、粤港澳大湾区建设、长三角一体化发展等重大战略实施,在国家物流骨干网络的关键节点,启动第一批15个左右国家物流枢纽布局建设
《关于做好2019年国家物流枢纽建设工作的通知》	23个物流枢纽入选2019年国家物流枢纽建设,其中东部地区10个、中部地区5个、西部地区7个、东北地区1个,能够为"一带一路"建设、京津冀协同发展、长江经济带发展、粤港澳大湾区建设、长三角区域一体化发展、西部陆海新通道等重大战略实施和促进形成强大国内市场提供有力支撑

续上表

国 家 政 策	建 设 重 点
《关于做好2020年国家物流枢纽建设工作的通知》	东部地区7个、中部地区4个、西部地区9个、东北地区2个,覆盖了《国家物流枢纽布局和建设规划》确定的6种国家物流枢纽类型。2019—2020年,国家发展改革委、交通运输部共布局建设了45个国家物流枢纽,覆盖全国27个省(区、市),为加快构建"通道+枢纽+网络"的现代物流运作体系,促进形成以国内大循环为主体、国内国际双循环相互促进的新发展格局提供了有力支撑

双循环新发展格局将会重构长期以来形成的"出口导向、两头在外、大进大出"的传统物流模式,带动一批对内对外双开放的物流枢纽崛起,形成与双循环新发展格局相适应的现代流通体系。在区域物流新发展格局构建过程中,内陆地区相对于沿海地区的物流势能将会大大提升,城市物流枢纽崛起为门户接口,串联"国内大循环、国内国际双循环",成为国内国外两个扇面双向开放、陆海联动的旋转中枢,在区域产业链中发挥引领作用。紧抓双循环发展新格局带来的物流体系重构机遇,对于城市枢纽地位崛起和战略能级提升具有战略意义。

打造物流枢纽布局,要站在双循环发展新格局的角度,完善国际物流枢纽、国内物流枢纽、区域物流枢纽等多层级的枢纽体系,丰富铁路物流、公路直达、航空货运、港口航运、中欧班列等多式联运功能,加大高铁货运、货运专用机场、跨境电商、区域铁路快运等服务创新,通过枢纽对稀缺要素的资源整合和优化,大幅提升再生产过程的附加值,带动产业链发展,成为对内对外开发开放的门户,提高枢纽所在地的产业链和价值链地位,带动枢纽城市在网络体系中的能级提高,确保双循环体系安全、通畅、便捷。

物流枢纽城市应充分结合自身的优势和特色,完善城市物流枢纽的功能和定位。一方面要增强城市物流的吸引力,通过成本优势、网络效应或者聚集经济,吸引原材料、劳动者、信息、资本等各类战略要素在本地集中,发展成为运输网络的中枢或重要结点,供应链物流产生、汇集、交汇的关键地域。另外一方面要增强城市物流的辐射力,通过便利的可达性和服务的可靠性,加速物流、资金流、人才流、技术流和信息流,不断提高对于周边地区的扩散效应,促进腹地经济增长。

第五章 城市物流竞争力评价指标与方法

物流是经济的血液,城市物流是产业要素的聚集地、经济势能的辐射源。为科学准确量化城市物流各项竞争能力,参考现有研究成果,本报告构建了城市物流竞争力的理论框架和评价体系。经过数据整理和聚类分析,最终确定 10 个二级指标、37 个三级指标作为评价指标,并采用多种评价方法验证结论的稳健性。

第一节 城市物流竞争力的内涵

一、现有研究综述

国内外对城市物流的研究兴起于 20 世纪初左右,研究主要侧重于城市物流系统的资源优化配置、评价城市物流系统运行效率。国内对城市物流的研究起始于对城市物流发展模式的探讨、城市物流发展模式解析以及城市物流规划方法。在资源配置优化层面,研究从早期静态的资源配置模型发展到考虑实时交通状态的运营方法,在发展模式解析层面,研究从早期简易的线性模型逐渐转向深度的神经网络,积累至今,已形成了众多研究成果。关于城市物流竞争力的相关研究见表 5-1。

城市物流竞争力相关研究 表 5-1

研究文章	研究对象	研究方法	评价指标
赵莉琴、郭跃显(2011)	某城市	德尔菲法、层次分析法、多层次模糊判断方法	3 大类指标(基础设施、相关主体、服务保障),8 类二级指标,32 个三级指标
谭观音、左泽平(2012)	海峡西岸 10 个城市	主成分分析、聚类分析	4 大类指标(基础设施竞争力、产业竞争力、经济竞争力、人才竞争力),9 类二级指标,28 个三级指标
张玲(2014)	山东 17 个城市	主成分分析	5 大类指标(需求条件、支持性产业、生产要素、物流产业规模、信息化水平),13 个二级指标
王文铭、高艳艳(2016)	8 个"一带一路"沿线城市	主成分分析	2 大类指标(物流产业竞争实力、物流产业竞争潜力),7 个二级指标,21 个三级指标
宗会明、冶建辉等(2017)	12 个西部省会城市	层次分析法、熵权法	5 大类指标(城市经济发展水平、社会消费能力、物流产业发展基础、物流人才水平、信息技术水平),19 个二级指标

续上表

研究文章	研究对象	研究方法	评价指标
李平、谭群群等(2018)	4个长江中游城市	主成分分析	5大类指标(城市经济发展水平、城市物流产业发展基础及区位条件、城市物流需求状况、城市信息技术发展水平、城市物流发展人才环境),20个二级指标
李彤、李武选等(2019)	12个港口城市	熵权法	4大类指标(港口基础设施、物流产业规模、腹地经济发展、信息化水平),19个二级指标
朱坤萍、刘丁亚(2019)	河北11个城市	主成分分析	3大类指标(经济发展水平、基础设施建设水平、物流业务发展水平),10个二级指标
邱志鹏、蔡松林(2020)	珠三角15个城市	主成分分析	4大类指标(经济发展情况、物流业务规模、物流需求潜力、信息化程度),13个二级指标
李勇辉、白利鹏等(2020)	全国32个主要城市	数据包络分析、主成分分析、熵权法	3大类指标(效率、绩效、竞争力),19个二级指标
宋敏、路欢欢等(2020)	长三角5个城市	模糊综合评价	3大类指标(基础设施建设、经营成本效益、行业服务水平),10个二级指标
吴少丽、刘秀红等(2021)	山东省17个城市	熵权法	4大类指标(基础资源、物流规模、社会经济发展水平、信息化发展水平),14个二级指标

从研究对象来看,大部分研究关注于某一类特征城市群(普遍按照地理区位划分,少部分按照功能划分)的物流竞争力分析,并且用于研究所采集的城市样本一般不超过30个。

从研究方法来看,大部分研究采用一种基于数据驱动的权重确定方法,少部分研究采用专家评分方法。相比于专家评分法(例如层次分析法),基于数据驱动的权重确定方法(例如熵权法、主成分分析)可以更为客观地描述数据本身的情况,避免受到主观判断偏差的影响。但是基于数据驱动的权重确定方法也容易受到数据本身缺陷的影响,例如熵权法对极端异常值较为敏感,同时无法避免评价指标间高度线性相关的问题。在此基础上,采用多种不同类型的数据驱动方法或者采用主客观结合的权重确定方法可以有效避免上述问题。

从评价指标来看,大部分研究从评价现有城市物流系统出发选取不同类型的评价指标,主要包括城市经济发展水平、社会消费能力、物流产业发展基础、物流人才水平、信息技术水平,有的研究还考虑了城市物流体系的发展潜力。具体选取的定量化指标从10个到32个不等,都可以在一定程度上有效衡量城市物流竞争力。

二、城市物流竞争力的基本框架

城市物流竞争力是指城市物流体系吸引周边生产要素聚集和带动城市经济发展的能力,正确评价城市物流竞争力有助于衡量城市物流管理成效,直接关系到城市物流管理水平的高低,而对竞争力构成的解析可以促进城市物流管理绩效的优化。物流作为一种双向流动的战略要素,评价一个城市或者区域物流发展水平主要考虑两个维度。

一方面,从物流进向维度,衡量本地区(城市)的经济产业对于物流需求的带动程度。物流作为引致需求,即一个地区(城市)的经济规模越大、政策支持力度越大、发展理念越先进,则周边要素和资源越有可能向本地流入,越有可能带动本地物流业发展,主要用于评价城市对于周边地区物流发展的吸引力。

另外一方面,从物流出向维度,衡量本地区(城市)物流发展能力对于周边物流和产业要素和资源的聚集程度。即一个地区(城市)的物流发展水平越先进,周边高端产业要素和资源在本地的聚集程度越高,本地可进一步提高附加值水平或者进入全球市场,用于衡量物流发展能级及其对于经济发展的带动能力,主要用于评价城市物流对于周边地区经济发展的辐射力。

基于吸引力和辐射力两大维度,构建了城市物流评价理论和分析模型。按照吸引力和辐射力相对能力大小,我国物流城市类型可以分为枢纽型、消费型、口岸型和一般型四种,如图 5-1 所示。消费型城市的物流吸引力强于辐射力,口岸型城市的物流辐射力强于吸引力。

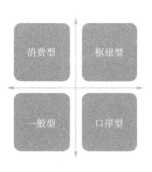

图 5-1　城市物流枢纽类型划分示意图

第二节　城市物流竞争力评价指标

一、评价指标构建

基于吸引力和辐射力两大维度,参考归纳现有文献资料,本报告细化了二级评价指标,如图 5-2 所示。其中,吸引力指标包括发展潜力、市场规模、枢纽布局、营商环境、绿色低碳 5 个二级指标,辐射力指标包括地理区位、市场覆盖、智慧物流、通达性、国际物流 5 个二级指标。

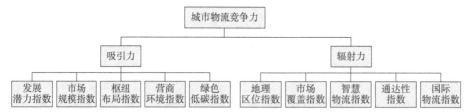

图 5-2　城市物流高质量发展评价指标体系

(一) 城市物流吸引力

城市物流吸引力包括 5 个二级指标。

(1) 发展潜力指数:主要衡量地方经济发展水平及增长速度对于物流发展的潜在带动能力,潜力越大的城市物流吸引力越强。

(2) 市场规模指数:主要衡量城市的货运、商贸、快递、外贸等类型物流市场的规模大小,规模越大的城市物流吸引力越强。

(3) 枢纽布局指数:主要衡量城市在各级政府规划以及网络型物流企业业务布局中的层

级,层级越高的城市物流吸引力越强。

(4)营商环境指数:主要衡量政府部门对于物流发展的支持和金融环境、营商环境,营商环境越好的城市物流吸引力越强。

(5)绿色低碳指数:主要衡量节能环保发展理念下城市物流绿色低碳化发展水平,绿色物流能力越高的城市物流吸引力越强。

(二)城市物流辐射力

城市物流辐射力包括5个二级指标。

(1)地理区位指数:主要衡量地区的地理、地形对于城市区位的制约情况和路网改善情况,人口覆盖越多的城市物流辐射力越强。

(2)市场覆盖指数:主要衡量以城市为起点的航班、班列等运输服务网络化水平和潜在覆盖范围,运输服务网络越发达的城市物流辐射力越强。

(3)智慧物流指数:主要衡量移动互联技术背景下城市节点对于线上信息资源的集散和掌控能力,信息化能力越高的城市物流辐射力越强。

(4)通达性指数:主要衡量机场、铁路、港口、高速公路等基础设施等级和城市间的通达性,越通达的城市物流辐射力越强。

(5)国际物流指数:主要衡量城市节点在国际物流体系中的规模大小和相对地位,国际化水平越高的城市物流辐射力越强。

二、评价指标体系

城市物流竞争力评价指标的构建是关系到评价结果可信度的关键因素,应遵循科学性、系统性、综合性、层次性、动态性、可比性等基本原则,最终选定37个三级评价指标体系,如图5-3所示。除了传统的统计数据指标外,还包括能够体现城市间时效性和流量流向的综合交通最大人口覆盖、高速公路流量等大数据指标,是国内首次应用大数据方法和指标进行竞争力评价分析。

37个三级指标体系中,大数据指标7个、结构化指标10个、统计指标20个,绝大部分统计指标采用2020年数据,部分指标采用2019年数据。

(一)发展潜力指数

发展潜力指数包括7个三级指标。

(1)1-地区生产总值:统计指标,2020年数据,数据来源于各城市发布的《2020年国民经济和社会发展统计公报》。

(2)2-地区生产总值增长率:统计指标,2020年数据,数据来源于各城市发布的《2020年国民经济和社会发展统计公报》。

(3)3-第二产业增加值:统计指标,2020年数据,数据来源于各城市发布的《2020年国民经济和社会发展统计公报》。

(4)4-邮政行业业务收入:统计指标,2020年数据,数据来源于各地市邮政管理局发布的《2020年邮政行业发展统计公报》。

(5) 5-常住人口增长率:统计指标,2020年数据,数据为第七次全国人口普查数据。

(6) 6-货运量增长率:统计指标,为城市水路、公路、航空三种运输方式的货物运输量增长率,数据主要来源于《中国城市统计年鉴》、各地市《2020年国民经济和社会发展统计公报》以及各地市交通局网站等渠道。

(7) 7-快递业务量增长率:统计指标,2020年数据,数据来源于各地市邮政管理局发布的《2020年邮政行业发展统计公报》。

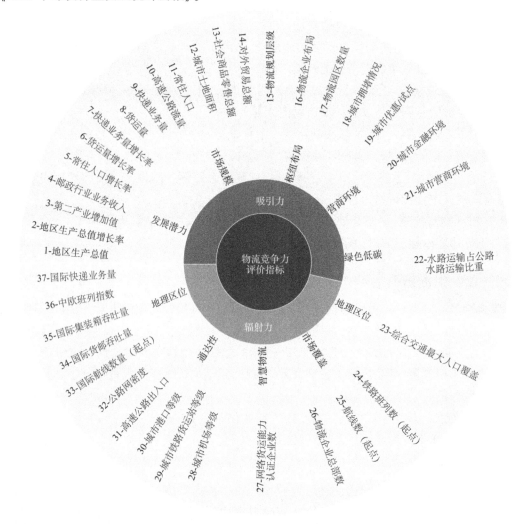

图 5-3　城市物流竞争力评价指标

(二) 市场规模指数

市场规模指数包括 7 个三级指标。

(1) 8-货运量:统计指标,为城市水路、公路、航空三种运输方式的货物运输量。数据主要来源于《中国城市统计年鉴》、各地市《2020年国民经济和社会发展统计公报》以及各地市交通局网站等渠道。

(2) 9-快递业务量:统计指标,2020年数据,数据来源于各地市发布的《2020年邮政行业发展统计公报》。

（3）10-高速公路流量：统计指标，为城市境内高速公路统计的断面流量，主要来自高速公路流量调查。

（4）11-常住人口：统计指标，2020年数据，数据为第七次全国人口普查数据。

（5）12-城市土地面积：统计指标，2020年数据，数据主要来源于《中国城市统计年鉴》。

（6）13-社会消费品零售总额：统计指标，2020年数据，数据来源于各省市发布的《2020年国民经济和社会发展统计公报》。

（7）14-对外贸易总额：统计指标，2020年数据，数据来源于各省市发布的《2020年国民经济和社会发展统计公报》。

（三）枢纽布局指数

枢纽布局指数包括4个三级指标。

（1）15-物流规划层级：结构化指标，基于《国家综合立体交通网规划纲要》《国家物流枢纽布局和建设规划》等国家和各部门交通物流相关政策进行归纳整理。

（2）16-物流企业布局：结构化指标，2020年数据，基于德邦、京东、普洛斯、顺丰等企业枢纽节点布局情况进行归纳整理。

（3）17-物流园区数量：大数据指标，2020年数据，数据来源于国内相关网站和产业数据库收录的全国物流园区名单。

（4）18-城市拥堵情况：大数据指标，2020年数据，数据来源于地图网站公开发布的城市拥堵指数报告。

（四）营商环境指数

营商环境指数包括3个三级指标。

（1）19-城市优惠/试点：结构化指标，2020年数据，对现代物流创新发展城市试点、供应链创新与应用试点、城市绿色货运配送示范工程、城乡高效配送专项行动等进行分析，统计城市开展试点示范工程和政策支持情况，主要政策列表见"中国城市物流竞争力年度榜单十二：2020年中国主要物流政策支持城市分布情况"。

（2）20-城市金融环境：统计指标，2020年数据，为城市贷款余额，数据来源于《中国城市统计年鉴》。

（3）21-城市营商环境：结构化指标，2020年数据，数据来源于网络公开发布的城市营商环境报告以及各城市交通物流相关网站建设情况。

（五）绿色低碳指数

绿色低碳指数包括1个三级指标。

22-水路运输占公路水路运输比重：统计指标，数据主要来源于《中国城市统计年鉴》、各地市《2020年国民经济和社会发展统计公报》以及各地市交通局网站等渠道。

（六）地理区位指数

地理区位指数包括1个三级指标。

23-综合交通最大人口覆盖：大数据指标，2020年数据，数据定义为从一个城市出发，使用公路或铁路或航空可以到达的目标城市的最大人口总和。其中,公路数据来源于地图网站轻量级路线规划服务应用程序编程接口(Application Programming Interface,简称API)爬取,并结合指标11-常住人口计算得到;铁路数据来源于地图网站路线规划服务 API 爬取,并结合指标11-常住人口计算得到;航空数据来源于航线规划网站提供的航线数据,并结合指标11-常住人口计算得到。数据抓取时间选定为2020年8月14—2020年8月21日。

(七)市场覆盖指数

市场覆盖指数包括3个三级指标。

(1)24-铁路班列数(起点):大数据指标,2020年数据,数据定义为以一个城市为起点的铁路班列数量。数据来源于航班管家网站所提供的铁路班列数据,数据抓取时间选定为2020年8月14—2020年8月21日。

(2)25-航线数(起点):大数据指标,2020年数据,数据定义为以一个城市为起点的航空线路数量。数据来源于航班管家网站所提供的航线数据,数据抓取时间选定为2020年8月14—2020年8月21日。

(3)26-物流企业总部数:结构化指标,2020年数据,数据来源于物流采购联合会企业评估名单,其中4A及5A级物流企业纳入计算。

(八)智慧物流指数

智慧物流指数包括1个三级指标。

27-网络货运能力认证企业数:结构化指标,2020年数据,数据来源于国家交通运输物流公共信息平台、各省市公布的网络货运试点企业名单及互联网资料整理。

(九)通达性指数

通达性指数包括5个三级指标。

(1)28-城市机场等级:结构化指标,2020年数据,机场名单来源于中国民用航空局发布的《2020年民航机场生产统计公报》,按照机场等级进行评分。

(2)29-城市铁路货运站等级:结构化指标,2020年数据,根据我国铁路货运站等级进行评分。

(3)30-城市港口等级:结构化指标,2020年数据,根据城市港口吞吐量进行评分。

(4)31-高速公路出入口:大数据指标,2020年数据,数据定义为以一个城市范围所有的高速公路出入口数量。数据来源于地图网站开放平台中搜索兴趣点(Point of Interest,简称POI) API,关键词分别为高速公路出口及高速公路入口。

(5)32-公路网密度:统计指标,2020年数据,数据定义为城市中公路里程与其城市土地面积(指标12)之比,公路里程来源于各省市发布的统计年鉴及《2020年国民经济和社会发展统计公报》。

(十)国际物流指数

国际物流指数包括5个三级指标。

(1)33-国际航线数量(起点):大数据指标,2020年数据,数据来源于飞常准大数据平台。

(2)34-国际货邮吞吐量:统计指标,2020年数据,根据城市机场货邮吞吐量进行评分。

(3)35-国际集装箱吞吐量:统计指标,2020年数据,数据来源于《2020年12月全国港口货物、集装箱吞吐量》自年初累计数。

(4)36-中欧班列指数:结构化指标,2020年数据,数据基于中欧班列开行名单整理和2020年中欧班列开行数据统计分析进行打分。

(5)37-国际快递业务量:统计指标,2020年数据,数据来源于各地市发布的《2020年邮政行业发展统计公报》。

第三节 城市物流竞争力评价方法

为增强评价结果的稳健性,本报告采用了信息熵方法、相关性权重确定(Criteria Importance Though Intercrieria Correlation,简称CRITIC)方法、主成分分析法等多种主客观评价方法,评价结果显示没有显著差异。

一、信息熵方法

基本原理:信息熵这个词是信息论之父香农(Claude Elwood Shannon)从热力学中引申出的,用于描述信源的不确定度,阐明了概率与信息冗余度的关系(Shannon,1950)。一个信源发送出什么符号是不确定的,可以根据其出现的概率来度量(Rothstein,1951;Skagerstam,1975)。概率大,出现机会多,不确定性小;反之出现机会少,不确定性就大。

在信源中,考虑的不是某一单个符号发生的不确定性,而是要考虑这个信源所有可能发生情况的平均不确定性。若信源符号有 n 种取值:$U_1, U_2, \cdots, U_n$,对应概率为:$P_1, P_2, \cdots, P_n$,且各种符号的出现彼此独立。这时,信源的平均不确定性应当为单个符号不确定性 $-\log_2 P_i$ 的统计平均值,可称为信息熵,即

$$H(U) = E[-\log_2 P_i] = -\sum_{i=1}^{n} P_i \log_2 P_i \tag{5-1}$$

式(5-1)对数一般取2为底,单位为比特,也可以取其他对数底,采用其他相应的单位,它们间可用换底公式换算。从数学概念上,式(5-1)表示了一个事件的信息量就是这个事件发生的概率的负对数的期望。在此定义下,香农总结了信息熵的三大性质:单调性,即发生概率越高的事件,其所携带的信息熵越低,或者说广为人知的信息没有意义;非负性,即信息熵不能为负,现实中不存在负信息量的信息,在得知了某个信息后,却增加了对事件分析的不确定性是不符合逻辑的;累加性,即多随机事件同时发生存在的总不确定性的量度是可以表示为各事件不确定性的量度之和,数学表达式如下:

$$H(A,B) = H(A) + H(B) - I(A,B) \tag{5-2}$$

式(5-2)中 $I(A,B)$ 表示事件 A、B 之间的互信息(Mutual Information),代表一个随机变量包含另一个随机变量信息量的度量,对于两个独立事件而言,$I(A,B) = 0$。除此之外,信息熵还包括一些数学的性质,如连续性、可加性、扩张性、上凸性、对称性等。

评价模型:基于信息熵的权重确定方法主要依赖于信心熵的单调性定义,通过指标的离散程度来表示其重要性的大小。其具体含义为,对于任意一个指标,如果所有候选对象在该指标上基本相同,则信息熵较低,意为该指标对分类意义不大,因此,对该指标赋予较低的权重;反之,如果某一指标在候选对象中差异较大,则信息熵较大,认为该指标是一个理想的可用于分类的依据,因此,赋予该指标较大的权重。具体的计算步骤如下:

第一步,根据式(5-1)需要计算所有样本中第 j 项指标的息熵值 $H_j(U)$,见式(5-3)。

$$H_j(U) = E_j[-\log_2 P_i] \tag{5-3}$$

第二步,根据指标的信息熵值,计算第 j 项指标的差异系数 $D_j(U)$,引申为该指标的重要性,见式(5-4)。

$$D_j(U) = 1 - H_j(U) \tag{5-4}$$

第三步,通过对所有指标差异系数 $D_j(U)$ 进行归一化处理,计算第 j 项指标的权重系数 $w_j(U)$,见式(5-5)。

$$w_j(U) = \frac{D_j(U)}{\sum_j D_j(U)} \tag{5-5}$$

评价结果:根据信息熵评价方案,得到指标权重的分配结果,如图5-4所示。

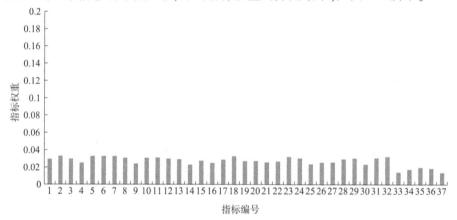

图 5-4 基于信息熵确定的指标权重

信息熵法侧重于关注同一指标下不同样本之间数据分布的差异性,指标权重由大到小前十依次为:地区生产总值增长率、快递包裹增长率、城市拥堵情况、货运量增长率、常住人口增长率、城市境内平均公路密度、综合交通最大人口覆盖、常住人口、高速公路流量、货运量。

二、CRITIC 方法

基本原理:CRITIC 评价方法是基于各指标之间的相关性大小,也即两个变量的关联程度。其原理可以简单理解为,对于任意一个指标,如果该指标与其他指标的相关性较高,则认为这个指标可以用其他指标加权得到,则该指标能提供的"独有"信息较少,引申为该指标不重要,则赋予其较低的权重。反之,如果某一指标与其他指标的相关性较低,则说明其难以由其他指标代替,该指标能够提供额外的信息,是一个良好的分类依据,因此,对该指标赋予一个较高的权重。

统计学中,通常用相关系数描述两个变量之间的相关程度。根据数据指标的结构特点和分析需求,有三种常用的相关系数。

(1)皮尔逊相关系数(Pearson Correlation Coefficient):广泛用于度量两个变量之间的相关程度(Profillidis 和 Botzoris,2019)。指标之间的皮尔逊相关系数可以由式(5-6)计算:

$$r(i,j) = \frac{Cov(i,j)}{\sqrt{Var(i)Var(j)}} \quad (5-6)$$

式(5-6)中 $Cov(i,j)$ 表示指标 i,j 之间的协方差;$Var(i)$、$Var(j)$ 分别表示指标 i,j 的方差。皮尔逊相关系数描述的是线性相关关系,其取值范围为[-1,1]。负数表示负相关,正数表示正相关。在检验显著性的前提下,绝对值越大,相关性越强。绝对值为0,表示两个指标之间无线性关系;绝对值为1表示完全线性相关。一般认为其绝对值小于0.39为低相关,大于0.89为高相关。

(2)斯皮尔曼等级相关系数(Spearman's Rank Correlation Coefficient):一种无参数的等级相关系数,其值与两个相关变量的具体值无关,而仅仅与其值之间的大小关系有关(Lehmann 和 D'Abrera,2010)。指标之间的斯皮尔曼等级相关系数可以由式(5-7)计算:

$$\rho(i,j) = 1 - \frac{6\sum d_i^2}{n(n^2-1)} \quad (5-7)$$

式(5-7)中 d_i^2 表示两个变量分别排序后成对的变量位置差;n 表示样本总量。斯皮尔曼等级相关系数表示了两个随机变量之间(独立变量 X 与依赖变量 Y)的相关方向。当 X 增加时,Y 趋向于增加,斯皮尔曼等级相关系数则为正。当 X 增加时,Y 趋向于减少,斯皮尔曼等级相关系数则为负。特别地,相关系数为零表明当 X 增加时 Y 没有任何趋向性。当 X 和 Y 越来越接近完全的单调相关时,斯皮尔曼等级相关系数会在绝对值上增加。当且仅当随机变量 X 和 Y 完全单调相关时,其值的绝对值等于1。

(3)肯德尔等级相关系数(Kendall Rank Correlation Coefficient):用来测量两个随机变量相关性的统计值(Kendall,1938)。肯德尔相关系数的取值范围在-1~1之间,当关系数为1时,表示两个随机变量拥有一致的等级相关性;当关系数为-1时,表示两个随机变量拥有完全相反的等级相关性;当关系数为0时,表示两个随机变量是相互独立的。指标之间的肯德尔等级相关系数可以由式(5-8)计算:

$$\tau(i,j) = \frac{4P}{n(n-1)} - 1 \quad (5-8)$$

式中,P 指在所有项目中,按两个排名排在给定项目之后的项目数量之和;n 表示样本总量。

评价模型:CRITIC 方法是基于评价指标的对比强度和指标之间的冲突性来综合衡量指标的客观权重。考虑指标变异性大小的同时兼顾指标之间的相关性,并非数字越大就说明越重要,完全利用数据自身的客观属性进行科学评价。

对比强度是指同一个指标各个评价方案之间取值差距的大小,以标准差的形式来表现。标准差越大,说明波动越大,即各方案之间的取值差距越大,权重越高。指标之间的冲突性,用相关系数进行表示,若两个指标之间具有较强的正相关,说明其冲突性越小,权重越低。

对于 CRITIC 方法而言,在标准差一定时,指标间冲突性越小,权重也越小;冲突性越大,权重也越大。另外,当两个指标间的正相关程度越大时(相关系数越接近1),冲突性越小,这表明这两个指标在评价方案的优劣上反映的信息有较大的相似性。基于数据结构特点,本报告采用皮尔逊相关系数作为 CRITIC 评价模型的基础。具体的计算步骤如下:

第一步,基于式(5-9)计算第 j 项指标的冲突性 R_j。

$$R_j = \sum_{i=1}^{n} 1 - r(i,j) \tag{5-9}$$

第二步,基于冲突性 R_j,计算第 j 项指标所能提供的信息量 C_j,见式(5-10)。

$$C_j = Var(j) R_j \tag{5-10}$$

第三步,归一化处理指标的信息量 C_j,得到计算第 j 项指标的权重系数 w_j,见式(5-11)。

$$w_j = \frac{C_j}{\sum_j C_j} \tag{5-11}$$

评价结果:根据 CRITIC 评价方案,得到指标权重的分配结果如图 5-5 所示。

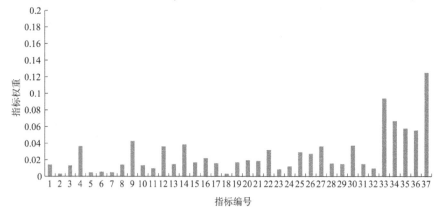

图 5-5 基于 CRITIC 确定的指标权重

CRITIC 侧重于关注不同指标之间分布的差异性,指标权重由大到小前十依次为:跨境电商指数、国际航班量、机场货邮吞吐量、国际集装箱吞吐量、中欧班列指数、快递业务量、对外贸易总额、城市港口等级、邮政行业业务收入、网络货运能力认证企业数。

三、主成分分析法

基本原理:主成分分析(Principal Component Analysis,简称 PCA)是一种目前使用最为广泛的数据降维算法(Jolliffe 和 Jackson,1993)。PCA 的主要思想是将 n 维特征的数据重新映射到 k 维上,这 k 维是全新的正交特征,也被称为主成分,是在原有 n 维特征的基础上重新构造出来的 k 维特征,数学表达式见式(5-12)。

$$\begin{pmatrix} p_1 \\ p_2 \\ \vdots \\ p_k \end{pmatrix} (x_1 x_2 \cdots x_M) = \begin{pmatrix} p_1 x_1 & \cdots & p_1 x_M \\ \vdots & \ddots & \vdots \\ p_k x_1 & \cdots & p_R x_M \end{pmatrix} \tag{5-12}$$

其中,p_i 是一个 k 维向量,表示第 i 个基,x_j 是一个 n 维列向量,表示第 j 个原始数据记录。如果基的数量少于向量本身的维数($n>k$),则可以达到对原始数据进行降维的效果,同时为了在降维度后尽量保存原始数据中所涵盖的信息量,投影后的投影值应尽可能分散。则其对应的优化目标为将一组 n 维向量降为 k 维($n>k>0$),其目标是选择 k 个单位正交基,使得原始数据变换到这组基上后,各字段两两间协方差为 0,而字段的方差则尽可能大。

假设原始数据集 X 为 m 个 n 维列向量,在对各维度进行 0 均值处理的情况下,则其协方差矩阵可以表示为式(5-13)。

$$D = \frac{1}{m}XX^T = \begin{pmatrix} \frac{1}{m}\sum_{i=1}^{m}x_{i1}^2 & \cdots & \frac{1}{m}\sum_{i=1}^{m}x_{i1}x_{in} \\ \vdots & \ddots & \vdots \\ \frac{1}{m}\sum_{i=1}^{m}x_{in}x_{i1} & \cdots & \frac{1}{m}\sum_{i=1}^{m}x_{in}^2 \end{pmatrix} \tag{5-13}$$

其中,$\frac{1}{m}\sum_{i=1}^{m}x_{ij}^2 = Var(x^j)$,表示数据在第 j 维上的方差,$\frac{1}{m}\sum_{i=1}^{m}x_{ij}x_{ik} = cov(x^j, x^k)$,表示数据在第 j 维和第 k 维上的协方差。假设存在映射矩阵 P,使得原始数据集 X 经过 P 映射后得到数据集 Y,其协方差矩阵表示为 C,则可以得到:

$$D = PCP^T \tag{5-14}$$

根据降维的目标,D 应是一个仅对角上有值,其余为 0 的对角矩阵,因此,优化目标转换为寻找一个矩阵 P,满足 PCP^T 是一个对角矩阵,并且对角元素按从大到小依次排列,那么 P 的前 k 行就是要寻找的基,用 P 的前 k 行组成的矩阵乘以 X 就使得 X 从 n 维降到了 k 维并满足上述优化条件。

同时,协方差矩阵 C 是一个实对称矩阵,满足以下两个性质:实对称矩阵不同特征值对应的特征向量必然正交;设特征向量 λ 重数为 r,则必然存在 r 个线性无关的特征向量对应于 λ,因此,可以将这 r 个特征向量单位正交化。设这 n 个特征向量分别为 $e_1 \cdots e_n$,将其按列组成矩阵 E,则可得(5-15):

$$E^T CE = \Lambda = \begin{pmatrix} \lambda_1 & & \\ & \ddots & \\ & & \lambda_n \end{pmatrix}, \lambda_1 \geq \lambda_2 \geq \cdots \geq \lambda_n \tag{5-15}$$

其中,Λ 为对角矩阵,其对角元素为各特征向量对应的特征值。至此,得到映射矩阵 $P = E^T$,并其前 k 行为基,可将原始数据 X 从 n 维降到 k 维。

评价模型:基于 PCA 的权重评价方法是一种无参、数据驱动的评价方法,其原理在于借助 PCA 算法中所得到的对角矩阵 Λ,计算原始数据集 X 中每一个维度(评价指标)的贡献值,意味压缩后数据中原有评价指标的保留度。如果一项评价指标是无意义的,那么经过 PCA 处理后其对应的 $\lambda_k = 0$,换言之,如果一项评价指标所涵盖的信息是很重要的,那么 PCA 压缩后会尽量保留这部分信息,则其对应的 λ_k 应较大。具体的计算步骤如下:

第一步,根据式(5-13)~式(5-15)计算得到对角矩阵 Λ。

第二步,通过归一化处理,计算各个特征值 λ_k 的主成分贡献率 w_k,见式(5-16)。

$$w_k = \frac{\lambda_k}{\sum_k \lambda_k} \tag{5-16}$$

评价结果:根据 PCA 评价方案,得到指标权重的分配结果,如图 5-6 所示。

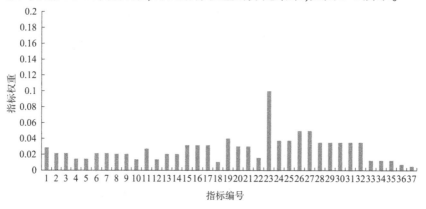

图 5-6　基于 PCA 确定的指标权重

基于 PCA 的权重评价方法侧重于关注同一指标下不同样本间的差异性,同时也考虑不同指标间的相关性。指标权重由大到小前十依次为:综合交通最大人口覆盖数、物流企业总部数量、网络货运能力认证企业数、城市优惠/试点、铁路班列数(起点)、航线数(起点)、城市机场等级、城市铁路货运站等级、城市港口等级、城市高速公路出入口数量。

图 5-7 对三种方法的结果进行了对比,可以看出,三种分析方法在整体评价趋势上基本相同,编号靠前城市的排名保持一致,但编号靠后城市的排序有所差异,保证了结论的有效性。

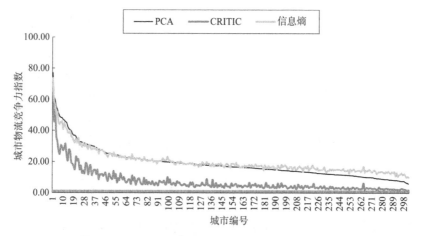

图 5-7　三种分析方法评价结果对比

受数据可得性、指标覆盖性和评价方法影响,评价结果尚存在改进空间,结论仅供参考。

策　略　篇

COMPETITIVENESS OF
**CITY LOGISTICS
IN CHINA**
(2021)

第六章 经济视角:谁是最具发展潜力的物流城市

物流与经济相辅相成产生了大量的物流需求,并对物流体系的构建提出要求,物流业发展可以有效促进农业、工业等行业的发展,促进国民经济增长。本章从经济视角出发,探讨我国城市物流与经济发展的互动关系,以经济排名与城市物流竞争力指数排名的差值代表物流发展潜力,对城市物流竞争力百强榜中物流潜力城市进行了重点研究。

第一节 物流发展潜力城市榜单

现代物流的发展由社会经济作用力、相关产业作用力、产业自身作用力等不同性质的作用力逐级推动,从而形成了物流业发展与经济发展相辅相成的局面。经济发展与物流业发展两者存在自适应调节机制,物流适度超前短期内会略微减缓区域经济增速,但长期则能使区域经济增速显著提升❶。实证研究同样发现物流业和经济增长之间有着显著的倒"U"形关系,即任何滞后于经济发展的不发达物流业,或者过度超前于经济发展的相对过剩物流业都不利于经济增长❷。

通过物流势能指标,以经济排名与城市物流竞争力指数排名的差值代表物流发展潜力:若经济排名高于城市物流竞争力指数排名,代表该城市物流潜力尚未充分释放,物流能力对于城市经济发展起着某种程度的制约作用;若城市物流竞争力指数排名高于经济排名,代表该城市的物流发展处于领先水平,对于城市经济发展起着带动支撑作用。通过对物流势能指标进行分析,可以体现经济视角下城市物流业发展与经济发展之间的关系,反映出城市物流发展潜力。

根据2020年度城市物流竞争力指数(图6-1),上海、昆明、贺州、吐鲁番等91个城市物流势能处于[-10,10)区间,经济发展与物流综合实力基本协同;佛山、盐城、遵义、荆门等72个城市物流势能处于[-40,-10)区间,需要以经济实力为依托,发挥物流业潜能;漳州、宜宾、绥化、曲靖等37个城市物流势能处于[-130,-40)区间,物流滞后于经济水平,需要加快物流能力建设;西安、乌鲁木齐、钦州、牡丹江等62个城市物流势能处于[10,40)区间,日照、黄石、防城港等38个城市物流势能处于[40,130)区间,物流能力基本满足当前经济发展的需求,且对于经济发展起到一定的支撑与拉动作用。

---

❶ 刘维林.区域物流系统与经济增长的动态耦合机理与实证仿真[J].经济地理,2011(9).
❷ 金雯倩,袁桂秋.物流业与经济增长的倒"U"形关系分析[J].经济论坛,2011(11).

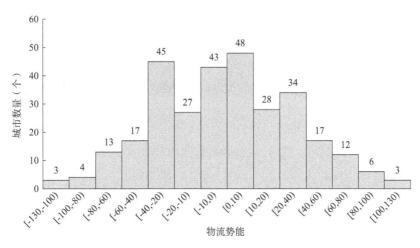

图 6-1 2020 年度物流势能城市区间分布图

结合物流势能分布情况,[-40,-20)区间共有 45 个城市,仅次于[0,10)区间,该组城市有机会利用经济发展优势,迅速提升物流综合实力,实现经济发展与物流能力提升的正向循环促进。

对比 2019 年度与 2020 年度物流势能指标发现,2019 年度物流潜力最大的十大城市为东营、茂名、泰州、长治、赤峰、滨州、毕节、大理、自贡、昌吉,2020 年度物流潜力最大的十大城市为茂名、曲靖、玉溪、漳州、三明、大庆、龙岩、昌吉、乐山、大理,见表 6-1。相较于 2019 年,大部分城市进一步发挥其潜力,依托经济发展大幅提升了物流竞争力表现。

城市物流势能排行榜　　　　　　　　　　表 6-1

城市	2019 年度物流能差		城市	2020 年度物流能差	
东营	162		茂名	123	
茂名	149		曲靖	103	
泰州	127		玉溪	103	
长治	112		漳州	99	
赤峰	108		三明	94	
滨州	100		大庆	93	
毕节	97		龙岩	84	
大理	95		昌吉	79	
自贡	93		乐山	78	
昌吉	92		大理	78	

对比 2020 年度物流竞争力前百强城市的地区生产总值与物流竞争力排名,有 17 个城市尚未充分发挥物流发展潜力,如图 6-2 所示,主要分布在广东、江苏、浙江、山东等经济发展处于前列的省份。佛山以 10816 亿元位居国内城市 2020 年地区生产总值排名第 17 位,其物流竞争力排名位于第 28 位,2019 年佛山市生产总值同样位于第 17 位,物流竞争力排名位于第 30 位。佛山市作为粤港澳大湾区的枢纽城市之一,凭借国家制造业创新中心和全球

制造创新中心的定位,制造业迎来了空前巨大的机遇。依靠物流业和制造业的深入联动发展,佛山物流潜力有望进一步释放。

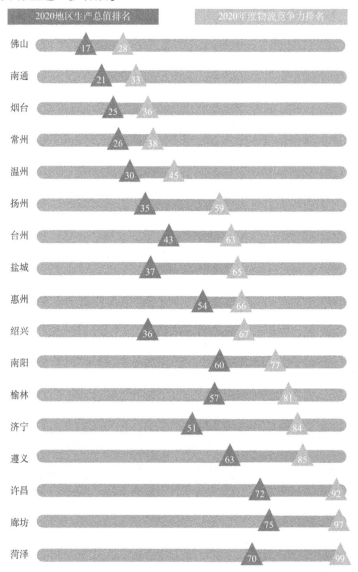

图6-2 2020年度物流竞争力前百强城市中物流潜力城市

江苏省作为唯一一个所有地级市均进入2020年度物流竞争力前百强的省份,除连云港、淮安两市,其余城市物流势能取值均为正,其中南通、常州、扬州、盐城具有较大的物流发展潜力,2020年度江苏省物流势能表现汇总情况见表6-2。江苏省物流枢纽分布相对均衡,集聚辐射效应发挥不充分,各市物流业发展能级仍然有很大发展空间。以盐城市为例,受上海、南京、苏州等城市虹吸效应影响,盐城市物流业的辐射力稍显不足。盐城市物流核心腹地集中在宿迁、连云港、淮安、泰州等周边区域,以苏北地区为主,与苏南地区的物流量相对较少。未来盐城以长三角北翼区域物流枢纽、两带交汇重要出海新门户为功能定位,需要主动接轨上海,打造服务沿海经济带和淮河生态经济带的两带交汇重要出海新门户,进一步提升盐城物流能级。

2020 年度江苏省物流势能表现情况　　　　　　表 6-2

城　市	地区生产总值排名	城市物流竞争力排名	物　流　势　能
苏州	6	9	3
南京	10	13	3
无锡	14	19	5
徐州	27	32	5
南通	21	33	12
常州	26	38	12
连云港	77	47	-30
泰州	42	48	6
淮安	58	54	-4
镇江	55	57	2
扬州	35	59	24
盐城	37	65	28
宿迁	79	87	8

河南省内大部分城市的物流发展对经济呈现带动引领作用,见表 6-3。在国家政策支持、河南省委省政府的高度重视下,各城市着力推进物流园区和基础设施建设,建设民航、铁路、公路"三网融合"和航空港、铁路港、公路港、出海港(国际化内陆港)"四港联动"的集疏运体系,充分发挥物流业服务第一、二、三产业作用,支撑经济高质量发展。

2020 年度河南省物流势能表现情况　　　　　　表 6-3

城　市	地区生产总值排名	城市物流竞争力排名	物　流　势　能
郑州	16	11	-5
洛阳	45	50	5
商丘	94	68	-26
信阳	98	71	-27
南阳	60	77	17
安阳	122	79	-43
驻马店	97	83	-14
漯河	169	91	-78
许昌	72	92	20
新乡	90	98	8
周口	78	102	24
开封	116	110	-6
平顶山	113	148	35

续上表

城　　市	地区生产总值排名	城市物流竞争力排名	物 流 势 能
鹤壁	229	150	-79
濮阳	161	156	-5
焦作	133	157	24
三门峡	183	184	1

第二节　物流竞争力与城市经济增长

经济发展带动货运量迅速增长。以地区生产总值和第二产业增加值、货运量数据进行相关性分析，可以看出经济迅速增长带动货运量快速发展，对物流业的服务要求也逐步提高。根据相关研究，物流业与经济增长两者存在长期稳定、互为因果的关系。经济增长和产业升级是引起物流产业变化的重要原因，并且存在一定的延续时期，同时物流业对市场的相应情况也会作用于经济发展。物流业与经济发展的双向互动关系如图6-3所示。

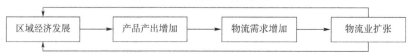

图6-3　物流业与经济发展的双向互动关系

我国作为农业大国，随着农产品商品化程度不断提高，物流业面临大量的、专业化农产品物流需求。但目前，我国农产品物流体系滞后是农业现代化发展的主要制约因素。与此同时，第二产业凸显了我国制造业物流"大而不强"的特点。工业物流现阶段能够满足工业发展产业的物流数量需求，但由于工业物流发展质量的不足，对产业升级和价值地位提升促进作用有限。

随着城镇化、互联网的迅速发展，城镇物流发展迅猛，自动化、网络化、信息化特征突出，推动自动配送、逆向物流等多元业态创新发展。物流业作为第三产业的一部分，将成为生产性服务领域创新发展的第一阵地。2020年，全国网上零售额11.76万亿元，比2019年增长10.9%，同时快递业务也保持同步快速增长，2020年快递服务企业业务量完成833.6亿件，同比增长31.2%，快递业务收入占行业总收入的比重为79.7%，比2016年提高5.8个百分点。其中异地快递业务贡献了主要业务增量，同城快递保持平稳增长。2016—2020年我国网上零售规模及快递业务量的变化情况见表6-4。

2016—2020年我国网上零售规模及快递业务量增长趋势　　　　表6-4

指　　标	2016年	2017年	2018年	2019年	2020年
全年全国网上零售额(万亿元)	0.52	0.72	0.90	10.6	11.76
同比增长(%)	26.2	32.2	23.9	16.5	10.9

续上表

指标	2016年	2017年	2018年	2019年	2020年
实物商品网上零售额占社会消费品零售总额的比重(%)	12.6	15.0	18.4	20.7	24.9
全年快递服务企业业务量(亿件)	312.8	400.6	507.1	635.2	833.6
同比增长(%)	51.4	28	26.6	25.3	31.2
快递业务收入占行业总收入的比重(%)	73.9	74.9	76.4	77.8	79.7
同城快递业务量(亿件)	74.1	92.7	114.1	110.4	121.7
同比增长(%)	37.2	25	23.1	-3.3	10.2
异地快递业务量(亿件)	232.5	299.6	381.9	510.5	693.6
同比增长(%)	56.7	28.9	27.5	33.7	35.9

资源来源：根据商务部及国家邮政局公布数据整理。

以2020年地区生产总值与2020年度城市物流竞争力指数、2020年第二产业增加值与2020年度城市物流竞争力指数、2019年地区生产总值与2019年度城市物流竞争力指数、2019年第二产业增加值与2019年度城市物流竞争力指数进行回归分析，结果见表6-5，发现地区生产总值、第二产业增加值分别与城市物流竞争力指数呈现高度正相关关系。2020年地区生产总值与2020年度城市物流竞争力指数之间相关系数高达0.93，接近于1。

地区生产总值、第二产业增加值与城市物流竞争力指数相关性分析　　表6-5

指标组合	相关系数	测定系数
地区生产总值与城市物流竞争力指数		
2019年度	0.90	0.82
2020年度	0.93	0.87
第二产业增加值与城市物流竞争力指数		
2019年度	0.88	0.77
2020年度	0.91	0.83

第三节　提升经济潜力的物流发展重点

一、推动物流业与制造业深度融合

工业物流是物流市场需求的主体。工业品物流额占我国社会物流总额的比重接近90%，是物流业的核心组成部分。根据中国物流与采购联合会公布的2021年上半年物流运行数据显示，我国工业品物流需求增长超过预期，工业品物流总额现价增长超过20%，工业品物流需求和民生物流需求拉动社会物流总额增长14.8%，增长贡献率达到94.4%。其中装备制造业、高技术制造业物流需求近两年平均分别增长11.0%、13.2%，特别是新能源汽车、工业机器人、集成电路、微型计算机设备等升级类产品产量大幅增长，同比增速分别为

135.3%、60.7%、43.9%、30.9%。随着制造业不断通过技术创新获得持续成长的能力,与之适配的物流行业也需要同步提升以提供更高水平的物流服务。

制造业与物流业联动发展是我国构建现代物流体系的核心内容。2019年,国家发展改革委等15部委印发《关于推动先进制造业和现代服务业深度融合发展的实施意见》,提出"促进现代物流和制造业高效融合。鼓励物流、快递企业融入制造业采购、生产、仓储、分销、配送等环节,持续推进降本增效"。各省(区、市)也积极推动落实,《浙江省推动先进制造业和现代服务业深度融合发展的实施意见》将现代物流作为"十大两业深度融合"领域之一。2020年9月,国家发展改革委、工业和信息化部等部门印发《推动物流业制造业深度融合创新发展实施方案》,提出到2025年,物流业在促进实体经济降本增效、供应链协同、制造业高质量发展等方面作用显著增强,探索建立符合我国国情的物流业制造业融合发展模式,培育形成一批物流业制造业融合发展的标杆企业,引领带动物流业制造业融合水平显著提升。

《中华人民共和国国民经济和社会发展第十四个五年规划和2035年远景目标纲要》提出"推动现代服务业与先进制造业、现代农业深度融合"。《上海市国民经济和社会发展第十四个五年规划和二○三五年远景目标纲要》提出"加快发展嵌入式物流、仓配一体化物流、第四方综合物流等现代物流服务"。物流业与制造业通过在供应链全链条上的战略合作、相互渗透、共同发展实现"深度融合",充分发挥各自的专业化优势,创新物流管理和服务模式,优化制造业生产流程,有利于实现物流业、制造业的市场竞争力和增值水平同步提高。随着物流业与制造业互相深入介入,物流业为制造业降低成本提升产业竞争力的同时,实现物流服务品质提升与产业规模的壮大,经济发展与物流能级提升将呈现更加紧密的关系。

二、推动城市物流新业态新模式应用

随着居民人均收入的提升以及电子商务、网络购物的高速发展,我国单位与居民物品物流总额实现迅速增长,单位与居民物品物流总额占社会物流总额的百分比由2018年的2.5%上升到3.3%。新冠肺炎疫情进一步加速线上消费渗透,生鲜买菜消费实现快速增长。2018—2020年我国社会物流总额构成及增长情况见表6-6。

2018—2020年我国社会物流总额构成及增长趋势　　表6-6

年份	指标	数值（万亿元）	占比（%）	增长率(%)（按可比价格）
2018年	全国社会物流总额	283.1	100	6.4
	工业品物流总额	256.8	90.7	6.2
	农产品物流总额	3.9	1.4	3.5
	单位与居民物品物流总额	7	2.5	22.8
	进口货物物流总额	14.1	5.0	3.7
	再生资源物流总额	1.3	0.4	15.1

续上表

年份	指标	数值（万亿元）	占比（%）	增长率（%）（按可比价格）
2019年	全国社会物流总额	298.0	100	5.9
	工业品物流总额	269.6	90.5	5.7
	农产品物流总额	4.2	1.4	3.1
	单位与居民物品物流总额	8.4	2.8	16.1
	进口货物物流总额	14.3	4.8	4.7
	再生资源物流总额	1.4	0.5	13.3
2020年	全国社会物流总额	300.1	100	3.5
	工业品物流总额	269.9	90.0	2.8
	农产品物流总额	4.6	1.5	3.0
	单位与居民物品物流总额	9.8	3.3	13.2
	进口货物物流总额	14.2	4.7	8.9
	再生资源物流总额	1.6	0.5	16.9

资料来源：根据2018年、2019年、2020年全国物流运行情况通报整理。

消费品物流规模的迅速扩大，对于前置仓配送、门店配送、即时配送、网订店取等新业态新模式的发展带来了巨大的机遇。在国家发展改革委和交通运输部联合发布的《国家物流枢纽网络建设方案（2019—2020年）》中，要求商贸服务型物流枢纽依托商贸集聚区、大型专业市场、大城市消费市场等，主要为国外国内和区域性商贸活动、城市大规模消费需求提供商品仓储、干支联运、分拨配送等物流服务，以及金融、结算、供应链管理等增值服务，并确定天津、石家庄、保定、太原、呼和浩特、赤峰、沈阳、大连、长春、吉林、哈尔滨、牡丹江、上海、南京、南通、杭州、温州、金华（义乌）、合肥、阜阳、福州、平潭、厦门、泉州、南昌、赣州、济南、青岛、临沂、郑州、洛阳、商丘、南阳、信阳、武汉、长沙、怀化、广州、深圳、汕头、南宁、桂林、海口、重庆、成都、达州、贵阳、昆明、大理、西安、兰州、西宁、银川、乌鲁木齐、喀什为商贸服务型国家物流枢纽承载城市。依托商贸物流型枢纽建设，将为城市充分利用消费市场、开展新业态新模式创新、挖掘物流发展潜力提供经验和样板。

根据商务部等9部门联合印发的《商贸物流高质量发展专项行动计划（2021—2025年）》，到2025年，我国初步建立畅通高效、协同共享、标准规范、智能绿色、融合开放的现代商贸物流体系。未来，推进商贸物流网络布局优化、建设城乡高效配送体系、促进区域商贸物流一体化、发展商贸物流新业态新模式，促进干线运输与城乡配送高效衔接，推动现代信息技术与商贸物流全场景融合应用，将成为提升城市物流经济发展潜力的重要内容。

第七章 市场视角:谁是受企业欢迎的物流城市

市场选择是城市物流竞争力的最直接体现。网络型物流企业综合考虑城市物流市场规模、发展潜力、交通条件、地理区位等多种因素,选定物流节点和网络的城市布局,体现了城市在物流市场中的地位和能级。物流企业集聚也将促进城市物流竞争力的提升,大型物流园区建设将会大大提升地区招商引资的吸引力,以物流园区建设运营带动区域全面开发。本章从市场视角出发,选择与市场选择相关的细分指标进行深入分析,以企业的布局客观反映城市物流业的发展水平。

第一节 物流市场欢迎度城市榜单

通过梳理传化物流集团有限公司(简称传化物流)、顺丰、德邦物流、普洛斯投资(上海)有限公司(简称普洛斯)、京东物流股份有限公司(简称京东物流)、菜鸟网络科技有限公司(简称菜鸟网络)等物流企业网络资源在城市的分布情况,以及城市4A级及以上物流企业数量、物流园区建设数量,可以反映城市在物流企业中的受欢迎程度以及物流市场的繁荣程度。通过对"物流企业节点布局""城市物流园数量""物流企业总部数量"等市场选择指标进行整理分析,2019年度城市物流市场欢迎度排名前十的城市为:上海、武汉、郑州、深圳、成都、天津、广州、北京、苏州、长沙。2020年度城市物流市场欢迎度排名前十的城市为:上海、郑州、深圳、武汉、广州、成都、天津、苏州、西安、北京,见表7-1。

表7-1 2020年度物流市场欢迎度排行榜

城市	城市物流竞争力指数	城市物流竞争力排名	物流市场欢迎度指数	物流市场欢迎度排名
上海	73.43	1	93.27	1
郑州	38.70	11	65.30	2
深圳	55.60	2	63.89	3
武汉	40.45	7	62.66	4
广州	55.20	3	55.02	5
成都	40.36	8	50.82	6
天津	40.84	6	48.58	7
苏州	39.36	9	46.88	8

续上表

城市	城市物流竞争力指数	城市物流竞争力排名	物流市场欢迎度指数	物流市场欢迎度排名
西安	37.60	12	44.96	9
北京	46.05	4	41.39	10
济南	28.60	22	38.66	11
杭州	39.10	10	38.00	12
重庆	45.43	5	37.60	13
青岛	35.06	15	37.00	14
长沙	33.20	16	36.80	15
沈阳	26.58	25	33.00	16
合肥	31.36	17	29.50	17
潍坊	21.40	44	28.70	18
长春	21.87	42	28.40	19
无锡	30.01	19	27.60	20
东莞	29.98	20	27.30	21
石家庄	27.60	23	26.00	22
泉州	25.83	27	25.50	23
太原	22.78	37	23.50	24
宁波	35.43	14	21.70	25
南昌	24.19	34	21.60	26
昆明	25.60	30	21.00	27
襄阳	18.80	58	20.70	28
南京	36.48	13	19.60	29
佛山	25.71	28	19.60	30

上海市以显著优势居于城市物流市场欢迎度榜首,"物流企业节点布局""城市物流园数量"细分指标连续两年均位列第一。上海市物流园区数量高达166座,"物流企业总部数量"仅次于深圳。上海市周边巨大的经济规模、发展的交通条件以及优质的营商环境,使其成为物流企业的首选聚集地。以快递企业为例,德邦物流股份有限公司、上海韵达货运有限公司、申通快递有限公司、圆通速递有限公司和中通快递股份有限公司总部均位于上海青浦。

郑州市拥有独特的区位条件,拥有物流园数量146座,该指标仅次于上海。超过百余座物流园区在郑州布局充分体现了城市的物流量级,以河南保税物流中心、郑州国际航空物流园为代表的国家级示范物流园也代表了郑州市物流园区的发展质量。"物流企业节点布局"和"物流企业总部数量"两项细分指标分列第5位和第6位,各类物流市场主体分布比较均衡。

武汉市是我国重要的经济地理中心城市之一。独特的区位优势使得主要网络型物流企业均在武汉布局核心节点,具有极高的物流市场欢迎度。通过引进敦豪全球货运(中国)有限公司、菜鸟网络、京东物流等网络型物流企业也有效带动了本地物流企业的发展。中国物流与采购联合会公布的第32批全国A级物流企业名单,武汉市获批A级物流企业50家,累计A级物流企业达265家,占全国7747家的3.4%,位居全国第2(仅次于上海),其中5A级17家,居中部城市首位。

苏州市在市场欢迎度位居前10位。虽然既非直辖市也非省会城市,但是苏州凭借发达的经济规模,在产业的吸引下物流市场要素高度聚集,加之长三角范围内便捷的城际交通和相对上海比较低廉的城市地价,使得在苏州布局物流园区受到企业追捧,尤其是在供应链物流领域表现突出。在江苏省公布的22家重点物流企业名单(2020年)中,苏州市共有5家企业入选,并且均从事供应链物流管理业务。

此外,深圳市位列市场选择第3位,深受物流企业总部欢迎,发达的市场规模和宽松的人才政策大幅提升了城市的物流营商环境。作为内陆崛起城市的代表,成都市成为物流企业在西南部地区布局的首选,具有较高的物流发展潜力。天津市作为重要港口城市,物流企业布局和城市物流园区数量表现突出。广州市作为粤港澳大湾区的重要城市,也是物流企业网络布局的重要节点,与深圳市形成良好的呼应。北京市物流企业布局及物流企业总部数量均处于较高水平,在缓解非首都核心功能的引导下,物流园区逐步从城市周边往外迁徙。

第二节 企业网络优势与城市物流竞争力

通过对全国302个城市的市场欢迎度进行整理分析,可以看出市场选择下的城市分布相对均衡,结构相对比较合理。大多数城市的物流企业数量和物流园区数量处于相似水平,市场选择得分无明显断层。部分原因在于,随着电子商务的发展,大部分网络型企业逐步建立了覆盖全国的物流服务网络,物流服务覆盖范围不断扩大,物流服务均等化水平逐步提升。目前,我国已经实现乡镇物流网点的覆盖率达98%,直接投递到村的服务比重超过一半,重点地区快递服务的全程时限缩短到58个小时,全国共有3家年业务收入超千亿元、4家年业务收入超500亿元的大型快递企业集团,8家快递企业已经成功改制上市。

随着经济发展和用户需求升级,物流企业的服务会逐渐从简单的物流运输升级为定制化、柔性化、敏捷化和网络化的现代物流服务,总部为指挥中心、网络节点为操作中心的网络型物流企业成为物流企业发展的主要方向。通过网络化布局与一体化运作,大型网络型企业的建设已经成为带动全国各城市物流市场主体快速发展与物流业务大幅提升的重要力量。顺丰区域配送中心布局在北京、沈阳、西安、武汉、成都、上海、广州,分别对应北部沿海、东北地区、黄河中游、长江中游、西南地区、东北沿海、南部沿海七大经济区域经济发展、物流产业最发达的城市之一。

物流企业的网络布局选择对于提升城市的物流竞争力具有关键影响,充分利用物流企业的网络优势,融入物流网络体系成为提升城市物流能力的重要抓手。近年来,西安通过发挥全国和亚欧大陆物流格局的区位优势和招商引资的诚意,引入大型网络化物流企业在西安布局,京东集团把全球物流总部设在西安,顺丰设立在西安区域分拨中心,圆通快递与陕西三大航空企业联手成立西北货运航空公司,大大提升了西安在西北地区的物流枢纽地位。

随着顺丰控股、韵达控股、圆通速递、申通快递、德邦物流等企业陆续上市,我国快递物流企业规模逐渐扩大,市场集中度进一步提升,由顺丰、申通、圆通、韵达、中通、百世、京东、邮政组成的快递市场集中度(CR8)已经超过80%❶,如图7-1所示。根据美国经济学家贝恩和日本通商产业省对产业集中度的划分标准,属于极高寡占型产业市场结构。行业龙头企业无论在资产规模、网络布局方面都具有显著优势,在网络型物流企业布局核心枢纽、中转节点的过程中,将带动当地物流市场规模与竞争力的大幅提升。

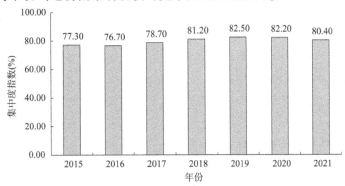

图7-1 中国快递服务品牌集中度(CR8)指数
资料来源:国家邮政局。

上海市凭借庞大的市场规模、便利的交通条件等优势,吸引京东选择上海建设当时国内最大的单体物流中心,首个"亚洲一号"仓库于2014年10月份投入使用。2019年,23座京东"亚洲一号"智能物流园区投入运营。"亚洲一号"作为产业龙头,对周边为中小电子商务服务企业的吸引力不言而喻。东莞市同样依托完善的交通条件、毗邻广深、日益完善的产业配套,吸引了京东"亚洲一号"落地,进一步带动了当地物流服务水平上升、智能化产业升级、电子商务产业集聚,形成了物流企业与城市发展的良性互动。2020年度东莞城市物流竞争力排在第20位,相较于2019年度上升了8位。

顺丰选择鄂州机场建设国内首个航空物流枢纽机场,构成"轴辐式"网络,优化顺丰网络结构,节约综合成本,布局全球供应链网络的同时,为鄂州市物流竞争力的提升带来了重大机遇。通过充分发挥城市区位优势、完善基础设施、配套支持政策、吸引企业入驻,吸引沿海物流产业转向内陆,鄂州未来有望实现城市枢纽能级的重大跃升。

第三节 提升市场欢迎度的物流发展重点

市场主体"小、散、弱"特征一直是制约我国物流业发展的突出因素。根据美国物流行业的发展历程,20世纪90年代以来的美国物流行业并购盛行,呈现数量多、体量大等特点,且

---

❶ Concentration Ratio,市场集中度;CR8,八个最大的企业占有相关市场份额。

涉及联邦快递(FedEx)、美国联合包裹运送服务公司(UPS)物流等行业巨头。通过多次并购，美国物流巨头实现从单一化产品企业向业务规模化和多元化的快速扩张，逐步成长为综合性物流企业，并完成覆盖全国乃至全球的网络布局。

我国也积极鼓励物流市场主体规模化和网络化发展，并出台了多项相关政策，逐步建立了示范性物流市场主体的培育发展模式。2015年开始，我国陆续开展多批次多式联运示范工程，推动物流企业以多式联运运营线路为基础整合资源，培育了一批成长性多式联运企业。2018年10月，我国正式启动全国供应链创新与应用试点工作，根据商务部等8单位《关于开展全国供应链创新与应用示范创建工作的通知》要求，2021年5月确定了宝供物流、京东、传化智联、海尔卡奥斯、汇通达、南京医药、怡亚通、江苏物润船联等第一批供应链创新与应用100家示范企业。

政府主导、企业参与、市场运作的企业整合正在加快开展，有效促进物流产业集群化发展。根据《浙江省现代供应链发展"十四五"规划》，未来5年，浙江省将培育3个交易额万亿级、10个交易额千亿级的产业供应链体系，100家以上具有行业或区域影响力的现代供应链重点企业，依托传化智联等供应链核心企业，建立一批省级供应链协同创新综合体，传化智联将在供应链创新进程中担当浙江省"排头兵"。目前，传化智联已经成为浙江省"四港联动"主体之一，实现了在浙江杭州、富阳、汇通(萧山)、长兴、衢州、金华、宁波、台州、温州等地的网络化布局，并与宁波市政府开展战略合作，依托宁波拥有得天独厚的交通枢纽优势，开展物流体系布局，导入传化优质资源，实现城市物流竞争力提升与企业网络化布局共赢。

2021年，江苏省发展改革委印发《江苏省重点物流企业认定管理办法》，政府重点扶持供应链管理型、平台型、精专型、综合型四种类型的物流企业，鼓励物流企业朝着数字化、智能化和标准化的方向发展，由政府主导、龙头企业为主体的物流行业的整合开始提速。四川省牵头成立西部陆海新通道物流产业发展联盟，整合航班、班列、专列、汽运、冷链、特种物流、仓储、运输辅助等物流企业资源，以提升陆海新通道多式联运效率和质量。

港口物流是物流产业的重要组成部分之一，大型港口会自发吸引相关产业与物流企业汇聚，从而形成港口物流产业集群。港口物流产业集群有利于资源的整合与优化，推进技术和管理的创新，有助于推动形成规模经济效益，提高物流产业的整体运作效率。港口对于物流市场带动作用明显，新一线物流城市以东部沿海港口城市为主。自2015年以来，我国港口整合深入推进。2015年，浙江省海港投资运营集团有限公司成立，宁波—舟山港、温州港、台州港等港口实现整合和统一运营。2016年，天津港集团与唐山港集团共同出资组建唐山集装箱码头有限公司。2019年，山东省青岛港、日照港、烟台港和渤海湾港整合成立了山东省港口集团。通过港口整合建立大型综合物流联盟，带动各港口实现特色化、差异化、规模化发展，也有利于更好地发挥港口物流作为经济发展重要支撑的作用。2021年8月，山东港口集团联合招商局资本发起设立的百亿级市场化产业母基金——山东陆海联动投资基金完成设立，百亿规模的陆海联动投资基金将重点投资综合物流、智慧港航、高端港航服务、邮轮文旅及健康产业、战略新兴产业等领域。

第八章 政策视角：谁是受政策支持的物流城市

近年来，国家和各级政府对于物流业的政策支持力度不断加大，陆续推出多项物流专项规划、支持政策和试点示范工程。前期基础设施投入、规划引领、示范带动对物流业发展都有长期效益。本章从政策视角出发，通过国家和地方相关"物流优惠政策""物流试点示范"等重要政策支持指标进行梳理分析，客观体现物流政策资源在城市的分布情况，从政策的视角深入探讨城市物流竞争力的提升路径。

第一节 物流政策支持度城市榜单

通过对近年来国家和各级政府部门发布的交通强国试点、国家多式联运示范工程、供应链创新试点城市、跨境电商零售进口试点、中国快递示范城市等各项"物流优惠政策""物流试点示范""物流专项规划"支持政策进行整理分析，2019 年度城市物流政策支持度排名前十的城市为：广州、成都、上海、北京、天津、深圳、武汉、重庆、厦门、兰州。2020 年度城市物流政策支持度排名前十的城市为：广州、武汉、上海、深圳、天津、重庆、北京、成都、郑州、厦门，见表8-1。

2020 年度物流政策支持度排行榜　　　　表 8-1

城市	城市物流竞争力指数	城市物流竞争力排名	物流政策支持度指数	物流政策支持度排名
广州	55.20	3	97.22	1
武汉	40.45	7	91.87	2
上海	73.43	1	90.24	3
深圳	55.60	2	89.73	4
天津	40.84	6	88.04	5
重庆	45.43	5	87.67	6
北京	46.05	4	84.93	7
成都	40.36	8	83.52	8
郑州	38.70	11	82.56	9
厦门	30.91	18	82.25	10
青岛	35.06	15	77.49	11

续上表

城市	城市物流竞争力指数	城市物流竞争力排名	物流政策支持度指数	物流政策支持度排名
西安	37.60	12	75.26	12
南京	36.48	13	74.84	13
沈阳	26.58	25	72.02	14
乌鲁木齐	19.63	53	71.84	15
大连	25.63	29	70.60	16
宁波	35.43	14	69.19	17
苏州	39.36	9	67.74	18
杭州	39.10	10	66.58	19
哈尔滨	23.81	35	66.32	20
太原	22.78	37	65.13	21
兰州	20.27	49	63.54	22
合肥	31.36	17	62.75	23
长沙	33.20	16	62.73	24
昆明	25.60	30	59.68	25
南宁	21.79	43	57.38	26
金华	26.92	24	57.10	27
济南	28.60	22	56.01	28
福州	28.77	21	54.83	29
赣州	17.46	73	54.03	30

广州、武汉、上海、深圳、天津等城市受到政策支持力度最大。广州市大力鼓励城市配送模式创新,因地制宜发展面向电商平台和团体消费的批量配送业态,受到各类政策支持。自 2019 年南沙获批综合保税区、广东省唯一的国家进口贸易促进创新示范区等称号以来,依托南沙港口资源和政策叠加下监管创新的优势,突出创新措施,南沙已经吸引天猫国际、京东全球购、唯品会、考拉海购等 56 家电商平台,形成了一个从政策优惠、平台集聚到物流便捷、金融创新的完整跨境电子商务生态圈。

上海市以配送网络布局的优化和智能末端配送的构建为政策着力点,加快促进城市物流配送供应链现代化进程。上海市先后印发《上海市推进新型基础设施建设行动方案(2020—2022 年)》《关于本市推进电子商务与快递物流协同发展的实施意见》《关于上海市推进住宅小区和商务楼宇智能末端配送设施(智能快件箱)建设的实施意见》,《上海市住宅小区和商务楼宇智能末端配送设施(智能快件箱)规划建设导则》也同步出台,提出 2022 年末符合设置条件的住宅小区智能快件箱布设比例达到 90% 以上的目标。

武汉以多式联运工程作为重点建设内容,通过物流供应链的立体化与现代化大幅提升内陆枢纽地位。自2016年以来,湖北省多式联运发展掀起一波建设热潮,《湖北省推动多式联运高质量发展三年攻坚行动方案(2021—2023年)》提出到2023年,将湖北省初步建成国家内陆地区多式联运中心、国家多式联运创新示范区,争创7个国家级、12个省级多式联运示范工程。湖北省目前已成功申报5个国家级多式联运示范工程项目,数量规模居全国第一,包括武汉市成功申报武汉阳逻港铁水联运示范工程、武汉打造长江经济带粮食物流中心枢纽与供应链金融服务平台多式联运示范工程。阳逻港铁水联运通过铁路线将阳逻港、汉口北铁路物流基地、吴家山铁路物流基地连接起来,形成"一线串三珠"的格局,自进入常态化运营以来,开辟了"东北三省—盘锦港—武汉港—云贵川"北粮南运多式联运线路、巩固拓展西南方向"上海—武汉—川渝"、西北方向"上海—武汉—陕西、新疆"铁水联运通道。

深圳市作为全国供应链服务企业的集聚地,全国80%以上的供应链管理公司总部聚集在深圳,代表性本土企业包括顺丰、深圳市怡亚通供应链股份有限公司(简称怡亚通)等。怡亚通作为中国首家上市供应链企业,2018年深圳市最大国资集团深圳市投资控股有限公司战略入股,全力支持怡亚通打造万亿规模供应链商业生态。2020年深圳市实现物流业增加值2766.67亿元,同比2019年增长1.28%;全市社会物流总费用占同期地区生产总值的比重为11.6%,优于全国3个百分点;深圳市物流供应链上市企业市值超过4000亿元,占全国的30%,稳居全国第一。深圳市充分发挥自身优势,推进供应链创新与应用试点,形成"市场主导、协会指导、政府服务"三位一体的试点推进机制,搭建了全国领先的智慧供应链公共服务云平台——"丰链云",并出台了《供应链服务质量要求》(SZDB/Z 296—2018)等一系列地方标准。商务部公布的首批全国供应链创新与应用10个示范城市和94家示范企业,深圳入选示范城市,深圳市东方嘉盛供应链股份有限公司、深圳市富森供应链管理有限公司、怡亚通、深圳市中农网有限公司等5家深圳企业入选首批示范企业。

重庆、北京、成都、郑州、厦门等城市作为第二梯队,受到各项物流支持力度也比较大。北京市立足京津冀协同发展,以强化首都服务物流保障能力为重点,大力支持城乡高效配送专项行动。成都市作为内陆枢纽城市新兴崛起的代表,大力推动物流网络建设、加强资源整合,带动西部地区城市配送创新发展。厦门市在国际航运、港口转运优势基础上,通过开展多式联运工程和供应链创新试点,物流供应链能力大幅提升。

第二节 政策资源支持与城市物流竞争力

国家宏观调控政策对我国物流业影响显著。2018年,国务院办公厅发布《推动运输结构调整三年行动计划(2018—2020)年》,到2020年,我国铁路完成货运量44.58亿吨,相比2017年的36.89亿吨,占全社会货运量比重由2017年的7.68%提升到9.41%;水路完成货运量76.16亿吨,相比2017年的66.78亿吨,占全社会货运量比重由2017年的13.90%增加至16.08%。2020年,全国港口集装箱铁水联运量约680万标箱,同比增长31.8%,"十三五"期间平均增速达到26.9%。2020年,我国中欧班列开行数量是2016年的7.3倍,西部陆海新通道在过去三年增速达到237%,西部陆海新通道铁海联运班列发展增速居国内各班列线路之首。同时,城市绿色货运配送示范工程、多式联运示范工程加速开展,各省市积极推进运输结构调整行动、发展多式联运,浙江省政府印发了《推进运输结构调整三年行动计划(2018—2020年)》,以沿海主要港口、年货运量150万吨以上的工矿企业和园区、大运量且单一货种集中的市(区、县)为三类重点地区,关注煤炭、水泥及熟料、集装箱、粮食、危险化学品五大货种,大力发展多式联运,推动货物运输"公转水""公转铁",取得了显著成效。

物流业属于重资产类型行业,前期需要依赖于大量的资金投入进行网络化建设。通过出台相应的政策支撑相关基础设施建设投资、引进培育壮大市场主体,正成为我国城市提升物流竞争力的有效路径。《西部陆海新通道总体规划》实施两年以来,四川省、云南省、广西壮族自治区等省(区)物流通道建设加快实施、物流枢纽辐射能力增强。以北部湾港口为例,截至2020年底,共开通集装箱航线52条,其中外贸28条,内贸24条,通达全球100多个国家的200多个港口。海铁联运班列从2017年的178列增长至2020年的4607列,年均增长196%,建成重庆、成都、昆明、贵阳、遵义、兰州、南宁、柳州、桂林9个无水港场站,2020年完成港口吞吐量2.38亿吨、集装箱吞吐量505.16万标箱,港口吞吐量年均递增13.6%、集装箱吞吐量年均递增30%,集装箱量跻身全国沿海港口前10位、世界前40位。

通过对全国302个城市的物流支持度进行整理分析,可以看出:中央物流政策资源在城市的分布较为集中,少数经济体量较大的城市获得物流政策的大力支持,在申请试点示范工程上也具有优势,为城市发展提供了较为充足的发展动力。在现代物流创新发展城市试点、供应链创新与应用试点、城市绿色货运配送示范工程、城乡高效配送专项行动四项国家试点和示范工程中,广州市均有涉及,而天津、上海、青岛、武汉、深圳、上海、青岛、武汉、深圳、天津、青岛、深圳、天津、上海、武汉15个城市包含三项,沈阳、哈尔滨、南京等18个城市中获得两项,物流优惠政策集聚度较高。

与此同时,政策资源分布一定程度上欠缺均等性,前20%的城市获得了近70%的物流政策支持资源,根据对"物流规划层级""城市优惠/试点"等结构化指标进行量化分析,前10%的城市得分占总分的40%~50%,前20%的城市得分约占总分的70%。全国有近一半城市,在国家物流规划和大批物流试点示范工程中没有参与度,物流政策的分布极不均衡。物流支撑政策的重叠性强,如何提高物流支持政策的普惠性水平,尤其是提高中西部地区偏远城市等能级较低的城市物流发展水平,进一步带动中西部城市的经济发展水平,值得进一步关注。

第三节 提升政策支持度的物流发展重点

"十三五"以来,我国多个省(区、市)就全国物流支持政策配套出台了相关的指导意见以及配套的实施方案、物流产业政策。"十三五"物流业相关政策意见整理汇总中,商贸流通、电子商务、降本增效、"互联网+"、农村等关键词,占比接近60%。

2019年,交通运输部组织开展交通强国建设试点工作。截至2021年10月,交通运输部已批准三批共67家单位组织开展相关试点工作。根据《交通运输部关于开展交通强国建设试点工作的通知》中关于"交通强国建设试点任务领域"的划分,交通强国试点共分为4大领域、22项任务,其中现代物流是服务领域的试点任务之一。三批交通强国试点,已公开的64家试点单位,共承担332项试点任务、涉及886项具体试点内容,437家单位负责具体实施。其中,24家试点单位的试点任务包含现代物流,现代物流试点任务共有43项,是交通强国的主要试点任务。此外,按照具体试点内容的客货运属性划分,886项具体试点内容与货运物流直接相关的共有253项,占比为29%,如图8-1所示,高于客运试点内容,显示了交通强国建设对于现代物流发展的重视。

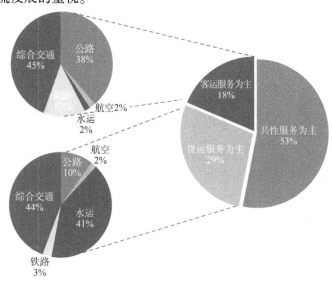

图8-1　交通强国具体试点内容的客货运属性分布及其对应的运输方式

现代物流试点单位包括内蒙古、辽宁、山东、山西、河南、陕西、江西、江苏、浙江、湖北、福建、云南、上海、重庆14个省级单位,宁波、武汉、厦门、深圳4个市级单位,中国中车集团有限公司、中国远洋海运集团有限公司、中国邮政集团有限公司、国家能源投资集团有限责任公司、招商局集团有限公司5家企业以及河北雄安新区、交通运输部科学研究院。试点任务集中于服务水平提升、模式创新、运输结构调整、数字化信息化发展、农村物流发展。部分代表性交通强国试点单位及相关物流试点任务见表8-2。

代表性交通强国试点单位及相关物流试点任务　　　　表8-2

试点单位	试点任务	具体内容
上海市	打造世界一流的国际航运中心	提升高端航运服务能力
宁波市	双层集装箱海铁联运创新	创新全程物流作业模式
山东省	智慧港口建设	区域性港口物流生态圈综合服务平台
山西省	绿色、高效物流服务体系建设	推动大宗货物运输结构调整,推进陆港型国家物流枢纽建设,推动绿色货运配送发展
武汉市	多方协同应急物流分级体系构建	全面总结应对新冠肺炎疫情的应急物流保障经验做法,补齐应急物流发展短板,完善应急物流保障体系

续上表

试点单位	试点任务	具体内容
河北雄安新区	点对点全程快递物流服务	统筹建设物流分拨中心、配送中心、货物集散站、智能快件箱等物流节点设施,以公共交通专用通道、综合管廊和轨道交通为依托拓展物流配送功能
河南省	内陆型多式联运建设	推进提单物权化,打造"一单到底"模式,丰富联运产品,推广先进组织模式
深圳市	打造高品质创新型国际航空枢纽	推进"航空物流"发展
湖北省	多式联运创新发展	优化运输组织模式
重庆市	内陆国际物流枢纽高质量发展	建设西部陆海新通道重庆运营组织中心
陕西省	现代化国际一流航空枢纽建设,打造现代多式联运区域物流中心	加快航空物流发展,推进大宗货物运输"公转铁"

资料来源:根据三批交通强国试点批复内容进行整理。

根据中国城市物流竞争力评价结果,绿色低碳分项指标总体分布不均衡,绝大部分城市绿色低碳指标表现不理想,如图8-2所示。在绿色发展领域,中国中车集团有限公司提出推广可循环共享包装,厦门市提出提升运输服务智慧和绿色发展水平,山西省将发力建设绿色高效物流服务体系,江苏省着力推进长江经济带运输结构调整、推进城乡配送绿色化,江西省打造绿色高效城市配送体系。

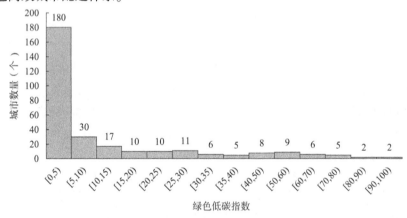

图8-2 2020年度绿色低碳指数城市区间分布图

厦门市在2020年度物流政策支持度排行榜位列第10。根据《交通强国建设厦门市试点任务要点》,厦门市试点任务要点包括提升综合交通枢纽辐射能力,强化前场物流园区陆路货运枢纽功能;打造立体化丝绸之路服务品牌,提升公铁海多式联运能力,以"海铁联运+过境运输"为重点,加快推动中欧班列通道沿线关联产业发展,打造跨境电商物流通道;提升运输服务智慧和绿色发展水平,发展现代物流、交通运输新业态新模式。自2020年来,厦门市陆续印发《交通强国建设厦门行动方案》《厦门市物流专项规划(2020—2035年)》《厦门市人民政府关于印发进一步降低物流成本促进现代物流产业高质量发展若干措施的通知》等文件,对提升厦门物流发展能级提出了具体措施和目标,《进一步降低物流成本促进现代物流产业高质量发展若干措施》在市级重点物流企业、物流企业总部建设、物流人才培养、信息平台建设、智能化改造、新能源应用等方面以真金白银给予实实在在的支持。

《宁波市交通强国建设试点实施方案》以双层集装箱海铁联运创新、沪甬通道创新发展等作为试点任务。宁波大力推动集装箱海铁联运,既是运输结构转型提升的重要举措,也是服务"一带一路"建设、打通义甬舟开放大通道、构建港口经济圈的重要载体和辐射极。2009年,宁波市成立海铁联运联席会议制度,并陆续出台全国首个地方性《海铁联运发展规划》等多项集装箱海铁联运扶持政策,2016年起开始实施的浙赣湘(渝川)集装箱海铁公多式联运示范工程作为第一批"全国多式联运示范工程"顺利通过验收,2018年我国首条双层集装箱海铁联运班列从宁波舟山港铁路北仑港站成功首发。宁波的海铁联运年箱量由2009年的1690标箱上升到2019年的80万标箱,2020年突破百万标箱,达到100.5万标箱。2009—2020年宁波港海铁联运的发展历程如图8-3所示。

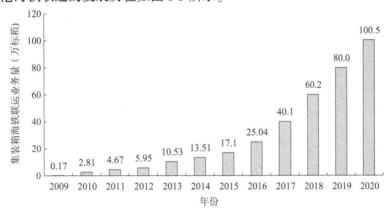

图8-3 宁波港集装箱海铁联运业务量走势图
资料来源:宁波市交通局。

双层集装箱海铁联运创新被列入宁波市试点任务要点,通过完善双层集装箱海铁联运技术、推广应用海铁联运全程运输提单、加快海铁联运信息平台对接和创新全程物流作业模式等,在打造"双层集装箱海铁联运创新"交通强国部级试点、擦亮"宁波舟山港海铁联运服务品牌"名片的同时,宁波—舟山港海铁联运也将成为国内国际双循环战略枢纽中的核心支撑。

地 区 篇

COMPETITIVENESS OF
CITY LOGISTICS IN CHINA
(2021)

第九章 城市物流竞争力省域分布格局分析

物流能力是省域现代化程度和综合实力的重要衡量标志之一。我国提出构建以国内大循环为主体、国内国际双循环相互促进的新发展格局,不同地区在新发展格局中的地位也将会重新定义,各省(自治区、直辖市)也均提出了各自在"双循环"新发展格局中的战略定位。新发展格局的构建离不开物流能力的支撑,而城市物流竞争力则是省域物流能力的构建主体。本章重点分析各省域范围内的城市物流发展情况,按照城市物流竞争力表现将省域物流竞争力划分为五个层次,并以广东、福建、四川、广西等省(自治区)为代表,分析各层级省域物流格局特点。

第一节 中国省域物流竞争力层次划分

结合各省份城市物流竞争力表现情况,中国省域物流竞争力层次可以划分为五个层级,分别称之为物流发达型省(自治区)、双中心或者一核多中心型省(自治区)、单中心枢纽型省(自治区)、物流欠发达型省(自治区)、物流不发达型省(自治区),具体见表9-1。

2020年度中国省域物流竞争力层次划分　　　　表9-1

层级划分	省(自治区)	物流竞争力前30强的省(自治区)内城市数量	物流竞争力前100强的省(自治区)内城市数量(包含30强)	省域物流特征
第一层级	江苏、浙江、广东、山东	≥2	≥8	物流市场比较发达,物流枢纽分布均衡
第二层级	福建、安徽、河北、河南、湖北、湖南、辽宁、陕西	≥1	≥2	双中心或者一核多中心型物流布局结构
第三层级	四川、云南	1	1	省会城市独强,为单中心枢纽型结构
第四层级	黑龙江、山西、江西、广西、贵州、甘肃、内蒙古、海南、吉林、新疆、宁夏	0	≥1	缺乏物流枢纽,为物流欠发达省(自治区)
第五层级	青海、西藏	0	0	物流不发达省(自治区)

物流发达型省(自治区)拥有位居物流竞争力前30强的省(自治区)内城市数量超过2个且物流竞争力前100强的省(自治区)内城市数量(包含前30强城市)超过8个,属于省域物流竞争力的第一层级,以江苏、浙江、广东、山东为代表,省内物流市场发达,物流枢纽分布均衡。北京、上海、重庆、天津四个直辖市物流竞争力均位列前30强,属于第一层级。

双中心或者一核多中心型省(自治区)拥有位居物流竞争力前30强的省(自治区)内城市数量多于1个且物流竞争力前100强的省(自治区)内城市数量(包含前30强城市)多于2个,属于省域物流竞争力的第二层级,以安徽、河南、河北、湖北等省份为代表,省内物流枢纽呈现双中心或一核多中心布局,中心—外围型结构特点突出。

单中心枢纽型省(自治区)拥有位居物流竞争力前30强的省(自治区)内城市数量为1个,物流竞争力前30~100强的省(自治区)内城市数量空缺,属于省域物流竞争力的第三层级,以四川、陕西、云南、黑龙江为代表,省内物流枢纽呈现单中心结构,整体物流发展水平不均衡,两极分化特征比较明显。

物流欠发达型省(自治区)没有位居物流竞争力前30强的省(自治区)内城市,物流竞争力前30~100强的省(自治区)内城市数量多于1个,属于省域物流竞争力的第四层级,以山西、广西、贵州、甘肃等为代表,省(自治区)内缺乏具有竞争力的龙头物流枢纽城市,整体物流发展水平有待提升。

物流不发达型省(自治区)没有位居物流竞争力前100强的省(自治区)内城市,属于省域物流竞争力的第五层级,以青海、西藏等为代表,为物流不发达省(自治区),整体物流发展水平比较落后,各省(自治区)城市物流竞争力表现如图9-1所示。

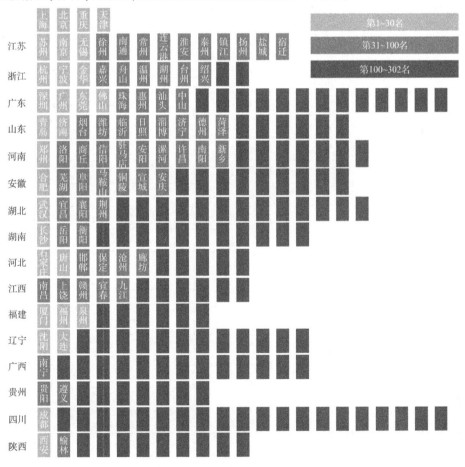

图 9-1

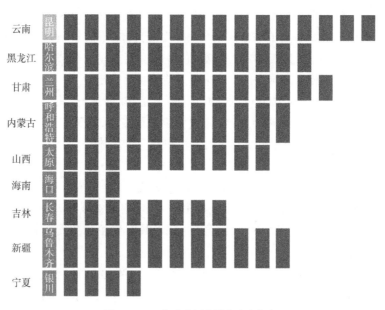

图 9-1 2020 年度中国省域物流竞争力

通过将城市物流竞争力表现分为第 1~30 名、第 30~100 名及第 101~302 名三个级别，各省(自治区)城市物流竞争力整体表现情况见表 9-2。

省域城市物流竞争力分布表　　　　　表 9-2

省 (自治区)	2019 年度			2020 年度		
	第 1~30 名	第 31~100 名	第 101~302 名	第 1~30 名	第 31~100 名	第 101~302 名
广东	3	6	12	4	4	13
江苏	4	7	2	3	10	0
浙江	2	7	2	3	6	2
福建	3	1	5	3	0	6
山东	2	6	8	2	8	6
河北	1	5	5	2	4	5
辽宁	2	1	11	2	0	12
河南	1	5	11	1	9	7
安徽	2	5	9	1	7	8
湖南	1	5	7	1	2	10
湖北	1	5	7	1	3	9
陕西	1	0	9	1	1	8
四川	1	0	17	1	0	17
云南	1	0	9	1	0	9
江西	0	6	5	0	5	6
贵州	0	2	4	0	2	4

续上表

省 (自治区)	2019 年度			2020 年度		
	第 1～30 名	第 31～100 名	第 101～302 名	第 1～30 名	第 31～100 名	第 101～302 名
广西	0	3	11	0	1	13
甘肃	0	1	11	0	1	11
黑龙江	1	0	11	0	1	11
山西	0	1	10	0	1	10
内蒙古	0	1	9	0	1	9
吉林	0	1	7	0	1	7
新疆	0	1	7	0	1	7
宁夏	0	0	5	0	1	4
海南	0	1	1	0	1	1
西藏	0	0	4	0	0	4
青海	0	0	3	0	0	3

第二节 中国省域物流竞争力的对比分析

从省域发展视角来看,新时代区域竞争的格局逐步演化成大空间尺度的城市群、都市区之间的综合实力比拼,京津冀、长三角、粤港澳、成渝双城经济圈等国家级城市群逐步形成,涌现出北京、上海、深圳等一批具有世界影响力的全球城市。省域物流发展水平的提升,服务专业化分工和全球贸易,也将进一步带动物流资源要素和物流服务向本省(自治区)集聚。随着众多物流要素、企业、服务聚集成网,物流产业集群将形成快速带动经济发展的物流能力,对于省域经济发展、产业升级具有强大的促进作用。

一、省域物流竞争力整体呈现东高西低格局

根据 2020 年度物流竞争力评价结论,东部地区的 8 个省份中,4 个省份位于第一层级,3 个省份位于第二层级,1 个省份位于第四层级,与 2019 年度相比没有变化。中部地区 8 个省份中,4 个省份位于第二层级,4 个省份位于第四层级,与 2019 年度相比,黑龙江省由第三层级变为第四层级。西部地区 11 个省(自治区)中,1 个省份位于第二层级,2 个省份位于第三层级,6 个省(自治区)位于第四层级,2 个省份位于第五层级,与 2019 年度相比,陕西省由第三层级上升为第二层级,宁夏回族自治区由第五层级上升为第四层级。

省域物流竞争力呈现稳中有变的发展局面。整体而言,第一层级基本由江苏、浙江、广东、山东 4 个东部省份构成,且优势明显。从经济发展水平来看,江苏、浙江、广东、山东四省的经济总量位居全国第四。江苏省的城市经济规模和城市物流竞争力的百强率均达到了 100%,物流大省地位非常稳固。第二层级,东部省域与中部省份差距非常接近,且福建、河北、安徽等省

份上升机会很大。第三、第四、第五层级以中部和西部省(自治区)为主,但是随着"一带一路"倡议、西部大开发、中部高质量崛起、西部陆海新通道建设深入推进,中西部地区的物流竞争力和物流枢纽地位呈现明显上升趋势,陕西、宁夏等省(自治区)的2020年度物流竞争力均上升了一个层级。西安凭借在丝绸之路经济贸易往来中承东启西、连接南北的重要地位,带动陕西省省域物流竞争力上升了一个层级。具体各省(自治区)物流竞争力层次划分见表9-3。

中国省域物流竞争力层次划分 表9-3

层级	东部地区		中部地区		西部地区	
	2019年度	2020年度	2019年度	2020年度	2019年度	2020年度
第一层级	江苏 浙江 广东 山东	江苏 浙江 广东 山东				
第二层级	福建 河北 辽宁	福建 河北 辽宁	安徽 河南 湖北 湖南	安徽 河南 湖北 湖南		陕西
第三层级			黑龙江		陕西 四川 云南	四川 云南
第四层级	海南	海南	山西 江西 吉林	黑龙江 山西 江西 吉林	广西 贵州 甘肃 内蒙古 新疆	广西 贵州 甘肃 内蒙古 新疆
第五层级				宁夏	宁夏 青海 西藏	青海 西藏

二、第一层级省域物流竞争力分析:广东省

第一层级省份中,广东省拥有最多的物流竞争力前30强城市,但是物流前100强城市数量和比重低于江苏、浙江、山东三省,以下以广东省作为第一层级的代表性省份进行重点分析。广东省域物流竞争力呈现"主核—次核——般节点"的典型结构,广州与深圳在物流竞争力整体实力接近,共同组成主核,构成相互竞争、相互支撑局面,东莞、佛山、珠海、惠州、汕头、中山形成次核,江门、揭阳、潮州等城市构成一般节点,广东省各市物流竞争力表现见表9-4。

广东省各个城市在发展潜力、地理区位、通达性等方面表现均衡,13个城市发展潜力指数高于全国平均水平,11个城市地理区位指数、通达性指数高于全国平均水平,各市物流竞争力分项指标对比情况如图9-2所示。2020年,广东省生产总值首次突破了11万亿元的大关,稳居全国首位,省内高速公路总里程突破1万公里,连续7年位居全国第一,凸显出广东省在交通物流基础设施方面具有绝对优势。在绿色低碳方面,广东省内有15个城市超

过全国平均水平,各城市整体表现均衡,尤其是在内河航道通航、港口吞吐量等方面的优势,为广东省绿色低碳物流体系建设提供了强大支撑。

广东省城市物流竞争力排名情况　　　　　　表9-4

城市	城市物流竞争力指数	城市物流竞争力排名	城市物流吸引力指数	城市物流吸引力排名	城市物流辐射力指数	城市物流辐射力排名
深圳	55.60	2	58.98	3	52.10	2
广州	55.20	3	63.27	2	46.81	3
东莞	29.98	20	37.66	14	21.99	27
佛山	25.71	28	32.91	23	18.21	42
珠海	18.28	64	20.83	69	15.63	56
惠州	18.17	66	25.12	46	10.95	101~150
汕头	16.07	86	21.00	67	10.94	101~150
中山	15.73	93	19.23	83	12.10	101~150
湛江	15.33	101~150	17.59	101~150	12.99	99
江门	14.15	101~150	18.40	98	9.73	151~200
揭阳	13.82	101~150	16.78	101~150	10.74	151~200
潮州	13.30	101~150	15.30	151~200	11.10	101~150
清远	13.10	151~200	17.10	101~150	9.03	151~200
韶关	12.80	151~200	14.70	151~200	10.80	151~200
肇庆	12.80	151~200	16.60	101~150	8.81	151~200
茂名	11.70	151~200	15.20	151~200	8.03	201~250
阳江	11.10	201~250	14.00	201~250	8.08	201~250
汕尾	10.60	201~250	12.50	251~302	8.66	151~200
云浮	10.60	201~250	13.50	201~250	7.55	201~250
梅州	10.50	201~250	12.50	251~302	8.41	201~250
河源	9.45	251~302	12.30	251~302	6.50	201~250

在枢纽布局、市场覆盖方面,广东省分别有4个和6个城市超过全国平均水平,广州、深圳、东莞等中心城市的虹吸效应一定程度上削弱了省内一般节点城市在市场选择方面的竞争力,导致枢纽布局与市场覆盖不均衡。广东省共有9个城市在市场规模和营商环境方面的指标超过全国平均水平,且各城市得分相对不均衡,汕尾、河源、云浮等经济欠发达的城市表现不佳。此外,广州和深圳的智慧物流指数超过全国平均水平,5个城市的国际物流指数超过全国平均水平,这两个指标同样是各城市间变异系数最高的两个指标,两极分化严重。

总体而言,广东省市场规模庞大、基础设施完善、企业主体多元、物流资源丰富,支撑广东省在省域物流竞争力处于领先地位,有利于打造核心枢纽表现突出、节点城市支撑有力的省级物流格局。但是,城市间市场规模、智慧物流、国际物流等指标的过大差距制约了省内物流发展的均衡性。下一步,通过完善东西两翼地区和北部生态发展区的物流基础设施网络,进一步整合物流资源、发挥核心城市的带动作用,提升一般节点的物流竞争力,将成为广东省提升物流竞争力的发展重点。

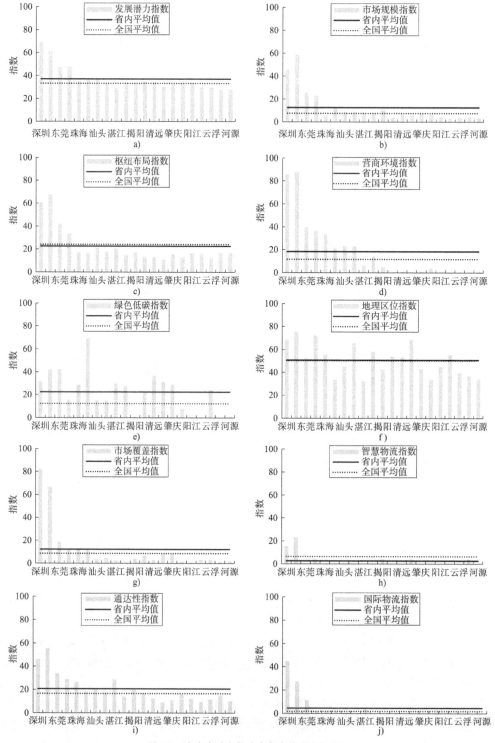

图 9-2 广东省城市物流竞争力分项指标对比

三、第二层级省域物流竞争力分析：福建省

第二层级省份一般呈现双中心或者一核多中心型物流布局结构,福建省在第二层级的省份中拥有3个物流竞争力前30强城市,数量最多,但是排名第31~100名的城市数量为0,与河南、河北、安徽相比差距较大,选择福建省作为第二层级代表省份进行分析,各市物流竞争力表现见表9-5。

福建省城市物流竞争力排名情况　　　　　　表9-5

城市	城市物流竞争力指数	城市物流竞争力排名	城市物流吸引力指数	城市物流吸引力排名	城市物流辐射力指数	城市物流辐射力排名
厦门	30.91	18	34.41	20	27.27	19
福州	28.77	21	32.15	24	25.26	21
泉州	25.83	27	34.31	21	17.00	46
莆田	13.91	101~150	16.39	101~150	11.34	101~150
漳州	13.21	101~150	16.90	101~150	9.38	151~200
南平	13.09	151~200	13.58	201~250	12.59	101~150
宁德	12.32	151~200	16.38	101~150	8.10	201~250
龙岩	12.31	151~200	15.60	151~200	8.88	151~200
三明	11.60	151~200	14.38	151~200	8.70	151~200

根据福建省2017年发布的《关于加快我省物流园区发展促进物流业供给侧结构性改革的指导意见》,福建省物流园区布局城市分为三个层级,确定一级物流园区布局包括福州、厦门、漳州、泉州4个城市。二级物流园区布局包括三明、莆田、南平、龙岩、宁德、平潭综合试验区、晋江7个市(试验区),三级物流园区布局包括福清、长乐、闽侯、东山、龙海、云霄、石狮、南安、安溪、永安、沙县、尤溪、仙游、邵武、建瓯、长汀、上杭、永定、福安、福鼎20个市(区、县)。根据2020年度城市物流竞争力结果,福建省域物流竞争力格局为"主核——一般节点"结构,福州、厦门、泉州为主核,其他城市构成一般节点。

受地理地形、经济产业布局以及南北过境运输等因素影响,福建省物流枢纽呈现不均衡布局。根据交通运输部、国家发展改革委发布的《推进物流大通道建设行动计划(2016—2020年)》,南北沿海物流大通道贯穿福建,沈海高速公路福建段的货车换算当量交通量大于15000辆,是我国最为繁忙的货物运输大通道。根据统计,福建高速公路货物通道呈现"一纵三横"的分布特征:"一纵"即南北通道,主要指沈海高速公路(G15)福建段;"三横"分别指南平至福州东西通道(G3京台高速公路、G70福银高速公路)、三明至泉州东西通道(G2517沙厦高速公路、G72泉南高速公路),龙岩—漳州—厦门东西通道(G76厦成高速公路),福建省规模较大的收费站绝大多数位于沈海高速公路沿线,尤其是在福州、泉州和厦门等城市附近集中分布。

在分项指标中,福建有7个城市发展潜力指数高于全国平均水平,4个城市枢纽布局指数高于全国平均水平,4个城市绿色低碳指数高于全国平均水平,5个城市地理区位指数高于全国平均水平。在市场规模、营商环境、市场覆盖、智慧物流、通达性、国际物流方面,只有福州、泉州、厦门高于全国平均水平。从各城市分项指标的分布来看,营商环境、智慧物流、

国际物流是各城市间变异系数最高的三个指标,发展潜力、枢纽布局、地理区位、通达性等指数分布均衡,各市分项指标对比结果如图 9-3 所示。

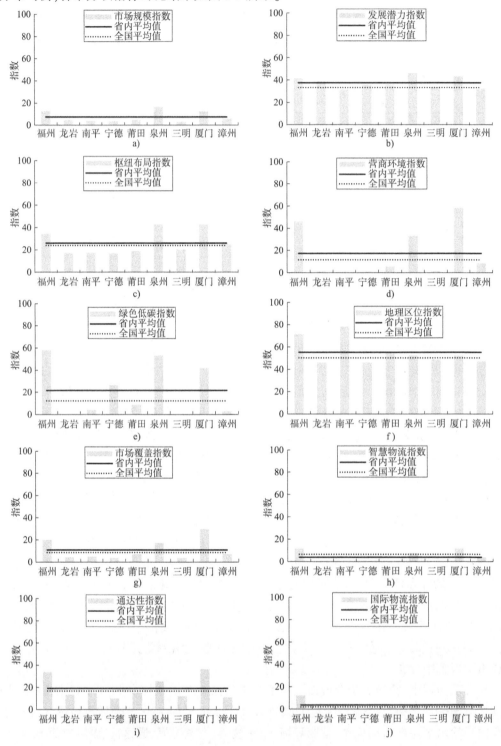

图 9-3　福建省城市物流竞争力分项指标对比

总体而言,福建省在发展潜力、绿色低碳等指标方面具有一定的优势。建立层级更加完善的物流节点体系,需要在稳固福州、厦门、泉州物流核心枢纽地位的基础上,大力发展多式联运、网络货运等多元业态,加速提升莆田、漳州、宁德等城市的物流枢纽地位。依据福建产业优势,大力发展冷链物流、保税物流、电商物流、智慧物流等新型业态,依托宁德时代等本地大型工业企业,引导物流产业融入工业发展,扩大物流市场规模与覆盖度,提升城市物流竞争力。

四、第三层级省域物流竞争力分析:四川省

第三层级一般为省会城市独强的单中心枢纽型结构,缺乏与省会物流枢纽协同发展的次级物流枢纽城市。2020年度省域物流竞争力层次划分结果,四川、云南两个西南省份为第三层级省份,省内城市物流层级结构表现相似,选择四川省作为第三层级代表省份进行分析,四川省各市物流竞争力表现见表9-6。

四川省城市物流竞争力排名情况　　表9-6

城市	城市物流竞争力指数	城市物流竞争力排名	城市物流吸引力指数	城市物流吸引力排名	城市物流辐射力指数	城市物流辐射力排名
成都	40.36	8	45.36	8	35.16	10
泸州	13.89	101~150	20.02	74	7.52	201~250
绵阳	13.59	101~150	15.52	151~200	11.59	151~200
宜宾	12.85	151~200	15.94	101~150	9.62	151~200
南充	12.67	151~200	15.68	101~150	9.54	151~200
德阳	12.31	151~200	14.44	151~200	10.09	151~200
内江	12.28	151~200	13.43	201~250	11.09	151~200
达州	11.88	151~200	15.34	151~200	8.29	201~250
广元	11.83	151~200	12.55	251~302	11.08	101~150
广安	11.77	151~200	14.94	151~200	8.47	151~200
遂宁	11.14	201~250	14.62	151~200	7.51	201~250
资阳	11.12	201~250	12.13	251~302	10.10	151~200
眉山	11.11	201~250	13.74	201~250	8.38	201~250
乐山	10.71	201~250	12.82	201~250	8.52	151~200
自贡	9.93	201~250	13.25	201~250	6.47	201~250
攀枝花	9.84	201~250	14.78	151~200	4.70	251~302
巴中	9.78	201~250	12.17	251~302	7.29	201~250
雅安	8.16	251~302	12.57	251~302	3.56	251~302

受地理区位影响,除发展潜力指数省内平均值与全国平均值基本持平以外,其他分项指标省内平均值均低于全国平均值,省内各市物流竞争力分项指标如图9-4所示。尤其是物流辐射力维度,智慧物流、通达性、国际物流等分项指标与全国平均水平仍有较大差距。在省内各城市之间,除地理区位与绿色低碳指标,其他分项指标均为成都市表现突出,其他城市表现不佳。

按照四川省着力建强支撑国内大循环的经济腹地、畅通国内国际双循环的门户枢纽的定位目标,枢纽布局将成为四川省域物流竞争力格局构建的重点。四川省需要通过积极参

与和融入"一带一路"建设、长江经济带发展、新时代推进西部大开发形成新格局等国家重大战略，深化拓展"一干多支"发展战略，支持成都、遂宁、达州、泸州、攀枝花等建设国家物流枢纽，打造宜宾、自贡、内江、广元、南充、乐山、绵阳等区域物流枢纽。同时，建设以泸州、宜宾、乐山、广元、南充、广安为主要节点的长江水运物流网络，协同打造西部陆海新通道和长江经济带物流枢纽，带动市场覆盖、通达性、国际物流等分项指标提升，力争构建省内物流枢纽的一核多中心发展新格局。

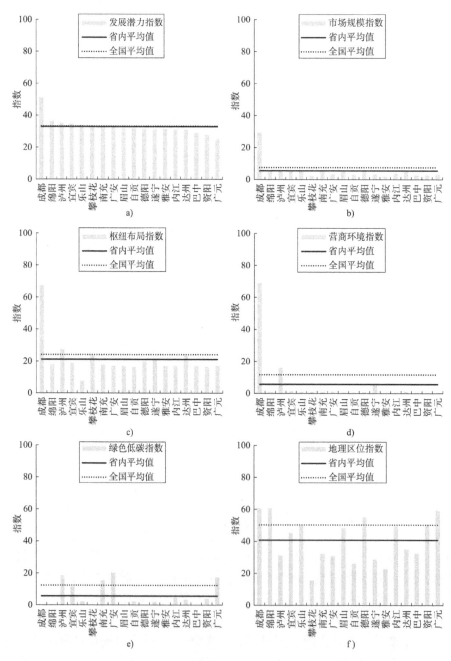

图 9-4

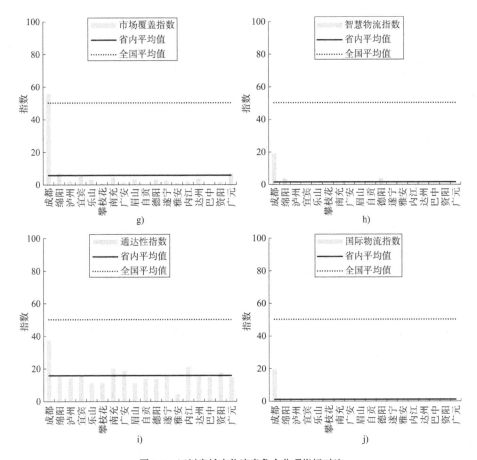

图9-4 四川省城市物流竞争力分项指标对比

五、第四层级省域物流竞争力分析:广西壮族自治区

第四层级主要由于省会城市物流竞争力不突出,缺乏具有加强辐射力的物流枢纽城市,为物流欠发达省(自治区),也是我国省(自治区)数量最多的层级。以广西壮族自治区为例,根据表9-7,2020年度南宁物流竞争力排名为43名,在所有直辖市及省会城市中排名第24位。

广西壮族自治区城市物流竞争力排名情况　　　　表9-7

城市	城市物流竞争力指数	城市物流竞争力排名	城市物流吸引力指数	城市物流吸引力排名	城市物流辐射力指数	城市物流辐射力排名
南宁	21.79	43	28.29	33	15.04	61
柳州	15.15	101~150	19.77	79	10.34	151~200
贵港	13.86	101~150	19.88	77	7.59	201~250
桂林	13.45	101~150	14.07	151~200	12.81	101~150
钦州	12.98	151~200	18.34	99	7.41	201~250
梧州	12.14	151~200	16.98	101~150	7.11	201~250
防城港	12.12	151~200	17.20	101~150	6.83	201~250

续上表

城市	城市物流竞争力指数	城市物流竞争力排名	城市物流吸引力指数	城市物流吸引力排名	城市物流辐射力指数	城市物流辐射力排名
北海	11.82	151~200	15.68	101~150	7.80	201~250
来宾	11.35	201~250	15.41	151~200	7.13	201~250
玉林	10.82	201~250	14.98	151~200	6.49	201~250
百色	10.29	201~250	13.96	201~250	6.46	201~250
贺州	9.45	251~302	13.20	201~250	5.55	251~302
河池	9.32	251~302	13.15	201~250	5.34	251~302
崇左	9.28	251~302	14.80	151~200	3.54	251~302

2020年,广西全区生产总值合计22156.69亿元,排名全国第19位。其中,南宁、柳州、桂林生产总值分别为4726亿元、3177亿元、2130亿元,位居省内前三名,但是在全国范围内优势并不突出。区域经济基础对区域现代物流业具有决定作用,广西经济基础薄弱叠加成渝、广东等周边地区的竞争压力,导致区内物流业整体发展滞后。根据图9-5,在十个分项指标中,广西壮族自治区仅有绿色低碳指标区内平均值高于全国平均值。

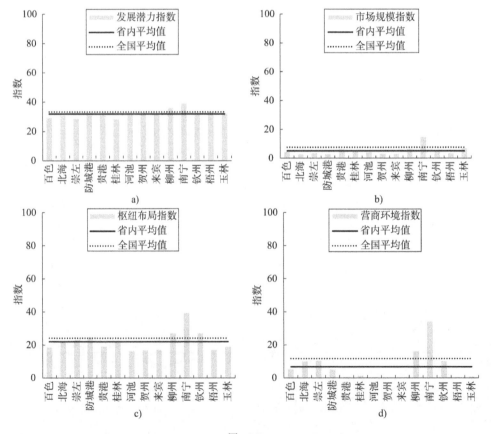

图 9-5

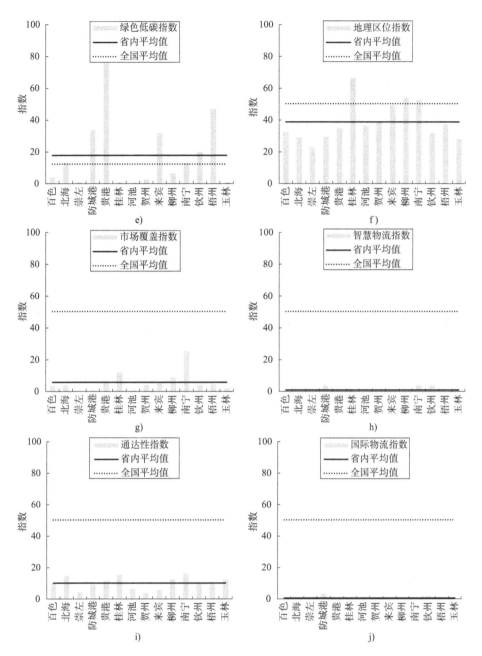

图 9-5 广西壮族自治区城市物流竞争力分项指标对比

国家对广西赋予了"三大定位"新使命,即构建面向东盟的国际大通道、打造西南中南地区开放发展新的战略支点、形成"一带一路"有机衔接重要门户。近年来,广西对外贸易实现快速增长,已处于西部地区对外贸易的领先地位。2020年全区进出口总值达4861.3亿元,比2019年增长3.5%,增幅较全国高1.6个百分点。陆海新通道开行频次、线路不断增加,带动了广西物流业迅速增长,2020年广西完成集装箱吞吐量617万标箱,增速为24.7%,位列全国第一位。随着北部湾国际门户港、南宁临空经济示范区的建设推进,未来广西将全方位形成以大开放引领大发展的崭新态势,物流业发展迎来千载难逢的历史机遇,南宁、北海、防城港等城市都有望实现物流能级的进一步提升,打造成为新一代国际航运物流枢纽和西部地区对外开放门户。

六、第五层级省域物流竞争力分析:青海省

第五层级为物流不发达省(自治区),不仅缺少物流中心城市,而且整体具有竞争力的物流城市数量较少。青海、西藏为物流不发达省(自治区)。

青海、西藏两省(自治区)位于西部内陆地区,资源相对匮乏,经济较中东部地区差距明显。两省(自治区)在基础设施建设、经济发展水平、物流市场主体等方面均较为薄弱,各分项指标均低于全国平均值。西宁、拉萨总体竞争力排名距离前百强仍有较大差距。两省(自治区)在省域物流竞争力的建设中,应着重强化补短板,利用政策、资金、项目支持,加强基础设施建设,融入"一带一路"国家发展战略,为区域经济发展打下基础,进一步提高核心节点物流竞争力。《国家物流枢纽布局和建设规划》将拉萨列入陆港型国家物流枢纽承载城市及空港型国家物流枢纽承载城市、格尔木市列入陆港型国家物流枢纽承载城市、西宁市列入商贸服务型国家物流枢纽承载城市,以国家物流枢纽承载城市建设为契机,拉萨和青海可以核心枢纽建设为切入点,提升省域物流竞争力层级。

第十章 上海市城市物流竞争力分析

上海是我国综合物流竞争力最强的城市,也是国际供应链物流体系的核心节点之一。围绕加快建设具有世界影响力的社会主义现代化国际大都市的核心目标,上海市统筹推进"五个中心"建设,经济总量、港口吞吐量、机场货运量、居民消费量等均位于全球城市前列。"十四五"时期,上海将在形成国内大循环的中心节点、国内国际双循环的战略链接总体定位下,继续优化提升国内国际市场联通和辐射能力,重点完善洋山港、外高桥、浦东机场、芦潮港铁路物流基地以及临港新片区、虹桥开放枢纽等物流节点体系,积极发展多式联运、推动数据跨境流通、引导国际贸易规则创新,打造具有全球影响力的国际物流枢纽。

第一节 城市发展总体情况

一、综合发展实力超群,着力打造全球卓越城市

2020年,上海市实现地区生产总值3.87万亿元,总量规模跻身全球城市前6位。经济增长率逐季回升,全年实现生产总值增长1.7%,经济增速在全球主要城市中处于领先。从全球主要机构发布的全球城市排名来看,2020年上海市全球城市排名普遍提升,全球城市地位更加突出。根据GaWC发布的2020报告数据,上海位列七大一线超强(Alpah+)世界城市之一(位居伦敦和纽约两大Alpah++特级世界城市之后),排名与2018年相比上升1位至全球第5位,且与全球最顶尖的伦敦、纽约在绝对联系度上的测度数值差距在日益缩小。根据科尔尼(A. T. Kearney)发布的《2020年全球城市报告》,上海在2020年全球最具影响力城市排行榜跃升至全球第12位。日本民间机构森纪念财团(The Mori Memorial Foundation,简称MMF)发布的《2020年全球城市实力指数报告》(GPCI)中(表10-1),上海从第30位跃升至第10位,主要原因是在"经济"领域以及在"宜居性"领域有显著改善,其中"国际货物流通规模"指标位居全球第一。

主要全球城市指数的上海排名　　　　　表10-1

全球城市指数排名来源	领域	上海排名	排名前3位城市		
			1	2	3
GUCP(2020)	经济竞争力	10	纽约	洛杉矶	新加坡
	可持续竞争力	29	新加坡	东京	纽约
GaWC(2020)	综合	5	纽约	伦敦	新加坡

续上表

全球城市指数	领域	上海排名	排名前3位城市		
			1	2	3
Kearney(2020)	全球城市指数	19	纽约	伦敦	巴黎
GPCI(2020)	经济	11	纽约	伦敦	北京
	研发	15	纽约	伦敦	东京
	文化互动	19	伦敦	纽约	巴黎
	宜居性	37	阿姆斯特丹	马德里	柏林
	环境	42	斯德哥尔摩	哥本哈根	维也纳
	交通可达性	3	伦敦	巴黎	上海
	综合	10	伦敦	纽约	东京

资料来源:根据上海发展战略研究所课题组(2018)框架以及GaWC、GUCP等最新报告整理。

二、国际开放能级提升,国际贸易中心基本建成

上海市基本建成国际经济中心、国际金融中心、国际贸易中心、国际航运中心、全球影响力的科技创新中心五大核心功能。2020年,上海口岸贸易额占全球贸易总量的3.2%以上,继续位列世界城市首位,贸易型总部和功能性平台加快集聚。集装箱吞吐量达到4350万标箱,连续11年居世界第一,集装箱水水中转和国际中转比例分别提高至51.6%和12.3%,现代航运服务体系基本形成。亚太大型国际航空枢纽地位基本确立。2019年,上海航空客、货吞吐量分别达到1.22亿人次、406万吨,分别位列全球城市第4位、第3位,2019年在世界银行营商环境评估中排名全球海运经济体第5位。临港新片区挂牌成立,一批突破性的政策措施和标志性的重大项目加快落地。上海对国内国际两个市场、两种资源的配置能力显著增强,基本建成了与我国经济贸易地位相匹配、在全球贸易投资网络中具有枢纽作用的国际贸易和物流中心,世界级口岸城市地位继续夯实。

三、人均收入稳步提升,消费流通潜力充分释放

上海市人均生产总值超过2.3万美元,居民人均可支配收入超过7.2万元,保持全国领先水平,上海市近十年生产总值及人均生产总值具体变化如图10-1所示。2020年,上海市商品销售总额、社会消费品零售总额分别达到13.98万亿元和1.59万亿元,流通和消费规模居全国城市首位。商贸业增加值占全市生产总值的比重达13.5%,实现交通运输、仓储和邮政业增加值1474.82亿元,占全市生产总值的比重为3.81%。近五年来电子商务交易额从1.65万亿元增长到2.94万亿元,年均增长12.3%。2020年,快递业务量完成33.6亿件,人均快递使用量135件,居全国城市前列。在内需市场的带动下,上海市大力吸引国内外高端要素集聚,物流、数据、人才、资金、技术、信息等各类流量的辐射能级不断增强,消费品集散枢纽地位更加突出。

四、交通基础设施发达,物流成本比较优势突出

上海市综合立体交通网不断完善。2019年,上海市公路总里程达13045公里,道路网络

密度处于国内城市领先水平。洋山深水港区四期自动化码头成为全球规模最大、自动化程度最高的集装箱码头,芦潮港铁路中心站与洋山港区实现衔接运营,海铁联运量快速增长。浦东和虹桥两机场共有 107 家航空公司开通至全球 50 个国家的 314 个航点,上海市机场航线开通情况见表 10-2,网络通达性在亚洲处于领先地位。全面完成国家内贸易流通体制改革发展综合试点、供应链创新与应用试点等任务,物流车辆周转率提高 1 倍以上,供应链效率提升 35%,全社会物流总费用占全市生产总值的比重低于全国平均水平 1 个百分点,物流资源整合与组织效率不断提升,全球 4 大物流快递企业在上海设立中国区总部,全国 10 大民营快递企业中有 8 家总部落户上海,并且涌现出一批以互联网技术和供应链管理为依托的物流企业,区域辐射带动效应明显增强。

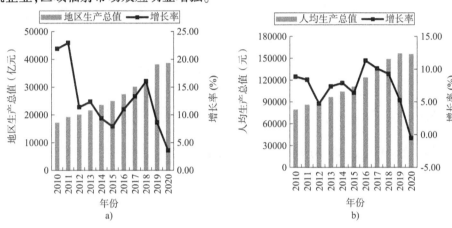

图 10-1　2010—2020 年上海市生产总值及人均地区生产总值变化情况

资料来源:上海市统计局。

2019—2020 年上海市机场航线开通情况　　　　　　　　　　　　　　　　表 10-2

机　场	国内航线(包括内地、港澳台)		国 际 航 线	
	连通城市	航线(出港和进港)	连通城市	航线(出港和进港)
上海浦东	147	402	41	88
上海虹桥	102	253	—	—

资料来源:飞常准发布的 2020 年底航线数据。

五、超大城市治理优异,物流韧性能力经受考验

城市治理现代化水平不断提升。新冠肺炎疫情防控取得重大成果,贯彻城市数字化转型发展要求,上海市严格落实全流程闭环式管理,持续完善口岸检验检疫、进口货物及冷链食品疫情防控等机制,有效保障城市物流和国内外物流的正常运行,充分彰显了超大城市的风险防范和应急处置能力。疫情发生以来,上海口岸进境航班 4.7 万架次,占全国空港口岸的 33.6%,约 50% 进出境抗疫物资的防疫和保障工作由上海机场承担。虽然新冠肺炎疫情爆发以来,货运物流行业持续遭受巨大冲击,但是加速复苏态势明显。2020 年,上海市全社会货物运输量为 13.96 亿吨,同比下降 7%。其中,第一季度下降 20.8%,第二季度下降 9.9%,第三季度下降 2.0%,第四季度实现同比增长 1.5%,2019—2020 年月度货运量具

体变化情况如图 10-2 所示。上海港完成货物吞吐量 7.17 亿吨,同比下降 0.5%,降幅比三季度收窄 3.3 个百分点,复苏势头显著好于预期,物流韧性能力经受住了疫情考验。

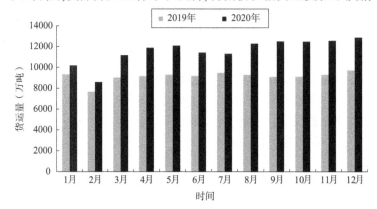

图 10-2　2019—2020 年上海市月度货运量变化情况

资料来源:上海市统计局。

第二节　上海市物流竞争力专项分析

一、总体评价

根据表 10-3,上海市 2020 年度城市物流竞争力指数为 74.34,虽然比 2019 年度下降了 3.07,但是上海依然是物流综合竞争力最强的城市。上海市的城市物流吸引力指数和城市物流辐射力指数依然排名第 1 位,但是辐射力指数受到疫情冲击更为明显。受疫情造成的全球国际贸易量下降、供应链物流系统混乱以及进口货物及冷链食品疫情防控等多种因素影响,国际物流网络的通达性和运输量均有不同程度的下降,浦东机场民航起降架次比 2019 年下降 36.4%,外贸港口吞吐量下降 1.9%,上海市的物流辐射力受到一定程度冲击。

上海市物流竞争力年度得分　　　　表 10-3

指　　标	2019 年度		2020 年度	
	指数	排名	指数	排名
城市物流竞争力	76.50	1	73.43	1
城市物流吸引力	75.53	1	77.76	1
城市物流辐射力	75.75	1	68.93	1

与之相对应,上海市的物流吸引力得到进一步提升。在经济增长、人口流入、营商环境以及物流企业布局等方面的带动下,上海城市物流对于周边要素的聚集效应更加突出,上海市已经成为跨国和国内网络型物流企业总部和转运中心的首选地之一。

综合来看,在国内层面,上海的城市物流吸引力和辐射力在国内仍是首屈一指,遥遥领先于其他国内城市,属于强枢纽型物流城市。在国际层面,上海作为国内城市的"领头雁",

需要发挥国内国际双循环"旋转门"的战略作用,构建东西双向、陆海联动的开放新体系,进一步巩固提升上海的门户枢纽地位。

二、分项评价

(一) 发展潜力指数

根据表10-4可知,上海城市物流的发展潜力指数排名超越深圳,上升至全国第1位。作为受疫情影响比较严重的国内城市,上海市经济增长处于国内城市中游水平,比全国平均水平低0.6个百分点。但是,作为国内超大型城市,2020年全市生产总值达到3.87万亿元、第二产业增加值超过1万亿元,上海市的城市总体经济规模仍然排名全国第1位、工业经济实力在全国排名第2位。上海市邮政行业业务收入达到1503.4亿元,同样排名全国第1位。根据上海市第七次全国人口普查数据,2020年上海市常住人口为2487万人,与2010年相比增长8.0%。与2019年户籍人口相比,上海的人口净流入达到958.84万人,净增人口位居全国第1位。每10万人中拥有大学文化程度的人数由2010年的2.19人上升为2020年的3.39人,受过高等教育的人口比重快速提高,人力资本显著提升。在以上指标的带动下,上海的快递包裹业务量仍保持高速增长,货运行业复苏势头越加明显,物流整体发展潜力仍然巨大。

上海市城市物流竞争力细分指标对比表　　表10-4

指　　标		2019年度		2020年度	
		指数	排名	指数	排名
吸引力指标	发展潜力	54.67	2	76.14	1
	市场规模	67.56	1	67.25	1
	枢纽布局	93.66	1	86.72	1
	营商环境	97.83	1	94.77	1
	绿色低碳	83.97	9	80.50	5
竞争力指标	地理区位	92.76	35	79.32	34
	市场覆盖	95.22	1	81.29	2
	智慧物流	63.64	6	34.62	12
	通达性	54.32	2	76.89	1
	国际物流	80.16	1	60.89	1

(二) 市场规模指数

上海城市物流的市场规模指数依然排名全国第1位。2020年,上海市全年全社会货物运输量为13.96亿吨,同比下降7%,高速公路流量快速恢复,两项指标依然排在国内城市前列。上海的城市常住人口规模位于地级以上城市第2位,全年快递服务企业业务量完成33.6亿件,排名全国城市第4位。2020年,上海市年实现商品销售总额13.98万亿元,继续稳居国内城市首位;口岸货物进出口总额87463.10亿元,同时继续保持世界城市第1位。上海的服务业增加值占全市生产总值的比重稳定在70%以上,发达的内外贸带动支撑商贸流通和外贸服务业,上海市的城市物流规模无论在国内还是全球均首屈一指。

(三) 枢纽布局指数

上海城市物流的枢纽指数依然排名全国第 1 位。从国家规划的角度,上海市的综合交通物流地位十分突出。根据《国家物流枢纽布局和建设规划》,上海市同时属于港口型国家物流枢纽承载城市、空港型国家物流枢纽承载城市、生产服务型国家物流枢纽承载城市、商贸服务型国家物流枢纽承载城市。依据国家发展改革委下发的《关于做好 2019 年国家物流枢纽建设工作的通知》,上海作为 23 个物流枢纽之一,入选 2019 年国家物流枢纽建设名单。根据《国家综合立体交通网纲要》,上海市是国家重点建设的 20 个国际性综合交通枢纽城市之一,也是国际性综合交通枢纽港站,还是长三角国际性综合交通枢纽集群的中心城市。

从物流运营的角度,顺丰、中通、德邦、传化、普洛斯、联邦快递、菜鸟等国内外网络型物流企业均将上海作为区域级分拨中转中心,物流企业布局在上海建设的一级中心仓储数量在国内领先于其他城市,充分体现了上海的物流枢纽战略价值。初步统计,2020 年上海市拥有各类物流园区 166 个,也在国内排名第 1 位。但是,作为国内的超大城市,上海的城市拥堵情况也不容乐观,拥堵指数在国内排名前 5 位,加之对城市物流配送不是十分友好的通行管控政策,容易造成末端基础设施不足和配送效率低下。

(四) 营商环境指数

上海城市物流的营商环境指数依然排名全国第 1 位。上海市是国家各类物流政策重点支持的城市,上海市也将现代物流业作为主导产业,大力支持物流企业发展。2018 年,上海市入选供应链创新与应用试点城市,并在 2021 年成为全国首批供应链创新与应用 10 个示范城市之一,产供销有机衔接和内外贸有效贯通的现代供应链体系初步建成,对于推动经济循环流转和产业关联畅通,培育全球产业链供应链竞争新优势具有战略意义。上海市同样得到现代物流创新试点城市、国家甩挂运输试点、国家多式联运示范工程、城乡高效配送专项行动、跨境电商零售进口试点等各项国家政策的肯定和支持,青浦区获批"全国快递行业转型发展示范区"。根据《交通强国建设上海试点实施方案》,上海市将协同推进世界级机场群与港口群建设,建造与社会主义现代化国际大都市相匹配的国际航空枢纽,打造世界一流国际航运中心,推动国际海港枢纽功能升级,形成一批交通强国建设的先进经验和典型成果。2020 年,上海市金融机构贷款余额 84643.04 亿元,排在国内第 1 位,金融市场交易总额超过 2200 万亿元,基本建成国际金融中心。根据《后疫情时代中国城市营商环境指数评价报告(2020)》,上海市的营商环境同样排名国内城市首位。上海市持续深化"放管服"改革,实施重大项目审批制度改革"23 条",完成"证照分离"改革全覆盖试点,国务院批复同意浦东开展"一业一证"改革试点,法治政府建设示范创建并列全国第 1 位。

(五) 绿色低碳指数

上海城市物流的绿色低碳指数排名全国前 5 位。2020 年,上海市完成水路货运量 9.23 亿吨,排名全国第 1 位。上海市充分发挥长江黄金水道和沿海交汇的优势,不断完善集疏运体系,集装箱水水中转比例达 51.6%,海铁联运量快速增长,运输结构调整稳步推进。物流绿色化低碳化发展势头良好,绿色港口建设持续推进,专业化泊位岸电设施覆盖率达 79%。

上海港实施低排放控制区二阶段政策以来,港区 SO_2 浓度持续下降至每立方米 8 微克,与全市平均浓度持平。从水路运输占公路水运货运量的比重来看,上海市为 64%,在国内处于领先水平。

(六) 地理区位指数

上海城市物流的地理区位指数排名全国前 34 位。以上海市为起点,以公路、铁路、民航等综合交通运输方式出行 12 小时计算,可以覆盖全国 9.16 亿人口,占全国总人口的 63.43%。虽然覆盖人口规模依然位居国内城市前列,但是相对于中部地区交通发达的城市,处于东部沿海地区的上海在地理区域方面的优势不是十分突出,与中西部边远地区和交通不便地区的可达性仍然相对有限。

(七) 市场覆盖指数

上海城市物流的市场覆盖指数排在全国第 2 位。从运输服务网络的角度,作为全国重要的综合交通枢纽,上海市每周发往全国各城市的铁路班列数为 592 列、每周发往全国各城市的民航班机数为 23246 列,均处于全国领先水平,铁路和航空网络发达。从物流企业数量的角度,根据中国采购与物流联合会公布的 A 级物流企业名单,上海市拥有 4A 级及以上物流企业 83 家,仅次于深圳排名第 2 位。此外,上海还是我国注册登记货运代理企业数量最多、业务最集中的地区,多元化市场主体不断丰富,物流企业集聚效应明显。

(八) 智慧物流指数

上海城市物流的智慧物流指数排在全国第 12 位。2020 年之前,上海市共有 7 家纳入国家无车承运人试点。交通运输部无车承运人试点工作于 2019 年 12 月 31 日结束,自 2020 年 1 月 1 日,《网络平台道路货物运输经营管理暂行办法》正式生效,无车承运正式进入"网络货运"时代。以网络货运企业数量来衡量,据不完全统计,上海市共有 9 家企业获得"网络货运"道路运输经营许可证,在国内城市总体处于中上游水平。上海洋山深水港四期成为全球规模最大、自动化程度最高的集装箱码头,口岸通关各环节基本实现无纸化,港口业务无纸化率达 100%。根据《上海市交通行业推进新型基础设施建设三年行动方案(2020—2022 年)》,上海市要拓展智能末端配送设施投放范围,新增 1.5 万台以上的智能取物柜,并合理布局和建设快递物流"智脑中心"、智能物流认证与检测中心等平台。此外,上海市网络基础设施发达,在全国率先建成第五代移动通信技术(5G)和固定宽带"双千兆"城市,荣获我国第一个世界智慧城市大奖,也为智慧物流发展奠定了良好基础。

(九) 通达性指数

上海城市物流的通达性指数排在全国第 1 位。从交通基础设施和物流节点的通达性角度,上海市处于国内领先水平。上海拥有 4E 级的虹桥机场和 4F 级的浦东机场,是国内为数不多拥有双机场的城市。上海的铁路货运站等级也处于国内城市前列。2020 年,上海市港口货物吞吐量为 7.17 亿吨,位列全国第 1 位;集装箱吞吐量为 4350.3 万标箱,位列全球第 1 位。上海市拥有高速公路出入口密度为 0.11 个/平方公里、公路网络密度为 2.06 公里/平方公里,远远超过全国平均水平。发达的城市综合立体交通网络,为提高上海市的物流辐射能力提供了基础框架支撑。

(十)国际物流指数

上海城市物流的国际物流指数排在全国第1位。作为国际贸易中心,上海市2020年口岸货物进出口总额87463.10亿元,比2019年增长3.8%,继续保持世界城市首位。其中,上海港外贸吞吐量3.88亿吨,排在国内港口第1位。上海市机场的国际航线数量为2476条,虽然与2019年相比大幅下降,但是仍处于国内领先水平。浦东机场在起降架次下降36.4%、旅游吞吐量下降60%的背景下,仍实现货邮吞吐量1.4%的逆势增长,主要得益于客机转货机以及全货机业务的增长。2020年浦东机场国际航班起降架次90258列,同比下降55.40%;国际货邮吞吐量为297.97万吨,同比增长3.59%,占机场货邮吞吐总量的80.82%。2020年,上海市全年国际及港澳台快递业务量完成1.4亿件,同比增长10.0%;实现业务收入123.9亿元,同比增长51.7%。上海市设立国家级跨境电商综合试验区,积极创新监管和发展模式,跨境贸易便利度不断提升,2019年在世界银行营商环境评估中排在全球海运经济体第5位。

第三节 趋势与展望:打造全球物流中心

一、发展趋势

根据《上海市国民经济和社会发展第十四个五年规划和二〇三五年远景目标纲要》,上海市围绕加快迈向具有世界影响力的社会主义现代化国际大都市,打造国内大循环的中心节点、国内国际双循环的战略链接,进一步强化全球资源配置功能,提升城市服务辐射能级,深入推进全球领先的国际航运中心"五个中心"建设。

随着经济全球化进入动荡变革期,上海作为我国改革开放的前沿窗口和对外依存度较高的国际大都市,对照国际最高标准、最高水平,城市物流综合实力还有较大提升空间,全球物流要素资源配置能力还不够强,上海国际海港枢纽和航空枢纽的国际物流竞争力、吸引力和辐射力有待强化,城市物流竞争力细分指标评分如图10-3所示。对比上海市和长三角地区发展远景目标,拥堵、地价、环境等外部环境因素对于城市物流发展的约束将更加趋紧,上海市对于区域物流一体化的引领带动作用有待强化,上海港码头结构性矛盾突出,物流园区、货运枢纽等重大物流基础设施相对滞后,对于国际供应链物流体系的掌控权和主导性亟待加强,满足未来智能制造、大规模个性化定制、精益生产等协同制造要求的物流供应链管理水平与国际先进水平相比仍有差距。

面对贯彻交通强国建设、长三角区域高质量一体化、物流与科技深度融合等新形势要求,上海市的物流业发展将围绕提高对国内国际两个市场、两种资源的配置能力,提升国际物流枢纽服务辐射能级,深化上海与全球城市的网络深度连接和物流要素流动,一方面增强上海在内陆开放扇面的参与度和影响力,深化与长三角区域、长江经济带沿线等城市的合作,统筹协调国内城市参与"一带一路"建设,避免重复竞争和资源浪费;另外一方面,充分利用中国国际进口博览会等机会,增强上海在全球范围内的可达性和影响力,继续吸引国外企业来华拓展市场,进一步巩固提升上海的国际门户枢纽地位,着力打造全球物流中心。

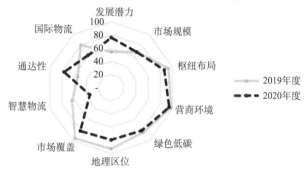

图10-3 上海市物流竞争力细分指标雷达图

二、发展展望

(一)加快完善多式联运物流体系

以海港和空港为核心节点,加快优化集疏运体系和海空铁多式联运体系。加快构建洋山港水公铁集疏运系统,发展铁路集装箱班列运输,提高集装箱水水中转和海铁联运比例,发展江海直达、河海直达运输模式,加强与长江沿线、长三角地区港口的联运合作,加快与长三角共建辐射全球的航运枢纽。巩固国际一流的航空货运枢纽地位,建设浦东机场超级货站,推动国内外航空公司和综合物流服务商建设国际性转运中心,完善长三角地区公路物流与上海浦东、虹桥两机场的货运衔接,拓展长三角区域异地货站、卡车航班等业务,加快发展航空货运和空铁联运业务。推动多式联运信息服务平台建设,推进港口集装箱多式联运信息服务系统示范工程,与长三角地区和长江经济带物流信息互联互通。加快培育具有全球竞争力的多式联运承运人,推动港口、铁路、船公司等共同出资组建多式联运运营主体,提供一单到底、全程负责的国际物流服务。

(二)强化物流基础设施互联互通

提高上海与其他全球城市互联互通水平,打造以上海为核心的全方位、多层次、复合型的全球物流互联互通网络。推动"海上丝绸之路"建设,加强与上海国际航运中心联动,积极开辟和拓展上海至非洲、南亚等区域和国家的海上航线,以印度洋、非洲东部和地中海等地区重点港口群建设为重点,畅通国际海洋运输大通道。探索"冰上丝绸之路",推进上海经北冰洋至欧洲地区的航线开通。加快"空中丝绸之路"建设,加密上海至欧洲、南亚、东南亚等地区的航线网络,落实"中非区域航空合作计划",形成覆盖亚非欧大陆的航空网络体系,提升上海航空枢纽航线的网络覆盖面和通达性。积极推动"陆上丝绸之路",以"一带一路"城市内陆港建设为重点,促进国际运输便利化,提升长三角铁路网与中欧、中亚铁路网的协同水平,强化空港、海港、陆港的衔接水平。

(三)增强国际供应链体系主导权

充分发挥全球最大的市场规模优势,保障供应端的自主可控,在确保全球原材料和中间品"买得到""进得来""出得去"的基础上降低采购价格的波动性,需要推进全球物资投送能力建设，提高国际物流资源分布的分散化和通道布局的多样化，降低对于重要国际物流咽喉和通道的依赖，避免被"卡脖子"。支撑新发展格局下的国内产业全球化布局，以上海为战略支点支撑企业"走出去"，需要培育具有全球竞争力的物流网络企业，分层级规划建设一批海外战略支点，构建由全球物流经营人、境外港口或机场、海外物流枢纽（海外仓）、国际产业（贸易）园等组成的全球物资投送体系，积极引领全球化新时代下的国际经济贸易规则制定，提高国际物流的话语权和附加值。

（四）加速贸易物流的数字化转型

按照国际数字之都的建设要求，大力推动数字物流产业发展。加快推动"网上丝绸之路"发展，积极布局建设智能化的新一代信息基础设施，以信息化提升上海城市服务能级，推动建立"一带一路"城市和企业级别的信息数据港，使上海成为"一带一路"信息中心。提升跨境贸易便利度，强化智慧口岸建设，拓宽国际贸易"单一窗口"服务功能，持续推进长三角区域"单一窗口"互联互通。推动跨境电子商务等新业态新模式的快速发展，加快国家级跨境电商综合试验区和市级跨境电商示范园区建设，建设跨境电商营运中心、物流中心和结算中心，深化海关跨境电商企业对企业出口监管试点，支持企业建设海外仓。加大自动驾驶、无人仓库等现代化信息技术在物流领域的应用规模和深度，加快推进智慧型物流园区、物流物联网络、冷链物流等新型物流基础设施建设，推进物流企业业务流程的数字化改造。加强跨境数据保护规制合作，研究信息技术安全、数据隐私保护、数据共享、数据确权和数据交易定价相关规则。

（五）推进城市物流绿色低碳发展

大力推广使用清洁能源和新能源环保物流车辆，制定鼓励新能源物流车辆的城市通行政策，积极推进城市共同配送和统一配送，提高车辆满载率，减少配送车辆出行。推动包装物、废旧电器电子产品、报废汽车、生产加工边角料等有使用价值废弃物的逆向回收物流发展，构建低环境负荷的循环物流系统。探索把绿色物流纳入全市节能减排体系，将绿色物流纳入区县清洁空气行动计划实施情况和节能减排工作推进情况考核范畴。

第十一章　重庆市城市物流竞争力分析

重庆市是我国中西部地区唯一的直辖市,是"一带一路"和长江经济带联结点的重要节点城市。作为兼有陆港型、港口型、空港型、生产服务型、商贸服务型功能的国家物流枢纽承载城市,重庆市围绕"成渝地区双城经济圈"建设,积极完善城市重要节点专业化服务功能,加快果园港、临空经济示范区、渝新欧等现代物流网络体系,持续优化提升国内国际物流市场的联通及辐射能力,持续增强物流系统的发展韧性,建设具有国际影响力和竞争力的西部国际综合交通枢纽和内陆门户枢纽,开放水平不断提升。

第一节　城市发展总体情况

一、多重战略优势叠加,交通增长极地位突出

《交通强国建设纲要》《国家综合立体交通网规划纲要》《成渝地区双城经济圈建设规划纲要》赋予成渝地区双城经济圈全国交通"第4极"的战略定位,明确重庆为西部国际综合交通枢纽,为重庆交通高质量发展给了了全新优势、创造了更为有利的条件、提供了更加广阔的空间。

在成渝地区双城经济圈建设、新时代西部大开发、交通强国建设试点等一系列战略机遇下,重庆市交通基础设施实现高质量快速发展。"十三五"期间,重庆市陆续实施交通建设三年行动计划、高铁建设五年行动方案、交通强国建设试点、国家物流枢纽城市建设,累计完成交通投资4312亿元,比"十二五"时期增加963亿元。重庆市高速通车里程达到3402公里,路网密度居西部地区第一,铁路营业总里程达到2394公里,全市航道总里程达到4472公里,江北国际机场通航城市总数达到216个,国际及地区航线突破100条,实现80%区县通铁路、97%区县通高速公路、75%区县通航运,运输机场100公里半径覆盖人口率达到95%。

二、城市综合发展稳中向好,"一区两群"协调发展

重庆市作为中西部地区唯一的直辖市,地处"一带一路"和"长江经济带"的联结点。2020年重庆市区面积43263平方公里,是我国面积最大的直辖市,约为上海的13倍。据图11-1可知,2020年,重庆市生产总值达到2.5万亿元,人均地区生产总值超过1万美元,"一区"与"两群"人均地区生产总值比值降至1.84:1,城乡居民收入比为2.45,常住人口城镇化率达到68%。随着成渝地区双城经济圈建设和"一区两群"协调发展等战略深入实施,重庆将进一步加强规划统筹和分类指导,发挥主城都市区带动作用,提升"两群"产业生态化、生态产业化水平。

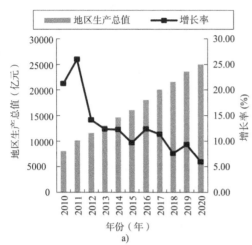
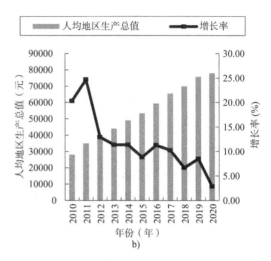

图 11-1　2010—2020 年重庆市生产总值及人均地区生产总值变化情况

资料来源：重庆市统计局。

重庆市作为中国六大老工业基地之一,制造业基础雄厚。近年来,全市制造业转型升级取得明显成效,形成了全球重要的电子信息产业集群和国内重要的汽车产业集群;规模以上工业产值超过 2 万亿元,微型计算机、手机、汽车、摩托车产量占全国比重分别超过 24%、9%、6%、29%;规模以上工业企业研发投入强度超过 1.6%,位居全国前列;12 英寸电源管理芯片、硅基光电子成套工艺等领域在国内率先实现突破。重庆制造业已具备实现更高水平、更有效率发展的基础和条件,金融、商贸物流、服务外包、旅游等现代服务业也蓬勃发展,带动重庆成为中国重要的现代服务业基地。2010—2020 年重庆市产业结构分布情况如图 11-2 所示。

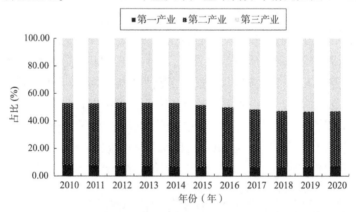

图 11-2　2010—2020 年重庆市产业结构分布情况

资料来源：重庆市统计局。

三、交通产业集群融合发展,结构调整持续深化

随着产业经济高质量发展进程加快,重庆市内陆开放高地建设稳步推进,综合交通运输体系不断完善。"三环十二射多联线"公路网、"米"字形高铁网、"两环十干线多联线"普速铁路网、长江上游航运中心、江北机场国际航空门户、果园港、重庆国际物流枢纽园区等基础设施,以及中欧班列(重庆)、西部陆海新通道等国际运输通道,为人流、物流、信息流和各

类生产要素高效流动提供了支撑。全市货运需求稳步增长,外贸货物运输保持长期较快增长态势。通过实施运输结构调整三年行动,2020年,重庆全市铁水联运量达到2038万吨,较"十二五"末翻一番,中长距离货物运输以铁路、水运为主导,高速公路货运重点辐射重庆周边毗邻地区。

依托长江上游航运中心建设,重庆市港口货物吞吐能力、吞吐量双双突破2亿吨、集装箱吞吐能力突破500万标箱,全市货运船舶运力规模830万吨,船型标准化率85%,均位居全国内河第一。重庆市加快促进港航物流业发展,做大做强做优港口营运主业,加强港口物流功能的培育与延伸,90%以上的外贸物资通过水运完成,周边省市水路货物中转量占比达45%,着力建设集交易、船代、货代、金融保险、科研智库、海关口岸、行政服务等功能于一体的航运总部基地,加快吸引航运要素在渝集聚,着力建设长江上游规模最大的港航物流产业集群。

依托江北国际机场,重庆市积极开展国际航空货运枢纽建设,"十三五"期间重庆市建成投用江北国际机场T3A航站楼及第三跑道,建成投用巫山机场、武隆机场,建设以"欧亚美"为核心的国际航空货运大通道,以"卡车航班"为核心构建覆盖西部的集散中心,积极引入国际物流服务和航空快递企业,实现货邮吞吐量增速均高于全国平均水平。根据2020年中国航空物流枢纽发展指数排名,重庆位列第六,航线网络、航班时刻等资源明显增加,反映出重庆对航空枢纽建设的高度重视和显著成效。

四、物流运行提质增效,国际物流枢纽地位提升

为应对疫情冲击,重庆以港口型、陆港型枢纽建设为重点,推动多式联运、铁水联运协同发展,推出多项措施助力企业纾困,不断优化营商环境。2020年,重庆社会物流总额3.1万亿元,同比增长10%,货运量12.1亿吨,同比增长7.7%,高于同期地区生产总值增速;社会物流总费用在地区生产总值中的占比降至14.5%,低于全国平均水平。空港货物吞吐量41.28万吨,与2019年持平;国际标准集装箱吞吐量146.51万标箱,其中铁路吞吐量31.76万标箱,增长31.2%,经受住了疫情的重重考验。

与此同时,国际物流成为重庆市物流业发展的突出亮点。2020年,中欧班列(渝新欧)开行2603班,同比增长超70%,位居西南第1位、全国第2位;完成运输箱量超22万标箱,同比增长超65%,货值位居全国第1位。渝新欧通道成功开出全国首张中国国际货运代理协会(CIFA)多式联运提单,铁路运单物权化试点顺利实施。长江水运替代方案"渝甬"班列在2020年实现了跨越式发展,全年开行335班,同比增长168%,"渝甬"班列面向出口欧美、日韩、东南亚、非洲等国家和地区的摩托车、汽车配件等品类货物,提供班次密、时效快、"一单到底"的海铁联运服务。

第二节　重庆市物流竞争力专项分析

一、总体评价

重庆市物流发展延续稳定态势,受疫情影响出现轻微波动。根据表11-1可知,2019年度、2020年度的城市物流竞争力指数,重庆均列第5位,物流竞争力得分分别为55.92及45.43,在内陆城市中位列第1位。从具体分值表现来看,2020年度重庆市城市物流吸引力发展较为稳定,但物流辐射力受疫情影响下滑严重。从相对排名来看,重庆市的物流吸引力与辐射力均有所上升,尤其是物流吸引力从第11位上升至第4位。

重庆市物流竞争力年度得分　　　　　　　表11-1

指标	2019年		2020年	
	指数	排名	指数	排名
城市物流竞争力	55.92	5	45.43	5
城市物流吸引力	54.38	11	53.81	4
城市物流辐射力	57.65	8	36.71	6

总体而言,重庆市作为国家中心城市和中西部唯一的直辖城市,也是物流竞争力排名前十中仅有的两座西部城市(重庆与成都)。2020年,疫情影响下的全球贸易往来减少,在双循环的契机下,重庆城市物流吸引力要高于物流辐射力,而其2019年的城市物流吸引力与物流辐射力评分接近。作为西部国际门户枢纽,重庆将着眼国际国内两大空间,统筹"东南西北"四个方向、"铁公水空"四式联运,加快构建"四向、三轴、六廊"重庆综合立体交通网对外运输大通道,形成贯通东中西、覆盖海陆空、连接海内外的对外交通格局。同时,重庆外向型运输服务体系发达,依托渝新欧、长江黄金水道、陆海新通道,在枢纽布局、通达性方面表现优异,辐射川东北、陕南、鄂西、湘北地区,发挥联通全国、带动区域的综合交通枢纽城市作用。

二、分项评价

根据表11-2城市物流竞争力细分指标得分情况可知,重庆市各分指标整体表现均衡,其中发展潜力、市场规模、通达性、营商环境等指标表现优异。

重庆市城市物流竞争力细分指标对比表　　　　　　　表11-2

指标		2019年		2020年	
		指数	排名	指数	排名
吸引力指标	发展潜力	49.74	5	53.79	5
	市场规模	56.43	2	53.05	3
	枢纽布局	64.57	10	56.93	10
	营商环境	66.77	8	68.54	8
	绿色低碳	21.96	84	23.84	58
竞争力指标	地理区位	84.06	111	65.26	102
	市场覆盖	27.35	13	45.19	12
	智慧物流	54.55	9	7.69	59
	通达性	71.59	1	56.79	2
	国际物流	34.92	5	15.35	12

(一) 发展潜力指数

2020年重庆市城市物流发展潜力指数得分53.79，排名全国第5位，为西部城市第1位。重庆市作为西部大开发的战略支撑城市，城市经济增长稳定，2020年经济增长率比全国平均水平高出1.6个百分点。2020年，重庆市生产总值总量达2.5万亿元、第二产业增加值近1万亿元，其城市总体经济规模排名全国5位、工业经济实力为全国第3位。据第七次全国人口普查统计数据可知，2020年重庆市城市常住人口约3205.4万人，全市居民人均可支配收入为30824元，城镇居民人均可支配收入达40006元，基于庞大的城市规模、人口总量及城市化的快速发展，重庆市物流业发展仍然极具潜力。

(二) 市场规模指数

2020年重庆市场规模指数得分53.05排名全国第3位，西部地区第1位。2020年，重庆市完成货物运输量11.1亿吨，邮政业务收入达145.5亿元，全年快递服务企业业务量完成7.3亿件，年人均快递使用量为22.8件。2020年，重庆市实现商品销售总额11787亿元，位于国内城市第3位；对外贸易总额6513.36亿元，为全国第11位。重庆内陆开放高地建设行动计划取得突破，物流网络辐射106个国家和地区的308个港口，铁路口岸通关货值超106亿美元，同比增长70%。重庆物流业务量保持稳定增长，货运行业复苏势头明显，市场规模持续向好。

(三) 枢纽布局指数

在地理优势及城市交通运输网络规模快速发展的双重推动下，2020年，重庆市综合交通物流枢纽布局指数得分56.93，排名全国第10位，是支撑建设西部陆海新通道战略的关键枢纽城市。2018年，《国家物流枢纽布局和建设规划》明确将重庆市布局为陆港型、港口型、空港型、生产服务型、商贸服务型国家物流枢纽承载城市，重庆市也成为集合国家物流枢纽承载类型最多的城市之一。依据国家发改委发布的《关于做好2019年国家物流枢纽建设工作的通知》(发改经贸〔2019〕1475号)，重庆作为西部地区7个物流枢纽之一，入选2019年国家物流枢纽建设名单，2020年国家物流枢纽建设名单中，重庆作为陆港型国家物流枢纽再次成功入选。重庆市成为内陆地区唯一兼有陆港型、港口型的国家物流枢纽建设城市。

2020年，《交通运输部关于重庆市开展内陆国际物流枢纽高质量发展等交通强国建设试点工作的意见》(交规划函〔2020〕586号)要求，以港口枢纽为节点，加快建设重庆铁路枢纽东环线，推动果园港区、西部物流园、渝北空港、重庆公路物流基地等物流枢纽的互联互通，加快建设涪陵龙头、万州新田、江津珞璜等集疏运铁路，完善产业园区至主要交通枢纽节点的集疏运货运通道。2021年，中国西部(重庆)国际物流博览会在重庆国际会展中心举行，吸引了含中国成达工程有限公司、中国远洋海运集团有限公司等央企，以及重庆港务物流集团有限公司、重庆西部物流园、果园港等本地重点企业等，国内外600余家企业出席，为构建内陆国际物流枢纽、打造新型国际物流园区提供全新平台，吸引众多物流企业落户。

(四) 营商环境指数

重庆市不断采取各种举措优化营商环境，丰沃市场主体发展土壤。2020年重庆市营商环境指数得分68.54,排名全国第8位。《中国营商环境报告(2020)》将重庆与南京、贵阳、昆明列为"以评促改——最佳实践篇",以总结推广优化营商环境的典型经验。根据《后疫情时代中国城市营商环境指数评价报告》(2020),重庆营商环境指数评分为80.17分,排名全国第16位,西部地区排名第3位,仅次于成都和西安;其中市场环境指数为77.41,排名第14位。根据《2020年中国296个地级及以上城市营商环境报告》,重庆营商环境得分51.68,位于第5位;市场主体数接近于200万,基础设施评分55.55,排名第4位。2021年7月,重庆市印发《关于持续营造国际一流营商环境的意见》(渝委发〔2021〕16号),从市场环境、法治环境、开放环境、政务环境及政商环境五个角度推出重大系列改革措施,深入实施"巴渝工匠"行动计划、"双千双师"等计划推进要素市场化配置改革,聚焦"跨省通办""川渝通办",打通数据联通瓶颈。同时,重庆大力推进口岸物流营商环境,目前重庆已经落实7×24小时通关保障,基本实现了生鲜货物1小时提离、客机腹舱载货90分钟提离、全货机货物3小时提离。

(五) 通达性指数

重庆市地处中国西部地区,距离出海口和边境线均超过2000公里,地理区位指数得分相较其他物流竞争力前十的城市偏低。但得益于多式联运体系的快速发展,2020年,重庆市的通达性指数评分56.79,位于全国第2位。2020年,重庆市城市高速公路出入口密度为0.0158个/平方公里,境内平均公路密度为2.1150公里/平方公里,排名第13位。外向型运输服务体系发达,重庆设有国内最大的内核枢纽港——果园港,作为铁公水联运港,其融合了"海上丝绸之路"和"丝绸之路经济带",弥补了远离出海口的短板,还成为辐射川、黔、陕、甘、桂等中西部省份的外贸货物中转,港口吞吐量达16000万吨。重庆市构建"四向"齐发力,向西设有直达欧洲的中欧班列,向南建有连通东盟的西部陆海新通道,北上设有通往俄罗斯的渝满俄班列,东输到宁波舟山港的渝甬班列,通过路铁水公空通道网络体系辐射国内外多个城市。根据《中国民用航空发展第十三个五年规划》,重庆是我国重点建设的10个国际枢纽之一。

(六) 国际物流指数

2020年,重庆市的国际物流指数评分15.35分,排名全国第12位。2020年,重庆机场货邮吞吐量超过41.2万吨,港口外贸吞吐量为528吨,中欧班列指数为79.66,仅次于西安和成都,跨境电商国际快递为161.5万件。重庆国际物流枢纽园区是重庆建设内陆开放高地的重要承载地和主战场,其率先开行中欧班列,探索开辟西部陆海新通道,构建起"四向齐发"的多式联运国际大通道格局。在进出境地海关的对口合作支持下,重庆实现了对我国主要铁路边境口岸的全覆盖,成为我国进出境口岸最多、开行路线最丰富、通道体系最完善的国际货运班列品牌。西部陆海新通道合作范围实现西部地区全覆盖,目的地拓展至106个国家和地区的308个港口。当全球空海运受阻于新冠肺炎疫情时,西部陆海新通道体现出陆海联动、东西互济的优势,其物流规模不仅未降反增,而且合作范围不断扩大,通道网络持续拓展,体现了维护国家产业链、供应链安全,助力"双循环"新发展格局的重要地位。

第三节 趋势与展望：打造国际多式联运中心

一、发展趋势

《重庆市国民经济和社会发展第十四个五年规划和二〇三五年远景目标纲要》指出，重庆市将紧扣内陆开放高地建设目标，以临空经济示范区为主引擎、以陆海贸易新通道为依托，以"一带一路"、长江经济带和成渝地区双城经济圈建设为机遇，在以国内大循环为主体、国内国际双循环相互促进的发展格局下，港口型、陆港型、空港型、生产服务型、商贸服务型五类国家物流枢纽多维度发力，临空、临港、临站多枢纽经济高效联动，打造多元化、国际化物流产业体系，不断壮大现代物流产业集群，统筹建设"水、铁、公、空"四位一体的国际多式联运集疏运体系和物流服务网络，形成"一带一路"、长江经济带、西部陆海新通道联动发展的国际战略性门户枢纽，成为区域合作和对外开放典范。

重庆市打造多式联运中心，现已具备多通道、多枢纽、高竞争力的优势，但是在构建国内外综合物流枢纽的过程中，仍存在辐射力偏弱、对外大通道亟需强化、多式联运发展空间仍需挖掘、枢纽港口集疏运体系有待完善等问题，"四向联通""四式联运"物流运输体系建设仍待进一步强化，以推动各类物流主体协同发展，城市物流竞争力细分指标评价情况如图 11-3 所示。

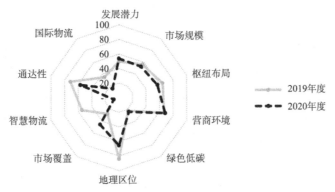

图 11-3 重庆市物流竞争力细分指标雷达图

面对支撑西部大开发战略实现、"一区两群"协调发展、积极融入"一带一路"、高水平建设内陆开放高地等重要指示要求，重庆市将围绕建设特色鲜明、布局合理、集约高效的国际综合门户战略性枢纽，建设多式联运物流中心，以"枢纽协同，干支联动"构建现代高效物品流通体系，打造引领中西部、辐射全国、链接全球的国际物流枢纽门户。

二、发展展望

（一）建设内陆开放高地，加强对外交往

相较于沿海沿边的区位优势，重庆市的优势在于其位于"一带一路"和长江经济带的联结点上,位居西连欧陆、南通四海、北抵蒙俄、东出郢港的版图中心。目前,重庆市围绕陆海内外联动、东西双向互济的开放格局,初步构建起东、西、南、北"四向齐发"的国际物流通道体系,通过多式联运打通海陆、联通亚欧。东经长江黄金水道,联结长江经济带各港口城市群,再经太平洋面向亚太地区;西输直通中欧班列(重庆),面向我国西北地区及中亚、欧洲地区;南下直联中新(重庆)战略性互联互通项目南向通道,面向我国南方沿海及东盟、南亚地区;北上经由"中蒙俄通道"联通"渝满俄通道",推动重庆市在更大范围、更宽领域、更深层次对外开放。

重庆市在物流枢纽城市建设中,国际航空枢纽建设将是主要发力点之一。以国际直达为重点优化国际客货运航线网络,提升重庆市国际货运中转和分拨效率,推动国货航等航空企业在渝建设运营基地,推动重庆江北国际机场国际航空枢纽建设,整合枢纽、口岸、保税港区等平台资源,推动全域空港化、空港国际化、港城一体化,建成联通国际、辐射国内、高端开放的国际航空港。与此同时,积极推动国际物流枢纽园区建设,汇集铁路、整车进口、生物制品等口岸以及铁路保税物流中心等多项开放资源。紧扣内陆开放高地建设目标,统筹东西南北四个方向,围绕陆海内外联动、东西双向互济的开放格局,推动重庆市加快形成"一带一路"、长江经济带及西部陆海新通道联动发展的战略性枢纽,全面巩固国际性综合交通枢纽城市地位。

(二)推动基础设施互联互通,构建高水平多式联运服务体系

重庆市是西部地区唯一兼具铁、公、水、空联运条件和江海联运条件的国家中心城市,将着力打造国内唯一聚合铁空、铁海、铁公多式联运物流体系的综合立体交通枢纽,以提升内联外通水平为导向,立足成渝地区双城经济圈"两中心两地"战略定位。重庆市将打造以多式联运为核心的多方式、多层级、高水平的全球物流服务网络,加快"公、铁、空"联运体系建设,加强与亚太地区、中欧、中亚、东盟、我国南方沿海等地区内畅外联的快捷联运体系建设,提升重庆物流枢纽联运体系的网络覆盖程度和通达性。重庆市通过建设"陆上丝绸之路",以铁路枢纽环线与机场支线建设为支撑,提升陆、海、空港的协同水平和衔接紧密性,形成宜水则水、宜铁则铁、宜公则公的多模式运输格局,不断优化运输结构调整,构建"1+5+N"多式联运信息平台和一体融合、高效衔接的货运枢纽及集疏运体系。

(三)打造现代交通产业集群,培育优质物流服务的"新业态"

随着重庆市国际综合门户枢纽的建设和物流体系的完善推进,重庆市将逐步提高区域竞争力形成"区位品牌"、推进全产业链建设,需要推进现代物流产业集群化、集约化,提高区域物流枢纽竞争力,形成多产业相互融合、多机构相互联结的共生体。在国内国际双循环的新发展格局下,以充分发挥中西部咽喉要塞地理优势为契机,重庆市聚焦装备制造、交通物流、枢纽经济等重点领域,培育极具国际竞争力的地区物流企业,切实增强物流产业集聚力,构建高质量现代化物流产业链,打造万亿级现代物流产业集群。依托内陆国际物流枢纽、长江上游航运中心打造产业集群,依托综合物流网络体系分别打造航空物流、港航物流、现代快货物流"三维"产业集群;大力发展临空物流、临空制造、临空商务、服务贸易四大临空产业,打造中西部临空高端制造业基地和临空现代服务业集聚区,推动区域经济转型升级。积

极引进国内外知名物流企业设立物流转运中心和区域性分拨中心、建立跨境电商物流园、培育物流网络化运营龙头企业,加大推进物流产业发展集约化、智能化、优质化,推动各类物流主体协同合作创新,构建极具国际竞争力的现代物流体系和公铁水空"四式"高效联运体系。

与此同时,重庆市着力构建高质量制造业供应链服务系统,提高供应链智慧化水平,促进物流业制造业深度融合创新发展,统筹物流信息平台建设,推动物流设施数字化升级,发展智慧物流新业态新模式。支持涪陵、永川、合川、綦江—万盛打造中心城区向东西南北四个方向辐射的战略支点,建设区域交通枢纽、商贸物流中心和公共服务中心,提升产业发展、科技创新和对外开放能级,打造辐射周边的活跃增长极。

第十二章　郑州市城市物流竞争力分析

作为国家中心城市之一,郑州市依托优越的地理区位优势与持续利好的国家政策,物流业发展基础坚实,产业规模持续扩大。"十四五"时期,郑州市全面融入以国内大循环为主体、国内国际双循环相互促进的新发展格局,站在贯通东中西、覆盖海陆空、连接海内外的高度谋篇布局,将以扩大循环规模、提高循环效率、降低循环成本为核心目标,以"建港口、构体系、强物流、聚产业"为推进路径,构建以多式联运国际物流中心为特色、公铁水航联动发展的多式联运创新服务体系,推动郑州由区位中心、交通中心向国际物流中心、国家经济中心转型升级。

第一节　城市发展总体情况

一、国家政策持续利好,物流枢纽地位突出

2016年12月,国家发改委正式印发了《促进中部地区崛起"十三五"规划》,明确支持郑州市建设国家中心城市,郑州市已成为我国9个国家中心城市之一。国务院发布的《"十三五"现代综合交通运输体系发展规划》,明确郑州市为全国12个最高等级的国际性综合交通枢纽之一。2019年9月,国家发改委、交通运输部联合印发《关于做好2019年国家物流枢纽建设工作的通知》(发改经贸〔2019〕1475号),共有23个物流枢纽入选2019年国家物流枢纽建设名单。其中,郑州是此次上榜的唯一空港型国家物流枢纽。2019年12月,根据《交通运输部办公厅　公安部办公厅　商务部办公厅关于公布第二批城市绿色货运配送示范工程创建城市的通知》(交办运函〔2019〕1803号),郑州市获批国家第二批城市绿色货运配送示范工程创建城市。2020年7月,国家发改委印发《关于做好2020年国家骨干冷链物流基地建设工作的通知》(发改经贸〔2020〕1066号),公布2020年17个国家骨干冷链物流基地建设名单,郑州市入围。郑州作为中原城市群核心城市,区位优势明显,腹地市场广阔,国家政策持续利好为郑州建设国家物流中心城市提供了持续动力。

二、高标准建设国家中心城市,发展龙头带动作用持续强化

由第七次全国人口普查统计数据可知,2020年郑州市全市总面积7567平方公里,常住人口约1260万人,人口规模位居全国第8位,城区人口规模位居全国第19位,城镇化率达到78.4%。"十三五"期间,郑州市生产总值保持平稳增长,2020年全市生产总值完成12003亿元、地方财政一般公共预算收入1259.2亿元,进入中国城市综合竞争力20强。2020年郑

州市生产总值占河南省生产总值的21.8%,2010—2020年郑州市生产总值及人均地区生产总值变化如图12-1所示。郑州全市社会消费品零售总额占全省四分之一,龙头带动作用更加强化,对于郑汴、郑新、郑焦、郑许一体化深度融合发展的吸引作用进一步增强。依托电子信息、汽车、装备制造、现代食品、铝精深加工等千亿级产业集群,郑州产业基础不断夯实,持续扩容的"数字军团"成为带动郑州发展的头部力量。

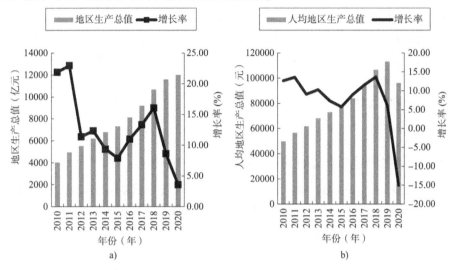

图12-1 郑州市生产总值及人均地区生产总值变化情况(2010—2020年)
资料来源:郑州市统计局。

三、交通基础设施网络逐步完善,物流发展基础夯实

"十三五"期间,作为中国重要的公路、铁路、航空、通信兼具的综合交通枢纽,郑州交通基础设施发展迅速,连接东西、贯通南北的枢纽功能不断强化。郑万、郑阜高铁河南段通车,"米"字形高铁网初步成形,郑太高铁、郑州机场至郑州南站城际铁路建成运营,郑州机场三期开工。随着"畅通郑州"工程不断完善,郑州市已经搭建起由2座航站楼、6个火车站、11条高速公路组成的综合交通运输体系,实现24小时内通达全国,枢纽门户地位持续强化。

四、紧抓双循环新机遇,四条丝绸之路蓬勃发展

随着自贸区、自主创新示范区、跨境电商综试区、大数据综试区、空港型国家物流枢纽等国家级平台相继落地,以及"四条丝路"提档升级,带动进出口提质增量,郑州市开放平台支撑更加坚实。2020年,郑州进出口总额近2万亿元、全省占比70%左右,稳居中部城市第一,国际化水平显著提升。

"空中丝绸之路"基本形成覆盖全球主要经济体的枢纽航线网络,新郑机场开通客货运航线245条,通航全球132个城市,2017年以来,郑州客、货运规模始终保持中部"双第一",成为对外开放门户。2020年,郑州机场完成货邮吞吐量64万吨,增速22.5%,居全国大型机场首位,货运规模陆续超过上海虹桥机场、成都双流机场,位列全国前六强。

"陆上丝绸之路"核心竞争力持续提升,郑州获批中东部地区唯一中欧班列集结中心,中

欧班列(郑州)网络覆盖欧洲、中亚和东盟30多个国家的130多个城市。2020年,郑新欧全年开行1126班、增长13%,货值、货重分别增长27%、31%,开行班次、质量稳居全国第一方阵。

"网上丝绸之路"依托跨境电商综试区,成功举办全球跨境电商大会,入选全国跨境电商企业对企业(B2B)出口监管试点城市、跨境电商综试区先导城市,综试区城市发展指数居全国第5位。全球网购商品集疏分拨中心基本建成,跨境电商交易额年均增长25%以上,2020年完成跨境电商交易额133亿美元、增长23.5%。

"海上丝绸之路"无缝衔接,"郑州港"国际代码获批,2020年与青岛、上海等五个港口对接完成海铁联运1.51万标箱。9个功能性口岸带动郑州市成为内陆地区功能性口岸数量最多、种类最全的城市,航空口岸实现"7×24小时"通关,铁路口岸采用"7×24小时"预约通关。国际陆港保税物流中心(B型)、新郑综合保税区、自贸区郑州片区改革创新、服务提升均处于全国领先水平。

五、物流企业迅速壮大,市场持续整合

截至"十三五"末,郑州市成为全国第8个市场主体超百万的省会城市,晋级全球营商环境友好城市100强。2018年,郑州市交通运输仓储及邮政业法人单位达到6113家,相较于2017年的3165家增长93%;涌现出一批A级物流企业,大型网络型企业相继落户郑州。截至2021年9月,根据中国物流与采购联合会评定,郑州市共有46家4A及以上物流企业(包括河南中锦供应链有限公司、河南万邦国际农产品物流股份有限公司等在内的物流企业),覆盖了仓储、运输、供应链等多个领域。在疫情影响下,2020年郑州市物流业增加值905亿元、增长5.8%。

第二节 郑州市物流竞争力专项分析

一、总体评价

根据表12-1可知,郑州市2020年度城市物流竞争力指数为38.70,相较于2019年度指数下降了9.63;城市物流竞争力排名由第9位下滑至第11位。2020年度郑州市的城市物流吸引力指数与城市物流辐射力指数分别为41.75、35.52,位列第11位和第8位,相较于2019年度保持不变。从具体数值来看,吸引力指数下降了1.66,辐射力指数下降了16.64。

郑州市物流竞争力年度得分　　　　　　　表12-1

指标	2019年		2020年	
	指数	排名	指数	排名
城市物流竞争力	48.33	9	38.70	11
城市物流吸引力	43.41	11	41.75	11
城市物流辐射力	52.16	8	35.52	8

总体来看,郑州的城市物流吸引力与辐射力在国内稳居第一梯队,郑州立足构建"枢纽+通道+网络+平台+主体"的"五位一体"物流业发展体系,在吸引力和辐射力两个维度来看表现均衡。具体来看,郑州城市物流吸引力指数相对于其综合排名,仍有提升空间,表现在运输结构有待调整,市场潜力尚未被充分挖掘。辐射力在面临疫情冲击,指数产生了大幅下滑,表现在通达性和国际物流韧性不足。

二、分项评价

据表12-2可知,在10个二级指标中,郑州市整体表现均衡,其中地理优势、枢纽布局等指标优势突出。

郑州市细分指标对比表　　　　　　表12-2

指标	2019年		2020年	
	指数	排名	指数	排名
发展潜力	47.51	6	47.22	12
市场规模	19.65	21	19.72	17
枢纽布局	78.43	4	77.85	2
营商环境	50.94	13	57.46	14
绿色低碳	9.40	124	—	184
地理区位	96.24	6	100.00	1
市场覆盖	33.56	9	47.64	10
智慧物流	63.64	6	23.08	22
通达性	43.28	10	36.81	14
国际物流	30.10	10	13.90	13

(一)市场规模指数

2019年,郑州市场规模指数得分位于第21位,2020年上升至第17位。2020年,郑州市人口规模排名位居全国第8位(第七次人口普查),物流竞争力指数排名第11位,郑州市的市场规模发展稍显滞后。2020年,郑州全市快递服务企业业务量完成110046.54万件,同比增长33.67%,连续三年增长率超过20%。在高速增长的同时,郑州市人均快递件数居全国第31位。构建以国内大循环为主体,国内国际双循环相互促进的新发展格局,以郑州为核心的中原城市群的地位会更加凸显,聚合发挥自身劳动力优势、交通优势,驱动消费结构升级,郑州物流市场规模仍有较大的增长空间。

(二)枢纽布局指数

得益于郑州市区位优势与综合交通的迅速发展,2020年,郑州市地理区位指数排名全国第1位,覆盖范围迅速扩大。根据图12-2全国主要城市仓库租金与空置率情况可知,郑州仓库租金与空置率在中部地区均位于较低水平,吸引众多物流园区布局郑州,枢纽布局指数排名全国第2位。根据统计,郑州市共有123个物流园区,约占河南省物流园区总量的40%,仅次于上海154个物流园区,地理区位与枢纽布局成为郑州市物流业发展的坚实底座。

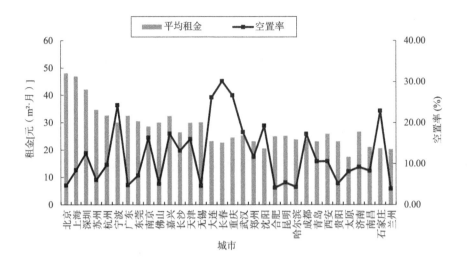

图 12-2　2021 年 8 月全国主要城市仓库租金与空置率情况

资料来源：中国仓储与配送协会。

(三) 营商环境

近年来，郑州市聚焦对表"世行标准""用户体验""法治城市"和"数字政府"，进一步优化提升营商环境。根据《后疫情时代中国城市营商环境指数评价报告》，郑州市 2020 年营商环境指数为 69.60，相较于 2019 年提高 0.36 分。2021 年 5 月，在由国家发改委主办的全国优化营商环境经验交流现场会上，郑州市分享"保护中小投资者"指标快速提升经验。根据全国营商环境评价结果，与 2019 年相比较，郑州市 2020 年营商环境便利度综合得分提升 20 分以上，营商便利度排名百分位提升了 30 个点以上，提升幅度仅次于青岛、郑州、重庆三个城市。

(四) 通达性指数

从铁路、机场、港口、高速公路、普通公路等多个维度分析，郑州市受限于地处内陆、缺乏水运通道，通达性指数排名低于整体竞争力排名。在机场、铁路方面，郑州拥有亚洲最大的列车编组站——郑州北站和中国最大的零担货物转运站——郑州货运东站，新郑机场已经成为中部地区货邮吞吐量和客运吞吐量双第一机场，郑州航空港区是中国首个国家级航空港经济综合实验区。2020 年，郑州市拥有高速公路出入口密度为 0.036 个/平方公里、公路网络密度为 1.86 公里/平方公里，与成都、嘉兴等城市表现相当。

(五) 国际物流指数

中欧班列、航空等协同发力为郑州国际物流竞争力不断增强提供重要支撑。郑州 2019 年度国际物流指数排名全国第 10 位，2020 年度下滑至第 13 位。在疫情冲击下，郑州市进出口逆势上扬，全面完成进出口总额 4946.4 亿元、同比增长 19.7%。作为全国五个中欧班列集结中心之一，郑新欧在 2020 年实现到达欧洲城市进一步扩容，并且首次打通"商郑欧"国际物流大通道，2020 年总开行 1126 班，货值共计 42.77 亿美元，累计货重 71.49 万吨。自 2013 年郑欧班列开行以来，总累计开行 3886 班，累计货值 160.67 亿美元，累计货重 210.28 万吨，综合运营能力处于全国"第一方阵"。

第三节　趋势与展望：打造国家综合交通物流中心

一、发展趋势

根据《郑州市国民经济和社会发展第十四个五年规划和二〇三五年远景目标纲要》，郑州市将坚定不移走"枢纽+物流+开放"路子，以郑州市航空港区为主引擎、以自贸区建设为支撑、以综合性交通枢纽建设为抓手、以国际化便利化开放体系为保障，打造内陆地区对外开放"一门户、两高地"，构建"连通境内外、辐射东中西"的国际物流通道和集散分拨中心，在双循环新格局下，发挥好"一带一路"建设的"枢纽和引擎"关键作用。建成衔接国际国内的运输网络和物流体系，郑州将推动实现航空港、铁路港、公路港、信息港"四港"高效联动，空中、陆上、网上、海上"四条丝绸之路"畅通全球，成为辐射全国、链接世界、服务全球的国际综合枢纽。

郑州建设物流枢纽，已经充分具备大市场、大枢纽、大通道的优势，但是在郑州建设国际综合物流枢纽的过程中，仍存在辐射力不足、市场潜力有待进一步挖掘、中部城市间竞争同质化等问题，枢纽优势有待进一步转化为物流优势、贸易优势、产业优势，城市物流竞争力细分指标具体情况如图12-3所示。

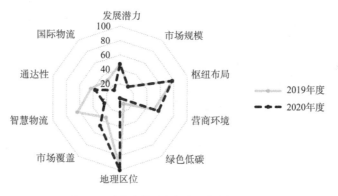

图 12-3　郑州市物流竞争力细分指标雷达图

面对高水平融入共建"一带一路"、放大郑州航空港经济综合实验区集成效应、高水平建设"四条丝绸之路"等要求，郑州市打造全国物流中心将围绕着构建布局完善、结构合理、集约高效、绿色智能的现代化国际化综合交通枢纽，以"四路协同"构建"枢纽+通道+网络+平台+主体"五位一体物流业发展体系，打造立足中部、辐射全国、通达全球的国际物流贸易中心。

二、发展展望

(一) 航空枢纽建设成为新的突破口，带动枢纽能级大幅提升

交通体系的完善和综合枢纽的建设，将带动郑州市的辐射力大幅增强。郑州市作为中部地区唯一空港型国家物流枢纽,已经形成了贯通境内外空中通道和辐射东中西陆路通道。截至2020年底,郑州机场开通全货机航线51条,其中国际地区41条;货运航点63个,其中国际地区46个;陆路通道形成覆盖长三角、珠三角、京津冀、川渝等主要经济区70余个大中城市的卡车航班网络。未来,为实现与武汉、西安的差异化发展,郑州将通过强化机场门户功能,加快完善机场基础设施为重点任务,推动终端区达到"五进五出"能力,以亚太地区为重点市场,积极培育国际客运航线,持续加密国际国内货运快线。郑州市将进一步发挥郑州航空港经济综合实验区的立体交通枢纽优势,培育成为郑州、河南乃至国家中部地区链接双循环的先导平台,聚焦"枢纽+口岸+物流+制造",以物流业发展服务制造业高质量发展。

(二)融入对外开放新格局,做强做大枢纽经济

"十四五"时期,全面提升"四路协同"水平将成为郑州融入对外开放新格局的核心。"十四五"时期,郑州将以"空中丝绸之路"为引领,持续放大"四路协同"综合辐射效应,连通境内外、辐射东中西。通过持续深化郑州—卢森堡、郑州—赫尔辛基的合作,提升"空中丝绸之路"发展势能,加快建设"空中丝绸之路南南合作伙伴联盟",参与安智贸航线建设,打造空空转运中心。通过壮大中州航空有限公司、中原龙浩航空有限公司等本土主基地货运航空公司,建设东方航空和邮政速递物流运营基地、德邦供应链基地,吸引敦豪航空货运、美国联合包裹联邦快递等知名物流集成商建设区域分拨中心,壮大郑州航空港经济综合实验区。持续高水平建设中欧班列集结中心示范工程和国际陆港第二节点,开展班列运邮和运贸一体化业务,建设海外集疏分拨网络,发展国际冷链和定制班列。谋划建设中欧班列公共信息服务平台,以实现"陆上丝绸之路"扩量提质。依托跨境电商试点,持续办好全球跨境电子商务大会,鼓励跨境电商货运包机常态化运营,支持建设一批海外仓,推进线上线下一体化联动,打造千亿级跨境电商产业集群,创新建设"网上丝绸之路"。发展壮大铁海联运市场主体,加快无水港建设,构建便捷、安全、集约、高效、绿色的多式联运物流组织体系,加强和重点港口合作,着重提升连接东亚、东南亚和中亚、欧洲的货物集疏运能力,促进"海上丝绸之路"无缝对接。

(三)培育大型本地物流企业,支撑产业发展转型

随着郑州市综合交通枢纽和现代流通体系建设完善,多式联运、现代物流等发展需要依托有竞争力的现代物流企业。天眼查数据显示,2015—2020年,河南省物流企业的数量增加了2.5万多家,郑州市高标仓由2013年的不足40万平方米规模快速扩张,到2020年底突破200万平方米。郑州市提升国际物流枢纽能级和规模,支撑河南省从物流大省升级为物流强省,需要培育具有国际竞争力的现代物流企业,塑造物流枢纽新优势,开展高品质、多元化的物流服务业务。在买全球、卖全球背景下,大力引进国内外大型物流、货代和金融服务企业,培育一批具有较强竞争力的现代流通企业和多式联运经营人,以企业为主体推动"一单到底、物流全球"的便利化贸易模式,统筹利用和集聚整合航空货运、高铁物流和卡车航班资源。培育扶持本地领军物流企业,强力推进带动集聚计划,打造具有国内外标杆性的物流行业联盟,集聚信息平台,积极推进物流业与先进制造业融合发展,打造一批深度融合型企业和平台。

第十三章　长沙市城市物流竞争力分析

长沙市是长江中游城市群和长江经济带的重要节点城市、综合交通枢纽和国家物流枢纽，地理区位承东启西、连接南北优势突出。在多重战略机遇叠加下，长沙市物流业发展稳中有进。"十四五"期间，贯彻落实交通强国战略，打造中部崛起核心增长极，长沙市将积极推进综合运输通道体系和现代化物流网络体系的建设，牢牢把握先行官定位，树立"大交通"发展理念，加快建设国家交通物流中心，打造东西比翼、相互支撑的对外开放大平台。

第一节　城市发展总体情况

一、城市发展稳中有进，省会城市首位度不断提升

长沙市地处长江三角洲、珠江三角洲、中部地区三大经济板块交汇处，发挥着承东启西、联南接北的枢纽作用，是中西部地区极具影响力和辐射力的区域中心。2020年全市总面积11819平方公里，据第七次全国人口普查统计数据可知，长沙市常住人口约1004.8万人，居全国第17位，户籍人口城镇化率接近80%。如图13-1所示，"十三五"期间，长沙市生产总值稳步增长，2020年长沙市生产总值为12142.52亿元，居全国省会城市第6位，比2019年增长4.0%；人均地区生产总值达12.08万元，保持中部领先水平。从全国省会城市来看，2020年，长沙市以全省占比5.6%的土地面积和15.7%的人口规模，创造出全省29.1%的生产总值，经济总量首位度比2019年上升0.1个百分点。

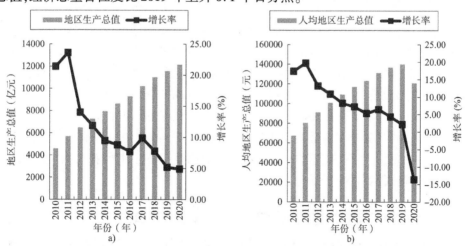

图13-1　长沙市生产总值及人均地区生产总值变化情况（2010—2020年）
资料来源：长沙市统计局。

截至 2020 年底,长沙全市共有各类市场主体 120.88 万家,同比增长 14.81%,其中新设主体 23.2 万家,增长 11.32%;从省级层面来看,长沙主体数量占到全省的 24.73%,总量增速在中部六省会中排名第一。湖南省作为制造强省,聚力建设并打造国家重要先进制造业高地,以 22 条产业链为抓手,大力推进"产业项目建设年",制造业项目尤为出众。2020 年,长沙市委、市政府出台《关于强力推进制造业标志性重点项目建设的通知》,明确了中联智慧产业城项目、三一智能装备制造项目、天际汽车长沙新能源项目、鲲鹏生态软硬件建设项目等 17 个制造业标志性重点项目,预估总投资 1457 亿元。根据赛迪工业和信息化研究院(集团)有限公司发布的"2020 中国先进制造业百强园区",长沙市高新区排名前 10 位,跻身于第一方阵。长沙市高新区为湖南省湘江新区产业核心区,2020 年全年实现总收入超 2820 亿元,增长 23.9%,规模工业总产值迈进千亿级大关,共计 1019.4 亿元,增长 8%,规模工业增加值同比增长 8.5%,产业结构分布情况如图 13-2 所示。

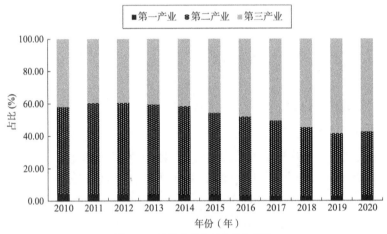

图 13-2 长沙市产业结构分布情况

资料来源:长沙市统计局。

二、基础设施网络建设不断完善,覆盖广度不断扩大

"十三五"时期,长沙交通基础设施发展迅速,综合运输网络规模和质量均实现跳跃式上升。如图 13-3 所示,2020 年长沙市全年综合运输网络总里程达 17127 公里,其中铁路运营里程达 423 公里(含高铁里程 282 公里,占比 66.7%),公路通车里程超 1.66 万公里,高速公路通车里程共计 725 公里,二级以上公路比重由"十二五"期的 7.6% 提升至"十三五"期的 10.1%,娄益高速、岳阳高速及长益高速复线项目建设已完成,基本实现以长沙市为中心通达全省其他市(州)的 4 小时交通圈。水运方面,湘江高等级航道全线贯通,运营里程达 103 公里。"十三五"时期城际铁路建成,长沙、株洲、湘潭三地已基本实现"半小时经济生活圈",交通枢纽地位得到进一步强化。

三、综合枢纽建设加快推进,枢纽辐射能级进一步强化

作为全国性综合交通枢纽,2018 年,长沙市获评为陆港型、空港型、生产服务型和商贸服务型多位一体的国家物流枢纽承载城市;2019 年,以金霞现代物流园区为主体的长沙市陆

港型国家物流枢纽获批第一批试点。"十三五"时期,长沙市建成并投入使用湖南恒广国际物流中心、湖南京阳物流中心、长沙传化公路港等项目,累计完成投资82.96亿元,为建设国家物流枢纽承载城市提供强大助力。长沙新港和铜官港"双港"驱动格局带动港口规模化、集约化水平进一步提升,2020长沙新港完成货物吞吐量达1115万吨,同比增长16%,迈入"千万吨级"港口行列,并成为中部第一个千万吨级的中部内河港区,实现空港、水运及铁路等要素集合的有效衔接,统筹配置资产、信息、人才、原料等物流服务资源,构建产业链全物流链,优化全产业链生态。T3航站楼和跑道建设带动长沙黄花机场枢纽功能进一步提升,辐射能级得到强化。

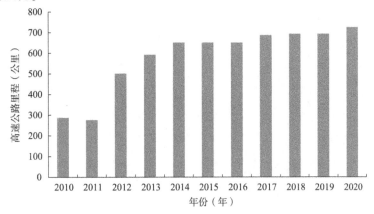

图 13-3　长沙市高速公路通车里程变化情况
资料来源:长沙市统计局。

四、物流运行效率稳步提升,空铁口岸物流增势不变

面对新冠肺炎疫情的冲击,长沙市充分发挥重大开放平台和产业链优势突出特点,经济稳定性向好,开放性门户枢纽建设不断推进,物流运行效率不断提升。面对疫情全球蔓延、境外港口压港严重、舱位紧张和空箱不足等问题,长沙市推出"一件事一次办",推进建设水、陆、空国际国内物流体系高效运行,以临空经济示范区为核心,科学建设物流园区和物流中心,吸引大批物流企业入驻,积极建设"中国快递示范城市"。以陆港型物流枢纽建设为重点,支持铁路进港,加快推进港口集疏运体系更新优化;利用水路港、铁路港、公路港三港齐聚的优势,推动多式联运服务体系服务效率和质量实现双提升。

长沙市积极采取物流产业链供应链保障措施,全市物流运行保持稳定增长。2020年上半年,长沙市实现社会物流总额1.83亿元,同比增长3.8%,全市完成货物运输量4.74亿吨,同2016年相比五年增长近30%。"十三五"期间,长沙邮政业实现高质量发展,全年邮政业务总量为211.89亿元,同比2016年的57.99亿元,五年期间增长了2.65倍,年均增速达38.06%;快递业务量由2016年的2.60亿件增长至9.30亿件,年均增速38.04%;跨境电商国际快递共计421.67万件。2020年,长沙黄花机场实现航空货邮吞吐量达19.2万吨,国际货邮吞吐量7.54万吨,同比增加48.7%,2016—2020年黄花机场航空货邮吞吐量具体变化如图13-4所示。作为全省唯一的临空型综保区,黄花机场综保区通过实施"区港联动",通关速度提升近30%,企业物流成本可节约50%。2020年水路货运量达到2629万吨,城市港口吞吐量达到1350万吨,港口外贸吞吐量达到95万吨;全年中欧班列(长沙)累计发行530列,运输货物货值20.6亿美元,同比增长98.6%,开行量在中部城市中仅次于郑州。

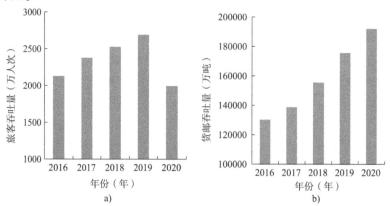

图13-4　长沙市黄花国际机场航空货邮吞吐量变化情况(2016—2020年)

资料来源:中国民用航空局。

五、紧抓中部崛起战略机遇,带动区域物流能级提升

长沙市作为"一带一路"倡议支点城市、"一带一部"首位城市、长江经济带中心城市、省会城市,拥有五大国家级战略平台、五大国家级园区和系列重大开放创新平台,物流产业基础雄厚,物流产业链优势突出。长沙市持续推进制造业高质量发展,不断提升物流企业供应链管理服务能力,扩大产业链吸附能力,集聚创业者、投资者形成产业集群发展之势。面对"一核、三级、四带多点"区域新格局,长沙市抢抓全球产业链供应链重构机遇,发挥龙头企业和优势企业的带动辐射作用,主抓园区产业发展,引进顺丰速运、中外运、菜鸟、夸特纳斯等多家国内外知名货运企业设立区域枢纽,目前长沙市已成为顺丰中西国际集散中心及跨境小包处理中心。

长株潭物流一体化得到加速推进,普洛斯布局株洲云龙物流园,依托长株潭成熟的城市生活与交通配套,吸引众多国内外知名企业入驻。长沙市引进中南国际陆港集装箱拼箱基地项目、中邮物流智能终端配套项目等重点项目,总投资达32.16亿元。在国内国际双循环的新发展格局下,长沙市通过构建"通道+枢纽+网络"的现代物流运行体系,加快一类口岸扩编拓能,实现产业链、供应链和价值链的融合发展新模式,推动长沙市黄花综合保税区建设,突出发展航空物流业、临空制造业、现代服务业和保税贸易四大产业。

第二节　长沙市物流竞争力专项分析

一、总体评价

总体发展稳中向好。长沙市2020年度城市物流竞争力指数为33.20,相比2019年下降了 10.27,排名为全国第 16 位,相比 2019 年下降了 4 位,见表 13-1。长沙市 2020 年物流辐射力得分为 30.45,相比 2019 年的 51.65 下降 21.20,排名为全国第 14 位。长沙市的物流吸引力指数得分为 35.83,较 2019 年的 34.15 增加 1.68,排名为全国第 17 位。从国内排名来看,长沙市物流辐射力虽有下降,但其覆盖范围和效果相对较好。受贸易摩擦和新冠肺炎疫情双向冲击,国际货运飞机停飞,国际航空货运短板凸显,进口货物压港严重,国际物流网络体系的稳定性和输送力受到不同程度的冲击和挑战,2020 年黄花机场完成货邮吞吐量 19.2 万吨,完成民航起降 15.63 万架次,相比 2019 年下降 20.3%。长沙市作为湖南省的省会城市,其物流吸引力在政策引导、经济发展、营商环境以及区域协同等方面的多重推动下,对于周边地区的聚集和带动作用突显。

长沙市物流竞争力年度得分　　表 13-1

指标	2019 年		2020 年	
	指数	排名	指数	排名
城市物流竞争力	43.47	12	33.20	16
城市物流吸引力	34.15	11	35.83	17
城市物流辐射力	51.65	8	30.45	14

总体而言,长沙市 2019 年度的物流辐射力要高于物流吸引力,不论是辐射力还是吸引力,均属国内城市第二梯队。2020 年,长沙市物流辐射力在疫情的影响下出现较大下滑,体现在物流通达性、国际物流下滑严重,同时城市物流吸引力指数相对辐射力排名而言,仍有一定的提升空间,体现在枢纽布局有待完善、营商环境还需优化。在国际层面,长沙需发挥"一带一路"支点城市的作用,构建内陆对外开放高地,增强长沙在对外开放方面的参与度和影响力;从区域层面来看,长沙需切实发挥省会城市的辐射带动作用,充分利用中非经贸博览会永久落户湖南的机会,增强长沙在国内、国际的影响力,进一步打造中部崛起核心增长极。

二、分项评价

根据长沙市物流竞争力细分指标数据(表 13-2)可知,长沙市各分指标整体表现均衡,其中发展潜力、市场规模、营商环境、地理区位、市场覆盖等指标表现优异。

长沙市城市物流竞争力细分指标对比表　　表 13-2

指标		2019 年		2020 年	
		指数	排名	指数	排名
吸引力指标	发展潜力	39.71	13	49.14	9
	市场规模	21.08	17	20.02	16
	枢纽布局	53.37	16	45.38	20
	营商环境	44.05	17	51.92	18
	绿色低碳	1.52	179	5.93	116

续上表

指标		2019 年		2020 年	
		指数	排名	指数	排名
竞争力指标	地理区位	95.52	9	91.15	6
	市场覆盖	40.19	7	53.09	8
	智慧物流	63.64	6	19.23	28
	通达性	38.08	14	24.41	41
	国际物流	28.13	13	9.86	21

（一）发展潜力指数

2020 年长沙市城市物流发展潜力指数 49.14，排名为全国第 9 位，同时是中部城市群的第 1 名。长沙市长株潭城市群的核心城市，单体经济发展较快，经济领跑全省。2020 年，长沙市生产总值达 12142.5 亿元，其城市总体经济规模位列全国第 15 位，两年均是湖南省唯一一个地区生产总值超过万亿的城市，占全省生产总值的近三分之一。2019 年底长沙市进入高收入发展阶段，人均生产总值近 2 万美元，位于全国第 16 位，第二产业增加值近 4800 亿元，增长 5.0%，占地区生产总值比重为 39.03%，全市规模以上工业增加值比 2019 年增长 5.1%，工业经济实力为全国第 19 位。2020 年，长沙人口首次突破千万级，常住人口数达 1004.79 万人，为地级以上城市第 17 位，居湖南省首位，较 2010 年增加 300 余万人，全市城镇居民人均可支配收入 57971 元，城市总体经济发展稳中向好，城市发展潜力巨大。

（二）市场规模指数

2020 年长沙市市场规模指数评分为 20.02，排名为全国第 16 位。长沙市于 2020 年实现全年货运量 4.74 亿吨；邮政业务总量累计完成 211.89 亿元，同比增长 36.51%；邮政业务收入达 94.8 亿元。快递业发展势头强劲，长沙快递业务量 2020 年累计完成 9.30 亿件，同比增长 45.09%，全省占比 63.0%，年人均快递使用量为 92.6 件，快递业务量全国城市排名第 22 位，较 2019 年度上升 3 位。2020 年，长沙市实现商品销售总额 4469.76 亿元，位于国内城市第 15 位；对外贸易总额 2262.2 亿元，为全国第 30 位。内陆开放高地建设行动计划不断推进，2020 年中欧班列（长沙）增长态势强劲，开行量稳居全国前列。2020 年 1 至 12 月，开行班列和货值同比分布增长 1.37 倍、1.38 倍，均超过 2019 年全年总量，2019 年、2020 年连续跻身全国前 5 位。在以上因素共同作用下，长沙市物流业发展持续向好，货运行业复苏势头明显，市场规模稳步增长，物流整体发展面临着广阔的发展空间。

（三）营商环境指数

2020 年长沙市一直致力于将营商环境优化作为推进城市高质量发展的"关键工程"，2020 年其营商环境指数评分 51.92，排名为全国第 18 位。2018 年，长沙市发布了《优化营商环境三年行动方案（2018—2020 年）》，长沙市发展和改革委员会首次对外发布的《长沙营商环境报告 2020》，提到 2020 年长沙以营商环境优化工程为重要支撑，政务服务便利化改革和营商环境法制化建设两手抓,长沙市场主体活力和创新创业活力得到进一步释放,长沙万人市场主体数量、上市公司数量均位居我国中部省会城市第1位。2020年8月,长沙市再次获评国际化营商环境建设标杆城市。在物流营商环境方面,长沙市推行大部门制改革,成立全国首家口岸物流办,打造"省事、省心、省时、省钱"的口岸营商环境,不断优化审批流程,推行国际进出口贸易"单一窗口"建设,实现口岸智能化信息化和数字化作业,有效提升口岸通关效率降低进出口成本,跨境电商申报通道扩容提质,通关效率从30万单/天提升至100万单/小时,实现7×24小时运维保障,保障货运物资"零延时、零等待绿色通关"。同时,长沙率先将物流产业链纳入全市重大产业链范畴,出台相关政策致力优化营商环境市场主体数量首次迈入"100万户",国内外大型龙头企业如顺丰速运有限公司、菜鸟网络科技有限公司、中国外运股份有限公司等被引入长沙,总投资达150亿元。

(四)地理区位指数

长沙市拥有发达的铁路、航空、航运以及快速发展的公路网,以长沙市为起点,按公路、铁路、航空等综合交通运输方式出行12小时计算,可直接覆盖到10.49亿人口。2020年长沙市地理区位指数为91.15,排名为全国第6位。长沙市地理区位优势,南通荆楚、北接桂粤,毗邻浙赣川黔,位于东南沿海和长江流域两者核心腹地,是"内陆的前缘地带、沿海的后方基地",同时又处在上海、广州、重庆、武汉四大全国性商贸中心聚辐的交错地带,是四大中心城市形成的环经济圈中唯一承担流通连接、技术吸纳、经济辐射的中心城市,"四向+四市"的辐射作用对长沙市产生多方位叠加效应,使之成为联通沿海、沿江开放地区和内陆开发的关键枢纽城市。加之长沙市作为省会城市享有部分省级和沿江开放地带的惠利政策,可以有效吸附湖南乃至周边邻省区域的资金、产品、技术、信息等多项生产要素至长沙市,在以上利好条件下,长沙市必将蓬勃发展,成为区域发展联动的"增长极"。

(五)市场覆盖指数

2020年长沙市物流市场覆盖指数为53.09,排名为全国第8位。根据运输服务设施体系来看,每周从长沙市发往国内其他省市的铁路班列数为688列,每周从黄花机场发往其他城市的民航班机数为7703列,分别处于国内第一、二梯队以内。从物流企业数量来看,长沙现从事物流活动的企业超3.5万家,其中A级物流企业53家,有两家企业入选中国物流企业50强。此外,长沙市通过"水+陆+空"物流通道联通国内外众多城市,吸附大量物流货代企业落户长沙,包括苏宁智慧物流电商产业园项目落户望城经济技术开发区、中国外运华南有限公司湖南分公司入驻长沙市金霞经开区、红土航空股份有限公司以长沙黄花国际机场为主运营基地落户湖南,物流产业集群为长沙市制造业的高质量发展提供了强大助力。从国际层面来看,自2014年中欧班列(长沙)开行以来,先后开通了长沙至汉堡、布达佩斯、明斯克等10条运输线路,途经及通达15个国家,物流服务覆盖达30个国家,"东+中+西"三向通道连接欧洲、中亚、中东,辐射至我国中、东、南部地区。同时长沙市紧抓建设"四小时航空经济圈"建设机遇,累计开设长沙至肯尼亚内罗毕、缅甸曼德勒、文莱斯里巴加湾等7条国际货运航线,主动融入长江经济带建设,依托铜官港、霞凝港形成"双港驱动"格局。

第三节 趋势与展望：打造国家商贸物流枢纽

一、发展趋势

《长沙市国民经济和社会发展第十四个五年规划和二〇三五年远景目标纲要》指出，长沙市将坚持围绕"枢纽＋通道＋物流"建设具有国际影响力的现代化城市，以开放性临空示范区建设为支撑，以科技创新为驱动力，以综合交通枢纽建设为机遇，破除生产要素市场化配置和商品服务流通障碍，加快构建现代流通体系，打造现代化新湖南示范区、长江经济带核心增长极。实施"东拓、西提、南融、北进、中优"行动，深度融入"双循环"新发展格局，聚力打造国内大循环重要枢纽、国内国际双循环重要节点。加快构建联通国内国际的现代流通体系，拓展空、铁、水、公"四路"联动的国际物流通道及海外物流战略布局，打造以长沙为中心、连接东盟、欧盟的中欧班列集结中心，推动陆港型、空港型物流枢纽"双建设"，构筑覆盖中部、辐射全国、联通全球的高水平国际综合门户枢纽。

面对国际疫情持续紧张、经贸环境阴霾不断的国际环境，对标国家中心城市，长沙经济首位度、物流竞争力依然有较大提升空间，物流要素集聚能力还不够强，长沙国际空港枢纽、陆港枢纽的物流竞争力、辐射力及吸引力有待提升。长沙市对于长株潭物流一体化发展的带动效力仍待强化，物流园区、运输通道等重大物流基础设施还需优化和完善，营商环境和人才政策等方面还有较大提升空间，供应链安全保障体系应持续强化，以支撑未来建设国家现代物流区域中心、构建现代化高水平物流枢纽体系，各分指标数据具体如图13-5所示。

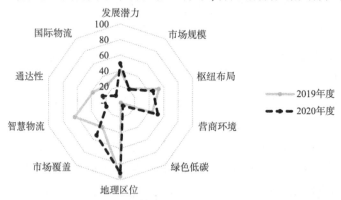

图 13-5　长沙市物流竞争力细分指标雷达图

面对多重战略叠加、技术创新变革、逆全球化思潮涌动等新格局新要求，长沙市现代物流体系建设将围绕"一个中心、两个枢纽、三大通道"，积极探索"港、城"融合发展新模式新业态，实现公铁水空多种运输方式无缝衔接，有效发挥长沙"一带一路"重要节点城市、"一带一部"首位城市优势，以更广视野、更深层次、更高标准推动长沙建设高质量物流口岸经济，构建"通道＋枢纽＋网络"现代物流运行体系，形成"六通道、五枢纽、四节点、三网络"的物流空间发展格局，全力打造国家商贸物流枢纽。

二、发展展望

(一)全面融入新发展格局,聚力打造国家商贸物流枢纽

长沙市地处南北咽喉之地,具有得天独厚的区位优势,起到承东启西、联南接北的枢纽作用。面对国内国际双循环新发展格局加速形成的局势,长沙紧抓战略机遇期,全面融入"一带一路"、长江经济带、粤港澳大湾区、中国(湖南)自由贸易试验区长沙片区等发展格局,加快综合运输通道对外衔接和物流口岸基础建设。以航空、铁路、港口为核心,打造铜官港区、霞凝港区"双核"驱动的新格局,推进重点港区铁路货运站和内陆港的设施互通,实现公、铁、水联运无缝衔接,提升长沙港的对外辐射效能。统筹协调物流通道资源,提高多通道、多节点的安全保障能力,增强国际物流供应链的灵活性和韧性。优化长沙港各港区布局,以临港建设、国际贸易、大宗商品交易等为主体,围绕物流产业链的建链、补链、强链、延链,推动港口转型升级为"航运+物流+贸易+金融"复合业态形式,拓展港口物流产业链,提升产业链供应链的国际竞争力。立足国际物流枢纽建设,加快推进陆港型国家物流枢纽建设,积极申报空港型、生产服务型、商贸服务型国家物流枢纽。以临空经济示范区建设为主引擎,通过航空物流枢纽实现对临空经济区的"引流",加快资产、原料、科技等生产要素的集聚,通过产业集聚实现"反哺",促进航空物流枢纽建设和服务能力提升的螺旋式上升,两者需协同发展以推动航空物流枢纽建设成为国际物流网络的重要节点、融入新发展格局的重要节点,实现多层级、一体化综合交通枢纽体系建设的有效推进。

(二)畅通内外运输通道,构建陆海空立体物流网络

公、铁、水、空"四路联动"已吸附大量的产业和相关货代企业落户长沙,综合运输网络体系不断优化完善和综合运输枢纽建设发展将对长沙物流辐射力的提升起到关键性推动作用。为提升长沙中部枢纽城市地位、发展物流枢纽新优势,长沙需紧抓"一带一路"建设机遇、湖南"一带一部"发展定位及"四小时航空经济圈"发展契机,畅通水陆空国际物流大通道。积极推进"铁路十向通道建设",以政策扶植和特色线路为主,积极开辟中欧班列(长沙)国际物流大通道,加大长沙至欧洲、中亚、中东及国内东、中、南部地区的网络辐射效力,建设产业集聚新枢纽,形成"通道+园区+产业+物流+开放"的新时代物流发展格局。推进长沙机场国际化、快线化、枢纽化,形成覆盖国内外多城市的"2+N"航空枢纽。打造中欧班列集结中心,提升湘江航道等级,建设虞公港"飞地港",更好融入长江黄金水道。积极对接区域全面经济伙伴关系协定(RCEP),紧抓中非经贸博览会永久落户湖南的契机,稳定和加密国内国际货运航线及班次。推动综合运输通道能力提升,强化枢纽间网络化、平台化组织和运营,以临空经济示范区建设为支撑,探索建空铁联运区,拓展长沙至欧洲、东南亚、美国、非洲以及中东等地区的航空货运通道。

(三)物流口岸建设发展助力,打造枢纽经济强引擎

物流口岸平台是建设现代化物流网络体系,是有效发挥长沙"一带一路""一带一部"区位优势的重要节点,物流口岸经济建设的推进将对长沙物流辐射力的提升带来强大支撑。

中欧班列(长沙)跻身第一方阵,长沙市成功入选陆港型国家物流枢纽、被评"中国快递示范城市",长沙市物流口岸建设抢抓机遇,为打造国家交通物流中心打开全新篇章。推进口岸基础服务设施建设,抓好航空、铁路、水运"三路"口岸建设,提高口岸服务保障能力。推广应用国际贸易单一窗口"一站式"办理,国际货站、联检现场进行扩容提质,空港货运仓库升级改造,铁路港作业区承载能力得到有效提升。推动黄花综保区至机场实施区港联动,通关流程和时间得到大幅缩减,有效实现企业跨境电商货物的快速通关。推动"港口+商贸"的转型升级,物流与商贸"合一化"实现运作模式的突破,促进供、销、港口一体化发展,使港口的功能和作用延伸至物流链两端。拓展物流口岸平台功能,探索"港、园、产、城"融合发展新模式,努力打造集包机、班列、卡板、货轮等多物流通道为一体的国际物流集散中心。

(四)两业融合发展,抢占先进制造业和现代物流制高点

长沙市"三智一芯"(智能装备、智能汽车、智能终端、功率芯片)产业已经基本完成产业布局,工程机械产业成为国家十大先进制造业集群之一,"中国制造2025"试点示范城市建设扎实推进,国家级智能制造示范企业及专项总量居全国省会城市首位,对物流业发展提出了更高要求。面向"十四五",长沙建设国家重要的先进制造业中心,将工程机械和先进储能材料产业分别打造成为世界级和国家级先进制造业集群,统筹"一带、五区、五园"的先进制造业发展格局,需要现代物流深度融入制造业产业链,抢抓全球产业链供应链重构机遇,推进供应链信息化服务、专业化定制服务、一体化管理等,以现代物流赋能先进制造。以"枢纽+通道+口岸+制造"为核心,依托港口、铁路货站、公路枢纽、干线机场节点,畅通中欧班列(长沙)、国际货运航线等运输通道,壮大跨境电商、黄花综合保税区和金霞保税物流中心等外向型经济平台,助力湖南省的制造业融入'一带一路'建设。

第十四章 衢州市城市物流竞争力分析

衢州市依托地理区位优势与国家政策持续利好,城市交通基础设施建设发展迅猛,物流产业规模持续扩大。"十三五"时期,衢州市持续推动"1433"发展战略体系,开创建设了"活力新衢州、美丽大花园"的良好发展局面。"十四五"期间,衢州市将深入贯彻"交通强国"战略和"交通强省"三年行动计划,努力打造浙江经济高质量发展重要增长极,努力打造四省边际开放开发引领地,成为浙江经济向中西部邻省拓展的桥头堡。打造多式联运综合交通枢纽,战略融入长三角区域一体化发展。

第一节 城市发展总体情况

一、经济发展稳中向好,城市发展迅速升温

面对新冠肺炎疫情的巨大冲击,衢州市上下聚力共抗疫情,全市经济呈现持续稳步向好态势。2020年,衢州市生产总值1639.12亿元,增长3.5%,增速居全省第3位。2020年衢州市四个季度累计地区生产总值增速分别为-6.7%、-0.4%、2.0%、3.5%,呈现逐季回升的态势,回升幅度快于全省。

"十三五"时期,衢州市推动经济发展迈上新台阶,经济总量不断扩大。如图14-1所示,全市生产总值连续两年超过1500亿元,"十三五"期间全市生产总值年均增长6.4%,高于全国平均增速0.7个百分点;人均生产总值突破1万美元。衢州市经济结构持续优化,第三产业比重上升,第一、二产业比重下降,逐步向现代化产业格局转变,三大产业增加值比例从2015年的7.0:46.3:46.7调整为2020年的5.6:40.3:54.1,产业重心逐渐向第三产业转移。

2020年,衢州市固定资产投资增长7.7%、增速居全省第1位。其中,制造业投资增长10.4%,高于全省7个百分点;引进亿元以上项目121个、10亿元以上项目23个,实际到位市外资金220.4亿元,增长29.4%;以浙江时代锂电材料国际产业合作园项目、智造新城奥首电子化学材料项目、柯城智能制造产业园为代表,衢州市正在逐步打造新材料、新能源、智能装备等标志性产业链。在经济发展、产业升级的带动作用下,衢州市常住人口规模也扭转下滑态势,在"十三五"期实现稳步增长,城市常住人口变化情况如图14-2所示。

二、发挥区位交通优势,建设四省边际中心城市

衢州市位于浙江省西部,具有"四省通衢"的独特地理优势。习近平同志在浙江工作期间,

对衢州市提出了"打造四省边际中心城市""衢州市打造成为全省经济向中西部邻省拓展的一个桥头堡""衢州市建设成为全省经济发展新的增长点"等一系列嘱托。衢州市委七届八次全体会议提出加快建设四省边际中心城市的战略目标,构建形成南孔古城·历史街区、核心圈层·城市阳台、高铁新城·未来社区的"小三城"和智慧新城、智造新城、空港新城的"大三城"空间形态,努力把衢州打造成为浙江的、中国的生态文明和"两山"实践的示范标杆。

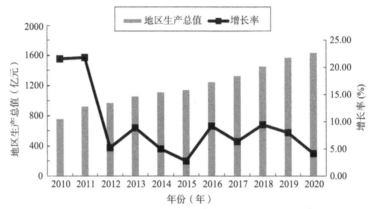

图 14-1　衢州市生产总值及增速变化(2010—2020 年)

资料来源:衢州市统计局。

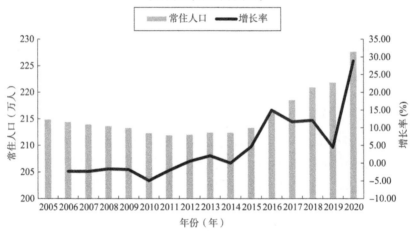

图 14-2　衢州市常住人口发展情况

资料来源:衢州市统计局。

"支持衢州建设四省边际中心城市"被写入《关于制定浙江省国民经济和社会发展第十四个五年规划和二〇三五年远景目标的建议》,作为浙江省十四五重大战略目标。由高铁、高速公路、航空、航运等构成综合交通网络体系,正在形成衢州 1 小时到达省内主要城市、2 小时到达长三角主要城市、5 小时到达京津冀和珠三角主要城市的"125 高铁交通圈",逐步将衢州由地理上的"四省边际"打造成为发展中的省级枢纽城市。

三、交通基础条件完备,加快融入区域发展

"十三五"期间,衢州市大力发展交通,在交通向导上谋好新篇章。2016—2020 年 7 月,全市交通运输行业完成投资 453.5 亿元,占"十三五"规划期内总投资额的 56.36%。至

2019年底,衢州综合交通线网总规模达9306.6公里,网络密度105.2公里/百平方公里。2020年前两季度,全市综合交通重大项目完成投资77亿元,增长131.6%,增幅居浙江首位。随着"衢州航空"的建成与执飞,衢州国内通航城市增至16个,民航航线增加到16条,预计2025年衢州机场可开通40个航点城市、50条航线,8驾飞机驻场过夜,旅客吞吐量从2020年的37万人次增加到158万人次以上。

高铁时代的到来,进一步凸显衢州市的区位新优势。衢杭铁路作为长三角城际快速交通网的重要组成部分,推动衢州融入杭州都市圈。衢宁铁路的正式运营,串联起湖北、江西、浙江、福建,填补了闽东北、浙西南地区的铁路网空白。衢州通过谋划建设高铁新城、杭深高铁近海内路线和浙西航空物流枢纽等项目,打造区域交通枢纽城市,提升"四省通衢"战略节点新地位,充分加强与杭州都市圈的联系,积极融入长三角一体化建设,成为浙江大通道建设的重要一极。

四、多式联运条件成熟,建设四省边际枢纽港

省际城市具有独特的区位特点,在发展省际物流、开展多式联运业务等方面优势明显。衢州市通过建设四省边际中心医院、四省边际体育中心,在高端科技、医疗资源方面,四省边际地区已经形成比较优势。同时,衢州借助与杭州的"山海协作",利用在杭州建立的衢州海创园、柯城科创园、绿海飞地三个创新"飞地"加快对接,发展数字经济智慧产业,打造"全国数字经济第一城"的副中心城市和"四省边际数字经济发展高地",进一步提升本地要素集聚能力,衢州正式进入将枢纽优势转化为通道优势、经济优势,打造商贸物流高地、区域物流集散中心的发展新阶段。

2018年,交通运输部印发《深入推进长江经济带多式联运发展三年行动计划》,将多式联运上升为国家战略,并将长三角区域作为三大重点区域之一大力推进多式联运发展。衢州市水陆空交通方式齐全,多条路网干线交汇,铁水联运通道畅通,具备打造多式联运枢纽的交通条件。同时,衢州"四省通衢、五路总头"的区位优势,为衢州建设浙、闽、赣、皖四省边际交通枢纽和物资集散中心奠定了地理基础。《浙江省现代物流业发展"十四五"规划》将"衢州四省边际多式联运枢纽"列为浙江省区域性物流枢纽节点建设的重点项目,重点发展多式联运、城市配送、信息服务、国际物流、商务交易、生活配套等功能。

第二节 衢州市物流竞争力专项分析

一、总体评价

由表14-1可知,衢州市2020年度城市物流竞争力指数为13.07,相较于2019年度指数下降了4.20,城市物流竞争力排名由第147位下滑至第153位。2020年度衢州市的城市物流吸引力指数与城市物流辐射力指数分别为14.18、11.91,位列第193位、第128位,相较于2019年度,物流吸引力指数排名下降了15位,物流辐射力指数排名上升了3位。

衢州市物流竞争力年度得分　　　　　　　　　表14-1

指标	2019年		2020年	
	指数	排名	指数	排名
城市物流竞争力	17.27	147	13.07	153
城市物流吸引力	12.10	178	14.18	193
城市物流辐射力	22.17	131	11.91	128

总体来看,衢州的城市物流吸引力与辐射力在国内属于第三梯队,在302个评价城市中属于中等水平。从物流吸引力和辐射力两个维度来看,衢州市物流辐射水平大于吸引水平,并且差距较大,反映了衢州市具有较好的城市辐射力,在城市区位、交通通达性等方面具有优势,但衢州对周边城市物流的吸引力还明显不足。衢州立足构建"四省边际中心城市+多式联运枢纽+绿色物流"物流发展模式,仍有较大的市场潜力待发掘。

二、分项评价

在10个二级指标中,衢州市整体表现一般,其中地理区位、市场覆盖等指标具有一定优势,各细分指标评分具体见表14-2。

衢州市细分指标对比表　　　　　　　　　表14-2

指标	2019年		2020年	
	指数	排名	指数	排名
发展潜力	25.28	107	29.58	230
市场规模	5.45	173	5.04	159
枢纽布局	15.03	143	21.14	126
营商环境	0.88	171	1.15	180
绿色低碳	3.04	167	0.70	178
地理区位	92.42	42	72.53	58
市场覆盖	0.82	180	7.32	90
智慧物流	9.09	42	—	140
通达性	7.34	220	12.88	177
国际物流	0.01	163	0.01	169

(一)市场规模指数

2020年,衢州市常住人口227.6万人,全国城市排名219位。衢州市全年货运量13517.08万吨、快递业务量9215万件,分别排名129位、108位,平均快递业务量40.5件/人,全国城市排名71位,处于前列,快递业发展规模变化如图14-3所示。同时,衢州市全年对外贸易总额358.4亿元,排名第88位。衢州市常住人口增长率为2.6%,排名第82位,常住人口数量年增速较快,说明衢州市物流市场规模具备很大的潜力,物流市场需求潜力巨大,居民购买力水平很高,未来市场规模有望快速扩大。

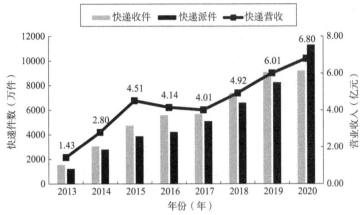

图 14-3　2013—2020 年衢州市快递发展规模变化
资料来源：衢州市统计局。

(二) 枢纽布局指数

衢州城市物流的枢纽布局指数得分 21.14，国内排名第 126 位，相较 2019 年排名上升了 17 位。"十四五"时期，衢州市综合交通运输进入了跃进式大发展时期，衢州港大路章作业区开港运营，吞吐能力逐步增强。随着港区二期以及后方临港物流园的规划建设，衢州港的枢纽作用日益凸显，新建衢州港铁路专用线与港口协作，提供高效便捷的铁水联运新模式。衢州机场迁建工程逐步深入，新机场有助于扩大衢州枢纽的辐射范围，提升衢州开展国际物流的能力。衢州市加快建设衢州市多式联运枢纽港，经衢州市和浙江省交通运输厅会议通过，将多式联运枢纽项目列为市级一号重点工程、浙江省交通"十四五"规划重大项目。

(三) 地理区位指数

衢州市地处浙、闽、赣、皖四省边际的地理中心，位于国家两大交通通道(沪昆通道、黄衢南通道)的战略交汇点及国家战略优势叠加区(长三角经济带、海西经济带、泛珠三角经济带)，区域位置得天独厚、优势明显。衢州市城市物流的地理区位指数排名全国第 58 位，以衢州市为起点，以公路、铁路、民航等综合交通运输方式出行 12 小时计算，可以覆盖全国 8.39 亿人口，占全国总人口的 58.14%，虽然与中西部偏远地区的可达性仍相对有限，但仍可在单日内通达全国大部分城市。随着衢州道路网与高铁骨架网的进一步完善，衢州 1 小时到达省内主要城市、2 小时到达长三角主要城市、5 小时到达京津冀和珠三角主要城市的"125 高铁交通圈"形成后，衢州的交通便利度将进一步提升。

(四) 通达性指数

衢州城市物流的通达性指数得分 12.88，国内排名第 177 位。衢州市由于独特的地理区位，交通基础条件较好，水、陆、空交通方式齐全，路网多条干线交汇，铁水联运通道畅通。然而，衢州市物流运输存在很大的问题，衢州物流严重依赖公路运输，货物运输中 90% 以上采用公路运输，导致物流运输成本居高不下。据统计，水路运输，运输成本是公路运输的 1/5、是铁路运输的 1/2，衢州现有运输方式，不仅没有充分利用现有交通资源，对于区域发展也呈现制约作用。另外，衢州市物流基础设施建设布局有待完善，多式联运型物流基地尚未形成，公铁、铁水等联运方式发展缓慢，未能充分发挥衢州市空港、铁路、高速公路齐全的综合优势。

(五)国际物流指数

浙江省政府发布《关于印发中国(湖州)、中国(嘉兴)、中国(衢州)、中国(台州)、中国(丽水)跨境电子商务综合试验区实施方案的通知》(浙政函〔2020〕73号),衢州城市跨境电商、国际物流的发展将迎来新机遇。衢州将充分发挥城市绿色优势,结合跨境电子商务企业"小而美"的特点优势,做大做精跨境电子商务(B2C)产业集群,探索发展绿色制造业B2B和优质农产品跨境出口,到2022年建成一批跨境电子商务产业园区,打造10个以上跨境电子商务特色产业集群,引育100家以上跨境电子商务龙头企业。衢州有望凭借优势地理区位与完备的交通运输条件,实现弯道超车,内外联动发展跨境电子商务物流。

第三节 趋势与展望:建设四省边际物流中心

一、发展趋势

根据《衢州市国民经济和社会发展第十四个五年规划和二〇三五年远景目标纲要》,衢州将围绕建成"形态最好、功能最强、环境最优"的四省边际中心城市,建设四省边际多式联运枢纽中心,构建更高水平的"活力新衢州、美丽大花园",全面形成"中心引领、市域一体"的发展格局和"杭衢一体、双向开放"的开放格局,成为浙江经济向中西部邻省拓展的桥头堡。衢州将着力建成公铁空水多式联运枢纽港,形成"聚浙西、通四省、联全国"的区域物流集散中心,提升集聚力、辐射力、带动力、竞争力。同时,全面融入长三角一体化和长江经济带发展,杭衢一体化同城化深度推进,融杭联甬接沪开放合作发展新格局基本形成,成为杭州都市圈西翼门户。

衢州建设四省边际多式联运枢纽港,将充分发挥水陆空交通方式齐全、路网干线交汇、铁水联运通道畅通突出的优势,有利于加快运输结构调整。但是,衢州市建设多式联运枢纽仍存在一定制约,铁路、水运优势未得到充分发挥,物流运输成本过高,过度依赖公路运输、物流运输结构不合理等问题突出,物流竞争力各细分指标数据如图14-4所示。

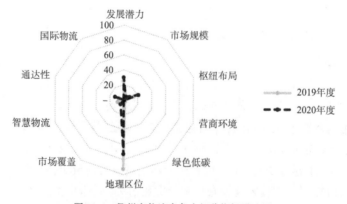

图14-4 衢州市物流竞争力细分指标雷达图

二、发展展望

(一)深化融入区域一体化发展战略

衢州市依托独特的地理区位和交通条件,将成为长三角经济圈和海西经济区向广大中西部内陆腹地拓展的重要门户。同时,衢州市是海上丝绸之路的关键节点、是浙江对内对外开放的桥头堡。省际边际区域经济活力的激活必须接受发达地区经济辐射,衢州处于浙江经济发展向内陆延伸的前沿,也是长江三角洲区域一体化和杭州都市圈支撑国内大循环的支点,直接对接发达的海洋经济,具备充足的发展机遇。区域一体化战略的深入推进将促进物流资源和物流服务向区域物流枢纽集中,衢州市应借助省内海陆一体化、长三角一体化等资源优势,通过海陆联动集疏运网络、大力发展和布局内陆港、打造面向沿海大港、辐射周边的国际多式联运枢纽和浙江内陆开放的桥头堡,使衢州市作为四省边际核心城市的辐射效应不断显现。

(二)多式联运枢纽建设带来发展机遇

衢州市依托区位优势与基础设施基础,应主动融入区域综合交通枢纽体系,提升城市的对外连通度和辐射带动能力。通过四省边际多式联运枢纽港的建设,强化基础设施、政策环境、服务网络、资源要素、信息平台五大核心要素,融入杭甬沪主线,加强衢州市与宁波港等主要沿海港口,以及上海、杭州、金华等主要对外开放城市的联系,提升机场、港口、铁路等枢纽的功能,大力发展公铁、空陆、江海联运功能,加强与周边城市及国内中部城市的物流运输能力,畅通国内国际多式联运通道。在"国内国际双循环"的新发展格局下,建设四省边际多式联运枢纽,打造双循环流动空间下的物流高地,作为四省边际融入全球经济的门户接口,发展临港产业、临空产业等枢纽经济和平台经济,以高效连通性、核心枢纽性、节点管控性、强力吸引性带动衢州城市发展能级。

(三)发展具备衢州特色的绿色智能物流

长期以来,衢州市响应浙江省大花园建设战略,将"活力新衢州、美丽大花园"作为发展目标,积极创建美丽大花园城市和浙西门户,2018年衢州市获评联合国"国际花园城市"称号。随着物流行业快速转型,逐步进入高质量发展阶段,衢州市可以抓住机遇,发展绿色智能物流新模式新业态,向智慧物流转型,提高物流运输、分拣配送效率,将车联网、物联网、大数据、云计算等信息技术融入物流业,推动人、车、货一站式服务。同时,以"铁路+港口"为主导的多式联运组织模式,可以大大为物流业赋能。衢州市多式联运枢纽港建设,应该要充分把握物流行业变革发展的机遇,争取实现弯道超车,一方面推进以多式联运为核心功能的综合物流枢纽建设,一方面推动移动互联网、大数据、云计算与物流枢纽的融合,提升枢纽智能化、信息化水平,发展绿色包装、绿色流通,开拓绿色化、低碳化、智能化、信息化的物流发展新模式。

国　际　篇

COMPETITIVENESS OF
**CITY LOGISTICS
IN CHINA**
(2021)

第十五章　中美物流发展对比分析

纵观美国物流业的发展历程,大体上均经历了大规模基础设施建设、运输服务放松管制及整合资源提升三个阶段,相应的主要措施分别为开发横跨大陆的铁路和兴建州际高速公路、放松对各种运输方式的管制、出台冰茶法案(ISTEA)及制定五年战略规划。到20世纪80年代末,美国交通基础设施建设的高峰已经过去,交通运输领域的投融资压力越来越大。与此同时,城市交通造成的拥堵和环境污染等问题越来越受关注。纵观中美交通物流的发展历程,会发现我国交通运输业的现阶段特征与美国20世纪80年代有许多的相似性:同样是交通基础设施建设达到顶峰,同样是工业化发展带来物流需求结构转变,同样是面临着日益趋紧的资源和环境约束。通过对中美物流发展的异同情况进行对比分析,对于推动我国城市物流高质量发展具有借鉴意义。

第一节　美国物流业的发展背景

20世纪60年代以来,随着美国经济的快速增长,货物运输的需求也呈现加速增长态势。与此同时,美国正步入工业化中后期和快速城市化阶段,服务业增加值的比重越来越大,物流需求呈现结构性变化。而在运输市场的供给方面,内河、铁路和公路等基础设施里程相继达到顶峰,运输供给能力基本饱和。为了满足快速增长的运输需求,同时应对交通拥堵和环境污染等问题,在集装箱、信息技术等软硬件技术的推动及一系列政策的带动下,物流组织创新和系统改进成为行业发展的重要方向。

一、经济与社会背景

(一)经济快速增长,运输需求规模迅速扩大

从20世纪60年代开始,美国进入历史上的繁荣时期,国内经济迅速增长,增长率保持在8%以上,制造业在国际上具有极强的竞争力。大量生产、大量消费是当时美国经济的典型特征,虽然经济增长带来了运输规模的迅速扩大,但是其对物流系统的要求不是很高。但是,随着美国人均国内生产总值达到6000美元,城市化进程开始加速,消费者需求越来越趋于小量化、多样化、个性化,经济的发展更多地依赖于整个服务体系的完善和优化,提升物流效率成为满足经济发展要求的重要方面。而随着改革开放40多年的发展,我国的人均国内生产总值已经超过10000美元,物流需求规模增长和结构调整并存,我国的物流市场处于战略转型期。我国和美国国内生产总值及人均国内生产总值对比如图15-1所示。

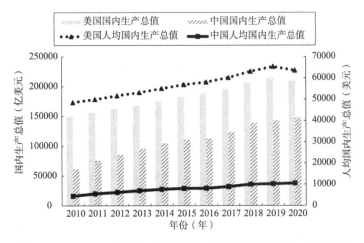

图15-1 2010—2020年中国和美国国内生产总值及人均国内生产总值对比
资料来源:世界银行数据库,国家统计局。

(二)工业化基本完成,货运强度开始下降

美国的工业化在1950年代左右达到峰值,第二产业占国内生产总值的比重为35%左右,此外还拥有发达的生产性服务业。从20世纪60年代开始,美国开始进入工业化中后期,服务业的比重开始逐步上升。发展到现在,美国的第三产业增长值占国内生产总值的比重基本稳定在79%,第二产业的比重为20%。伴随着产业结构升级的是美国的货运强度在逐年降低,从1960年的2.89吨英里[1]/美元下降到1980年的1.04吨英里/美元,2001货运强度为0.37吨英里/美元。物流需求也发生了结构性变化:工业化初期,大宗物资的运输需求旺盛,物流发展的重点是从数量上迅速扩大运输能力;而在工业化中后期,产品加工工业对运输提出了多样化、安全、方便、快捷等更高的质量性要求。低附加值的物流需求逐渐萎缩,高附加值的物流需求快速增长,物流服务的地域范围、时间的准确性和可靠性、物流供应链的稳定性成为物流服务竞争的主要方面。美国物流成本及产业结构变化趋势如图15-2所示。

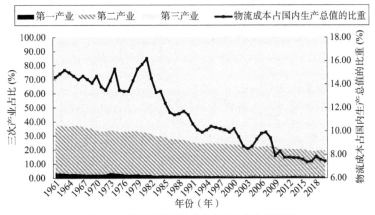

图15-2 美国物流成本及产业结构变化趋势图
资料来源:世界银行数据库。

---

[1] 1英里≈1.6公里。

(三)交通拥堵和环境污染问题越来越严重

从20世纪60年代开始,美国的汽车保有量快速增加,注册汽车数从1956年的6500万辆激增至2003年的2.3亿辆,增幅达254%,而同期美国公路里程数的增长却远远不及车辆的增长,导致了严重的交通拥堵问题。1982年到1991年,美国50个主要大都市区中有47个交通状况恶化,高峰期内27%的州际高速公路被堵塞,54%的车处于拥挤状态。由于交通拥挤,人们每天消耗的上下班时间比平时平均多了1.5小时,仅燃油和时间浪费就超过720亿美元。与此同时,环境污染问题越来越严重,交通运输部门对温室气体排放的贡献高达32%。受石油危机的影响,油价持续上涨,使得高能源消耗的运输业生存压力越来越大,对于集约高效的运输组织方式的需求也越来越迫切。

二、交通物流行业背景

(一)交通基础设施基本建成

美国19世纪中叶起进入铁路时代,特别是1887年横贯大陆铁路线的完工,极大地促进了五大湖地区和广大中西部地区工农业生产的发展。到1916年,美国的铁路发展达到巅峰时期,营业线路达到42万公里。但是,自20世纪20年代以来,受公路、水路的竞争冲击,以及经济萧条的影响,美国的铁路投资强度和营业里程均不断下降,总长度由42万公里减至1981年的27万公里。至1970年有大批铁路公司宣布倒闭,破产线路占当时美国铁路总里程的21%,铁路货运周转量市场份额下滑至35%。

美国在1956年通过了《联邦资助公路法》,后开始大规模高速公路建设。到1976年,州际高速公路建成通车里程为59253公里,占规划里程(68899公里)的86%;到1992年,耗资1290亿美元的州际高速公路完工,标志着美国公路系统的基本建成。到1993年,美国州际公路系统总长度达到70542公里,其中免费公路66815公里,收费公路3827公里。公路和铁路等主要基础设施的基本建成使得美国通过基础设施投资来增加运输供给能力的空间十分有限,创新运输组织模式成为满足快速增长的运输需求的重要手段,而多式联运则成为重要的突破口。美国公路及州际高速公路里程如图15-3所示。

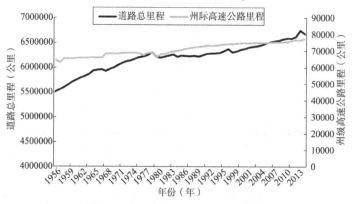

图15-3 美国公路及州际高速公路里程

资料来源:美国联邦高速公路管理局(The Federal Highway Administration,FHWA)。

（二）运输业放松管制

20世纪80年代以前,美国政府对运输业制定了严格的管理制度。作为美国历史上最重要运输管制机构,州际商务委员会(Interstate Commerce Commission,ICC)负责管理18000家以上的铁路企业、汽车运输企业、管道运输企业、内河水运企业、经纪人和货运代理商,通过对各种运输方式进行公平的管制,认识并保护各种运输方式的内在优势。比如对汽车运输和铁路运输业者,ICC制定了严格的准入制度和运费规定,限制物流行业间的竞争,但是管制同时降低了行业竞争力度,使行业失去了市场活力。

从80年代开始,运输业迎来了放松管制的热潮,《1980年汽车承运人法》《1980年斯塔格斯铁路法》《1982年的公交管制改革法》《1986年地面货运代理商放松管制法》等一系列要求放松管制的运输法案陆续出台,极大地促进了运输市场的发展和效率和提升,各种运输方式企业开始注重利用比较优势发展综合运输。以铁路放松管制为例,斯塔格斯法颁布之后,许多一级铁路公司都通过并购拥有自己的汽车运输公司和水运公司,铁路货运业的劳动生产率大幅度提高;从1980年到2010年,单公里货运收入从90万美元增长到224万美元;单公里货运周转量从513万吨增长到1286万吨。而《地面货运代理商放松管制法》对于在多式联运业务中发挥核心作用的货运代理商的发展也起到了极大的推动作用。放松管制为美国多式联运的快速发展奠定了制度基础。

（三）集装箱软硬件技术不断成熟

多式联运于20世纪60年便已产生,但是直到20世纪80年代集装箱软硬件技术的成熟才使得多式联运的潜能得到了充分的发挥。在集装箱出现之前,货物运输基本以件杂货的形式存在,不仅需要大量人力,而且货损率比较高。而集装箱的出现对于多式联运的发展产生了革命性的影响。通过集装箱运输,实现了货物运输的集装化和规模化,适用于机械化作业,显著改善了货物装卸转运作业效率;同时也降低了货损货差,节约了包装材料,减少了无效库存。到1971年底,世界13条主要航线基本上实现了件杂货集装箱化,而现在90%以上的国际多式联运货物均是通过集装箱完成运输的。2013年,集装箱超越煤炭成为美国铁路运输的最主要收入来源。美国货运物流业的发展历程如图15-4所示。

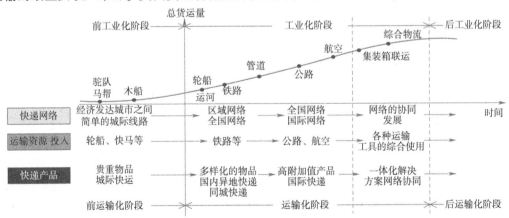

图15-4　美国货运物流业的发展历程

资料来源:匡旭娟.演化视角下的快递业网络形态研究[D].北京交通大学,2008.

第二节 美国物流业的整体情况

一、美国《国家货运战略规划》

美国高度重视安全、可靠和高效的运输对于促进贸易、出口及经济增长的重要作用。2020年,美国运输部首次发布《国家货运战略规划》(National Freight Strategic Plan,NFSP),指导国家货运政策、活动和投资,以期建立一个现代化货运系统,以加强美国的经济竞争力。

(一) 美国货运的发展现状

美国的货运系统是一个复杂、相互依存、多式联运的基础设施和服务系统,由公共和私营部门实体共同拥有和运营。该系统包括物理基础设施或设施,如港口、水道、机场、铁路、管道、道路和仓库,以及使用该基础设施运输货物的各种承运人、托运人和供应商。根据《国家货运战略规划》,美国货运行业的主要特征如下:

汽车运输仍是最主要的运输方式。2017年,汽车完成美国国内运输总重量的72%,总货值的73%。汽车仍是运输距离在1200公里以内的首选货运方式,见表15-1。表15-2列出了美国货运系统设施运营情况。

美国各运输方式的主要特性(2017年)　　　　表15-1

运输模式	占总价值的百分比	占总吨数的百分比	占总吨公里的百分比	平均运距(公里)
汽车	73.0%	71.5%	41.6%	303
铁路	1.4%	9.3%	26.9%	892
水运	1.0%	4.5%	5.6%	362
航空	2.8%	>0.1%	0.2%	2313
管道	2.8%	6.9%	—	—
邮寄或快递	14.2%	0.3%	0.9%	1432
其他多式联运	4.7%	6.6%	22.4%	1814

美国货运系统设施和运营情况　　　　表15-2

运输方式	基础设施情况	运营情况
道路	超过400万英里的公共道路,包括构成国家公路系统(NHS)的222946英里	政府拥有并运营大多数道路基础设施,私营企业提供汽车运输服务
铁路	货运铁路网由7条一级铁路运营的14万英里铁路组成,21条地区铁路和510条地方铁路,一级铁路占总里程的近69%	几乎完全由私人拥有和经营
水运	25000英里的内陆和沿海水道,包括密西西比河上游和下游、阿肯色河、伊利诺伊河和俄亥俄河、田纳西河和哥伦比亚河系统;海湾、大西洋和太平洋沿岸水道以及五大湖和圣劳伦斯航道也是海上运输系统的重要组成部分	船舶和驳船为私营;港口设施包括公共和私人;水道主要由美国陆军工程兵团(USACE)管理

续上表

运输方式	基础设施情况	运营情况
航空货运机场	5000多个公共机场。孟菲斯、安克雷奇和路易斯维尔为前三大航空货运机场,孟菲斯和路易斯维尔分别是联邦快递和联合包裹服务的主要枢纽,安克雷奇是与亚洲进行国际贸易的主要枢纽	国家空域系统由联邦政府运营,机场大多为公有,私营航空公司提供航空货运服务
管道	280万英里的管道	几乎完全由私人拥有和经营
贸易门户	467个国际货物入境港,包括机场、陆路过境点和海港。2018年,价值排名前25位的入境口岸处理了美国国际货运贸易总额的近三分之二,包括得克萨斯州拉雷多和密歇根州底特律等5个陆路过境点;约翰·肯尼迪国际机场、芝加哥奥黑尔等10个机场;以及洛杉矶、长滩港、纽约港、新泽西港等10个海港	—
多式联运线路	公路联运连接线是提供主要港口、铁路、机场和联运货运设施与NHS之间"最后一英里"连接的道路。全国共有941个指定的NHS接头,跨越2500多英里的公路	—

规划建立了国家综合货运网络,见表15-3。美国运输部根据FAST法案的要求建立了国家综合货运网络(National Multimodal Freight Network,NMFN),并将定期评估NMFN的拥堵、瓶颈、韧性等状况,用于指导联邦政府资源投入和投资优先级。

美国国家综合货运网络的构成　　　　　　表15-3

序号	网络构成
1	根据23 U.S.C.167建立的国家公路货运网络,约51029英里
2	一级铁路的货运铁路系统约104296英里
3	对外和国内贸易总额超过200万短吨(1短吨=0.907吨)的公共港口——113个港口
4	美国内陆和沿海水道、五大湖、圣劳伦斯航道、沿海和远洋航道约25000英里
5	年着陆重量最高的50个机场
6	国防部定义的其他战略货运资产包括: (1)大约9000英里的二级和三级铁路; (2)国防部指定的三个商业战略港口; (3)新增6个机场

农产品、能源产品、自然资源、制造业和零售业产品运输通道构成了主要货物运输走廊。2018年,美国运输系统日均运送货物约5100万吨,价值近520亿美元。按重量计算的主要商品是大宗商品,占2018年总吨位的68.0%,占总价值的25.8%。按价值计算的主要商品是电子产品、机动车辆、混合货物(主要是食品)、汽油和机械,占总吨位的36.8%,占总价值的57.9%,见表15-4所示。

美国主要商品的流动情况与货运通道　　　　　　　　　　　　表15-4

商　品	流动情况	预测情况
农业	农产品运输约占美国所有运输方式的三分之一,农产品依靠公路、铁路和内河水运系统,从美国农场转移到国内和国际市场。主要货运走廊:密西西比河系统、哥伦比亚河系统,路易斯安那州南部、新奥尔良港口区作为主要出口通道,芝加哥作为铁路中转站	2020年运量达到33亿吨,2045年农产品运量为48亿吨
能源——原油	管道是主要运输方式,过去十年美国国内产量的快速增长导致了连接新兴生产区与炼油厂及出口和储存设施的管道建设。在没有管道作为运输选择的地方,石油生产商依赖铁路、汽车、驳船和油轮。主要货运走廊:从加拿大和北达科他州运往五大湖区,再运往俄克拉何马州和得克萨斯州	2022年,美国国内原油产量将继续增长,达到1400万桶/天,然后趋于平稳
能源——天然气	管道是主要运输方式。主要货运走廊:从阿巴拉契亚向西输送到中西部市场,向东输送到东北部,向北流入加拿大,向南输送到墨西哥湾	天然气计划液体产量预计2028年达到660万桶/天,未来十年的天然气贸易将增加近两倍
能源——其他	(1)煤炭:主要通过铁路运输。主要货运走廊:怀俄明州和中西部。 (2)乙醇:主要通过铁路运输。主要货运走廊:生产集中地,中西部运输至主要市场,东海岸、加利福尼亚州和得克萨斯州	煤炭产量将在未来十年下降约11%
自然资源	(1)钢铁:严重依赖铁路和驳船运输材料,集中在五大湖及其周边地区。 (2)木材:依靠汽车将原木运到工厂。 (3)化学品和化肥:汽车运输约占一半(按吨位计),铁路运输约占三分之一。 (4)砂石:一般在当地生产和使用,依赖汽车运输,铁路用于将原材料从采石场运输到水泥和混凝土厂	自然资源货物运输量2020年预计为30亿吨,2045年预计货物量为39亿吨
制造业和零售业	包括许多高价值商品,如电子产品、机动车辆和机械,依赖于先进的物流系统、精确的发货时间和国际供应链。 (1)国内:中西部、东北部、加利福尼亚和得克萨斯州的生产集中度较高,制成品从这些来源地流向国内企业和消费者。 (2)国际:依赖集装箱货物的联运,主要的联运港口、铁路枢纽和配送中心包括太平洋沿岸港口和芝加哥、南加州和得克萨斯州以及芝加哥和纽约之间的线路上	货物运输量2020年预计为39亿吨,2045年预计货物量为60亿吨

(二)美国货运物流业的主要挑战

根据预测,未来20年美国的货运量预计增长22.4%。未来影响美国货运业的六大趋势主要包括:①美国人口和经济的持续稳定增长,促进货运需求的增加;②国际贸易的增长,促进全球供应链日益多元化、全球化,港口、边境口岸以及连接贸易门户的基础设施日益拥堵;③国内燃料产量的迅速增加需要新增和扩大基础设施;④美国的人口正越来越集中在日益拥挤的都市地区,城乡交通供求关系的矛盾变化将会长期持续发展;⑤网上购物在零售总额中所占的比例正在迅速上升,电子商务量增加正在改变土地利用模式,并导致道路运输的增加和城市外围空间的竞争;⑥不断变化的技术和对于劳动力的预期的变化,以及低失业率,使一些货运公司和政府机构难以吸引和留住合格的员工。满足日益增长的货运需求,美国的货运交通系统主要面临四大挑战:

(1)道路运输、停车、交叉口、危险品运输等正在威胁货运系统安全。2017年,5340人死于与货运相关的车祸和事故,比2010年的总数增长了近24%,其中汽车事故造成的死亡人数占所有货运死亡人数的89.2%,占所有公路死亡人数的12.8%。公路网交通量的增加、驾驶员的行为及休息区汽车停车不足都成为影响汽车运输安全的关键因素。

(2)日益严重的交通拥堵成为货运网络低效的主要原因。尤其是城市高速公路的拥堵,2018年造成了汽车行业的成本损失达到745亿美元。车祸、恶劣天气等事件都会暂时降低系统容量进而扰乱货运流,全球供应链物流的准时性需求容易受到干扰。

(3)公路、桥梁和内河航道等基础设施状况的不稳定将影响货运可靠性。约7.5%的桥梁仍处于恶劣状态,超过10%的桥梁处于荷载状态,进而可能影响货物运输,内河航道上老化的船闸可靠性降低,也会导致意外关闭和延误。

(4)金融、体制、数据和信息及法律和监管成为货运效率的障碍。美国基础设施的公共资金并没有跟上建设成本的上涨,货运项目的建设资金面临挑战。货运项目通常会带来跨地区,其负面影响包括交通拥堵、噪声和排放,可能会高度本地化,给跨辖区协调带来挑战。数据限制也限制了货运系统中参与者更好地作出理性决定的能力。

应对这些趋势带来的挑战需要提前应对,美国运输部建议必须采取措施确保美国劳动力为未来的技术驱动型工作做好准备,各级政府都需要精简和减少不必要的规章制度,减轻货运量增加对交通、安全和环境的潜在负面影响,同时政府需要对货运系统中对经济有重要意义的部分进行战略性投资,支持国家的经济竞争力。

(三)美国货运物流业的战略愿景

根据《国家货运战略规划》,国家货运战略的愿景是:美国货运系统将通过安全可靠的供应链,使国内外市场上的生产商、托运人和消费者高效、无缝地连接起来,增强美国的经济竞争力。

国家货运战略的四项指导原则是:①改进或取消不必要或重复的抑制供应链效率的规章制度;②积极改善跨部门、跨司法管辖区和多式联运的合作;③为重大项目提供有针对性的联邦资源和财政援助;④对货运数据、分析工具和研究进行投资。

国家货运战略的三大目标是:①国家货运系统安全;②基础设施现代化;③面向未来的创新储备。国家货运战略三大目标见表15-5所示。

美国国家货运战略的三大目标 表15-5

目标	实施方案
国家货运系统安全: 提高国家货运系统的安全性、可靠性和弹性	(1)支持自动化、互联互通和其他货运安全技术的开发和采用使安全监督和安全程序现代化; (2)尽量减少疲劳和人为错误对货运安全的影响; (3)减少客运和货运之间的冲突; (4)保护货运系统不受自然灾害和人为灾害的影响,提高系统弹性和恢复速度

续上表

目　标	实　施　方　案
基础设施现代化： 实现货运基础设施和运营的现代化,促进经济增长,提高竞争力,提高生活质量	(1)为货运能力和国家目标的定向投资提供资金； (2)在运输规划中提高对货运的考虑； (3)优先推进货运多式联运项目,加强第一英里和最后一英里连接点及主要贸易门户的货运流动； (4)研究一种方法来识别不同模式下的货运瓶颈； (5)推进货运系统管理和操作实践； (6)促进农村和城市社区的就业增长和经济竞争力； (7)减轻货运对社区的影响
面向未来的创新储备： 通过支持数据、技术和劳动力能力的发展,为未来做好准备,从而提高货运系统的性能	(1)支持自动化和连通性的开发和采用,包括车用无线通信技术(Vehicle to X,V2X)技术； (2)支持无人机系统(Unmanned Aeriai System,UAS)技术的安全部署； (3)简化或取消法规,以提高治理、效率和经济竞争力； (4)改进货运数据、建模、分析工具和资源； (5)加强劳动者专业能力建设； (6)投资于货运研究； (7)支持促进货运创新的监管框架

此外,美国货运战略规划还有以下一些突出亮点值得关注。

(1)道路安全数据行动。美国运输部拨款300万美元,通过与各级政府的数据合作,使用数据分析技术和众包数据,提高道路交通的安全性。

(2)农村交通基础设施计划。减少农村交通基础设施的不平等计划,提高农村基础设施的安全性,增强农村地区的竞争力。

(3)国家高速公路货运计划。联邦政府已经投资62亿美元改善国家高速货运网络的运输效率。要求每个州成立货运顾问委员会,制定州货运计划(截至2020年,所有50个州和哥伦比亚特区都完成了州货运计划),优化数据管理方法,扩大货运数据来源,提高货运数据库的一致性、可靠性、颗粒度和及时性,提升货运决策和投资效率。

(4)确保美国在自动驾驶4.0(AV4.0)时代的领先地位。在不妨碍创新的情况下,美国运输部正在积极通过使用新技术解决公众关于安全、保障性、隐私等方面的制度问题,推动新兴技术应用。

二、《美国物流年报》

一年一度的《美国物流年报》,是美国物流行业年度发展的权威分析,也是物流产业发展的风向标。近年来,受新冠肺炎疫情、全球经贸形势和美国国内经济景气影响,美国物流充满着不确定性。2017年美国物流年报以"前方是陡坡"为主题,反映了宏观经济向好带来物流需求迅速攀升；2018年以"正在登顶中"为主题反映了宏观经济增长放缓导致物流需求出现软化；2019年以"韧性的检验"和2020年"计划的改变"为主题,充分体现了在新冠肺炎疫情的影响下,宏观经济发展面临的重大不确定性。

2021年6月,美国供应链管理专业协会(CSCMP)发布了第32次美国物流年报,主题为"计划的改变",分析了2020年疫情导致的物流计划频繁变动,并预测了后疫情时代的美国物流发展趋势。

(一)疫情造成混乱

2020年美国物流成本约占国内生产总值的7.4%,比往年有所下降。同时,2020年美国国民经济萎缩了3.5%,为20.94万亿美元;而物流业降幅达到4.0%,为1.56万亿美元,其中库存持有成本下降最为明显。从实际运营来看,2020年是痛苦而混乱的一年,一些公司面临需求消失的窘境,一些公司需则要解决供应短缺的问题,大多数企业面临着供应链的中断,并为此付出了高昂的费用。美国商业物流成本与地区生产总值的比值如图15-5所示。

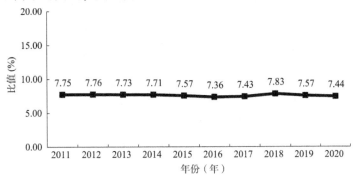

图15-5 2020年美国商业物流成本与国内生产总值的比值
资料来源:第32次美国物流年报。

新冠肺炎疫情对全球供应链系统造成了巨大冲击,包括物流中断、重新规划路径、延误等,对于脆弱的供应链系统来说,流量和容量的混乱严重降低了供应链效率。疫情改变了消费者的习惯,促进了杂货零售、家居装修和电子商务的同时,也摧毁了酒店、餐馆和航空公司。

疫情及其所引发的消费者行为的根本变化,对韧性的需求与贸易紧张局势共同扭转了数十年之久的离岸外包趋势,导致现在出现多方外包的趋势。随着技术进步,物流行业的可视化和自动化正在加速实现,这将为整个行业带来巨大的利益。此外,2020年物流业发展还需面临空前的气候灾害,其中包括飓风、洪水和野火等,这必定使得物流中断继续下去,因此我们将需要不断地改变计划。表15-6列出了2017—2020年美国物流年报主题和重点内容。

近年来美国物流年报主题和重点内容 表15-6

年份(年)	2017	2018	2019	2020
主题	前方是陡坡	正在登顶中	韧性的检验	计划的改变
摘要	2017年运营商掌舵	开始登顶	韧性经受检验	反思混乱
	每个行业都供不应求	每个细分领域都得到良好发展	2019年成本增长总体放缓	2020年运输成本增加
	2018年五种趋势引领同一个未来	2019之后有望打破循环	按行业分析	按行业分析

续上表

年份(年)		2017	2018	2019	2020
宏观经济		强劲增长	增长开始放缓	被新冠肺炎疫情颠覆	快速变化
当年物流业发展	汽车运输	2017剧变	运力紧张,运价高企	运力过剩利好托运人	运力紧张,运价高企
	包裹配送	电子商务迅速增长	最后一英里的追逐	最后一英里的细分市场	空前紧张
	铁路运输	短期内的赢家	正在发展	货量下降,亟待新增长点	整车运输与多式联运的分岔点
	水运与港口	潮起潮落	乘风破浪	适者生存	港口拥堵,价格攀升
	航空运输	需要提速	电商腾飞	不确定性增加	运力紧张,不确定性增加
	管道	产能短缺吸引新玩家	产能缓慢追赶	不确定状态下的迥异情境	低谷时期
	货运代理	风起云涌	关系的价值	经验的价值	处理异常
	第三方物流	压力加剧	解决挑战	创新引领发展	动荡时期
	仓储	创新或死亡	做大做小	稳定增长	快速增长
	其他	区块链:从流行词到现实	区块链:等待飞跃	—	—
		—	5G:制定物流标准	5G:新的竞争赛道	—
物流趋势与展望		不断变化的潮流	生存需要创新	科技之重	增强韧性
		运营商处于主导地位	行业展望	行业展望	控制塔:保持可视化和可控制
		基本力量重塑物流	—	—	可持续性:从概念到必要
		行业展望	—	—	—

(二)运输成本增加

2020年美国商业物流成本(USBLC)下降4.0%,其中库存持有成本下降了15%,随着疫情初期制造业活动和商业活动的减少,许多公司减少了库存。相比之下,运输成本上升了0.8%,远低于2019年的4.7%、2018年10.4%的增幅,但与整体经济的萎缩形成鲜明对比。在运输的细分领域增减情况如下:

(1)随着电子商务和送货上门服务的爆炸式增长,包裹等市场增长了24.3%;

(2)由于客运航班取消、运力锐减等,空运成本增加了9.0%;

(3)由于疫情期间产能下降,汽车运输下跌了0.6%;

(4)由于计算方法的重新分类、出口减少等原因,水运成本下降了28.6%;

(5)整车运输整体减少了15.0%,多式联运的表现略好,铁路整体下降了11.0%;

(6)尽管油价和产量下降,由于在繁忙时期签订的合同的高关税,管道运输整体上涨了1.7%;

(7)承运人的支持活动变得更有效率,并且由于运量下降导致消减,见表15-7。

2020 年美国社会物流成本构成　　　　　　　　　　　表 15-7

物流成本构成		费用(亿美元)	2020/2019 增长率(%)	5 年复合年均增长率(%)
运输费用	(1)汽车运输	6847	-0.6	3.0
	①满载	3076	-1.6	2.5
	②非满载	696	-5.0	4.2
	③私人/专用运输	3075	1.5	3.3
	(2)包裹	1186	24.3	12.2
	(3)铁路	743	-11.0	-2.0
	①整车运输	477	-15.0	-5.1
	②多式联运	266	-2.8	5.8
	(4)空运(包括国内运输、进出口货物和快递)	965	9.0	5.5
	(5)水运(包括国内运输、进出口货物和快递)	261	-28.6	-4.5
	(6)管道运输	588	1.7	6.1
	小计	10590	0.8	3.5
库存费用	(1)仓储成本	1465	1.4	4.1
	(2)财务成本(加权平均资本×总业务库存)	1206	-29.0	-5.3
	(3)其他(报废、贬值、保险、搬运等其他)	1145	-15.0	-0.8
	小计	3816	-15.0	-0.8
其他费用	(1)承运人支持活动	588	-11.7	3.5
	(2)托运人管理费	581	3.1	5.1
	小计	1169	-4.9	4.3
美国社会物流总成本		15575	-1.0	2.4

在整个经济形势和疫情的影响下,物流业发展瓶颈日益突出。例如,无论海运承运人投入多少工作,港口的拥堵都会降低他们的运输速度;无论有多少飞机转为货运飞机,航空网络的中断都会对传统航线造成严重破坏;无论对最后一英里解决方案给予多少关注,消费者永远需要更广泛的商品。总的来说,物流成本的增加是由于试图用无效部署的资产来应对这些挑战,以及物流活动范围的扩大。

(三)行业不断分化

(1)居家隔离导致电子商务和最后一英里交付量爆炸式增长。2020 年,电子商务增长了 33%,达到 7920 亿美元,占所有零售额的 14%。消费者不仅增加了购物品类,包括生鲜、家具等;同时还增加了对交货时间和在途可见性方面的期望,DTC(直接面向消费者)和 BOPIS(在线购买、店内取货)等术语成为常见的零售语言。

(2)公路运输作为美国物流领域最大的细分市场,2020年规模略有下滑,但第四季度的复苏表明持续的经济增长将维持到2021年,需要新的汽车和驾驶员提高产能匹配需求。在疫情期间"无接触"服务需求打破了该行业对数字化的长期抵制,技术将协助公路运输提高服务水平,包括提高在线货运预订的效率,以及提供电子日志记录设备(ELDs)数据等提高运输效率。

(3)铁路运量和收入都有所下降。由于工业产品和煤炭产量的减少,多式联运细分市场下降较小,有一部分原因是汽车运输的市场价格太高。但复杂的多式联运运营阻碍了这一细分市场的盈利能力,未来的成本削减和服务的改进将取决于技术发展与利用。

(4)海运费率和交易量飙升。2020年底,随着零售商重新进货,港口拥堵、工人及船员短缺、集装箱减少甚至长赐号被困,都为水运带来不确定性。随着供求关系逐渐恢复平衡,2021年水运价格将会小幅下降,同时也需要继续面临供应链及节点等服务中断的风险。

(5)航空货运价格仍然维持在较高水平。客运航班取消导致腹舱带货能力流失,为航空货运带来了巨大影响。2020年航空货运量相较2019年呈现下滑趋势,但货运能力的损失更为明显,整体呈现供不应求的局面。2021年航空运输仍将是供不应求的一年。

(6)电子商务激发了对大量仓储的需求,特别是在邻近城区的地区。空置的郊区购物中心正在被改造为配送中心,但城市最后一英里交付的场地短缺、仓库流程复杂化、电子商务退货、劳动力紧张等问题,要求仓库考虑采用更多的自动化操作。机器人即服务(RaaS)的出现将促进更多公司采用自动化。同时,需求和库存组合的变化以及对可视化的需求不断增加,对仓储战略提出了极大的挑战。

(7)第三方物流供应商(3PL)需要在物流市场的动荡中提供最佳解决方案,这也为其发挥专业能力提供了最佳舞台。许多第三方物流供应商在2020年获得了更高的收入,但同时许多公司的盈利能力也受到损害。未来第三方物流供应商将持续关注长期信息、可视化和集成(特别是在智能仓库和最后一英里交付能力方面)等领域。

(8)新冠肺炎疫情突出了供应链韧性的价值,韧性也凸显了服务全程可视化的价值。托运人需要根据实施信息进行决策,因此许多公司正在着力建设控制中心在整个价值链中实现可视化。在信息日益丰富的世界里,依托控制中心提供的信息能够作出更好的决策。今年的报告中采用一个全新的篇章,介绍了控制中心的前景、挑战和一些公司的探索。

第三节　中美物流发展情况对比

一、关键指标对比

对比中美两国经济和流通等主要指标(表15-8),发现我国在流通效率方面仍与美国存在较大差距。

(1)按照货运强度指标,我国是美国的3倍以上;按照每美元国内生产总值所需要的货运量计算,我国为1.39,是美国的3.6倍。

2020 年中国与美国流通业主要指标对比 表 15-8

序号	主要指标	美 国	中 国
一			
1	国内生产总值(万亿美元)	21.43	14.72
2	增长率(%)	-3.49	2.3
3	第三产业占比	77.32	54.53
4	人均国内生产总值(万美元)	6.35	1.05
二	物流市场规模		
1	社会物流总费用(万亿美元)	1.56	2.16
2	物流费用与国内生产总值的比值(%)	7.44	14.7
3	货运量(亿吨)	186.16	464.4
4	周转量(万亿吨公里)	5.25	19.68
5	快递票数(亿)	200	833.63
三	物流市场绩效		
1	物流强度(吨公里/美元)	0.24	1.34
2	物流市场集中度(CR10)	50%	5%
3	快递市场集中度(CR4)	99%	27%
4	道路运输承运人(万户)	60.1	323.9
5	营运货车数量(万辆)	1323.4	1110.3
6	平均拥有货车数量(辆/户)	22.02	3.43
7	最大的全球三方物流企业及营收(亿美元)	DHL(284.5)	中外运(121.7)
8	最大的国内三方物流企业及规模(亿美元)	C. H. Robinson(154.9)	安吉物流(32)

(2)按照物流成本与国内生产总值比值,我国远高于美国。2018 年美国企业物流成本占国内生产总值的比重达到7.9%,创十年内最高。2019 年,该指标回归到7.6%。电子商务的兴起正在扩大物流活动的范围。2020 年,美国商业物流成本与国内生产总值的比值进一步下降至7.44%。2020 年,我国社会物流成本与国内生产总值的比值为14.7%。如图 15-6 所示,虽然十年来中美两国社会物流成本占国内生产总值比值的差距由 2011 年的 10% 缩减到约 7%,但是我国与美国仍有比较大的差距。

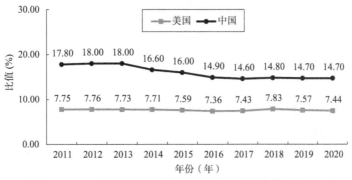

图 15-6 2020 年中国与美国物流成本与国内生产总值的比值对比

中美两国物流成本结构整体相似,见表15-9。运输成本占比均超过一半,相较于美国,中国保管成本较高,约为美国的2倍,后续仍需进一步提高供应链管理水平、压缩仓储成本。

2020年中美物流成本结构对比　　　　　　　　　　　　表15-9

物流成本结构	中　国			美　国		
	费用 (万亿元)	占比 (%)	增长率(%) (2020/2019)	费用 (万亿元)	占比 (%)	增长率(%) (2020/2019)
运输成本	7.8	52.3	0.1	6.8	68.0	0.8
保管成本	5.1	34.2	3.9	2.5	24.5	-15.0
其他成本	1.9	12.8	1.3	0.8	7.5	-4.9
社会物流总成本	14.9	100.0	2.0	10.1	100.0	-1.0

(3)按照物流绩效指数,我国与美国仍有一定差距。根据世界银行最新发布的《2018年全球物流绩效指数排名》,美国得分为3.92分,排名第10位;中国得分为3.60分,排名第27位;德国继续排名第1位。如图15-7所示,中国与美国在海关通关、追踪与追溯、准时性等方面差距明显。从分项得分情况来看,中国单项得分较高的两项是预定交货时间内送达收货人的频率、得分为3.84分,以及贸易和运输基础设施的质量、得分是3.75分;单项得分最低的是海关和边境管理清关的效率,得分为3.29分。

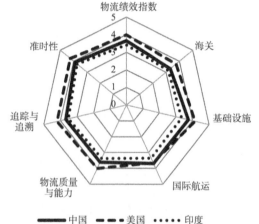

图15-7　中国与美国物流绩效指数(LPI)对比
数据来源:世界银行,物流绩效指数报告(LPI,2018)。

造成以上流通效率差距的主要原因如下:

(1)产业结构差异,美国的第三产业占比为80.2%,处于工业化后期,物流服务的对象多属于附加值高、时效性强的产品,对物流的时效性、精准度和品质要求较高。我国的第三产业占比为53.9%,处于工业化中后期阶段,大宗能源货物运输与现代物流并存,对物流既有低附加值的运输服务需求,也有高附加值的物流服务需求,创造一个单位的生产总值工业消耗的物流量和流通费用要高得多。

(2)运输结构差异,我国运输方式结构性矛盾仍较突出,公路承担了过多的中长距离货物及大宗货物运输。

(3)组织结构差异,我国流通市场集中度低,企业规模化程度低,运输链一体化组织、供应链管理水平有待提高。

(4)技术结构差异,运输工具的机械化、自动化和科技化应用水平有一定差距。中国与美国运输结构对比如图15-8所示。

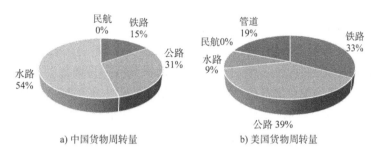

图 15-8　中国与美国运输结构对比

二、对我国物流的启示

(一)制定国家供应链物流安全战略

随着经济全球化进入新常态,国家产业链和供应链安全成为总体国家安全观的重要内容。2012 年,美国白宫发布《全球供应链安全国家战略》,正式将供应链安全作为一项国家战略。2017 年 12 月,特朗普政府的《国家安全战略》,明确提出"为充满活力的国内制造业、坚实的国防工业基础以及有弹性的供应链提供支持,是国家的优先事项",表明美国正式将供应链安全纳入国家安全的整体框架内予以重视。有必要从国家总体安全的战略高度,完善我国的供应链安全战略:一方面要完全完善海外投送基础设施体系,构建由全货机、战略性应急通道、海外仓、港口航空枢纽等组成的国际航空物流供应链体系,增强网络韧性;减少战略性通道的对外依赖程度;另外一方面要依托长三角、京津冀、珠三角等世界级城市群建设具有全球影响力的国际交通枢纽,突出枢纽的国际服务功能及与后方城市的区域化建设,最大程度承接全球供应链转移的溢出效应。

(二)提高交通物流网络韧性能力

2019 年,美国由于天气和气候灾害造成的交通损失达到 140 亿美元,并且重大灾害次数逐年显著增加。麦肯锡全球研究院的《亚洲的气候风险与应对措施:研究预览》指出,到 2050 年,由于温度和湿度增加,亚洲平均每年将有 2.8 万亿～4.7 万亿美元的地区生产总值面临威胁。我国是世界上自然灾害最为严重的国家之一,新冠肺炎疫情、洪水都凸显了基础设施风险管控与韧性对于生命和生计的重要性。提高我国基础设施韧性能力,建立重大交通基础设施风险时空大数据平台,整理国土、气象、自然灾害与交通基础设施和运输服务等多源数据,开展交通基础设施韧性评价、风险评估和预防修护等前瞻性研究。

(三)丰富货运统计指标和大数据统计制度

我国现有的货运统计指标主要为货运量和周转量,且统计方法以抽样调查和模型推算为主,已远远不能满足重大规划和项目投资的需要。完善货运统计制度,一方面需要增加货值、货类等重要的货运指标,实施掌握重点货类的流量流向,支撑国民经济发展;另外一方面,需要扩展宏观经济、产业运行、手机信令、货运企业、货主企业、大数据公司等多源数据来源,依靠 5G、车载终端(OBU)、物联网等现代化技术手段,实现各类数据的汇聚和共享,通过大数据交叉匹配,完善数据质量管控机制,提升货运行业统计数据的颗粒度和可信度。

(四)强化面向未来科技的法规制度研究

交通科技创新是全球应对货运发展不确定性的重要手段,各国均在大力推动5G、车路协同、自动驾驶等技术的商业化应用,美国也提出确保美国在自动驾驶4.0(AV4.0)时代的领先地位。但是,相对于如火如荼的技术创新,我国的法律法规面向未来交通场景显得尤为滞后,成为限制交通创新发展的主要障碍之一。面向未来科技前沿,建议建立制度化的资金资助计划,针对自动驾驶无人路测、责任保险制度、数据安全和用户隐私等重大问题,加强政策储备和立法研究工作。

第十六章 航空物流枢纽城市:孟菲斯

孟菲斯(Memphis)位于美国田纳西州,是美国重要的交通枢纽和物流中心,也是全球极负盛名的航空物流枢纽城市。孟菲斯拥有世界上最繁忙的专业性航空货运枢纽——孟菲斯国际机场,作为联邦快递(Fedex)在全球的航空快递超级转运中心,"联邦快递+孟菲斯"开创的轴辐式运输模式,不仅大幅提高了航空运输效率,更是吸引医疗设备、电子器械、计算机硬件等高时效性的高端产业聚集,成为临空枢纽经济发展的典范。

第一节 孟菲斯基本情况

一、经济社会简介

孟菲斯地处美国中南部,总面积763.4平方公里,是田纳西州最大的城市,也是美国的第17大城市。2019年,孟菲斯总人口约为65.1万人,实现地区生产总值达到788.67亿美元,占全美经济的0.37%,全市居民人均收入2.19万美元。孟菲斯曾是全美棉花交易的中心,到20世纪70年代后,随着联邦快递在孟菲斯建设超级转运中心,美国的航空物流业开始高速发展。2020年,孟菲斯机场货运量达到461.3万吨,排名世界第一。随着孟菲斯国际机场的快速崛起,孟菲斯吸引了大量产业向城市集聚,其中运输与仓储业是第一大产业,并形成了以纺织、取暖设备、钢琴、汽车零部件制造、医疗器械制造等产业为核心的产业体系,是美国中南部最大的制造业中心。2009年,全球知名地产服务公司Cushman & Wakefield发布的《贸易新时代白皮书》,将孟菲斯列为能够满足物流行业发展需要的全美四座城市之一(其他三座分别为达拉斯、芝加哥、亚特兰大)。

二、交通基础设施简介

作为美国重要的交通枢纽和物流中心,孟菲斯基本形成了联东启西、沟通南北的交通运输网络。以孟菲斯为起点的综合交通运输体系,可以覆盖全美100多个大中城市,城市辐射能力较强。

(1)航空方面:孟菲斯市拥有全球第二、全美最大的航空货运枢纽机场——孟菲斯国际机场。机场占地面积约1500公顷,拥有3座航站楼和4条跑道。其中,3条平行跑道(18-36)呈南北走向,东侧两条近距跑道与西侧跑道相距约1000米,构成开口V形;东西向的跑道(9-27)为货运专用跑道。表16-1列出了孟菲斯国际机场基础设施情况。目前,孟菲斯共有9家航空公司在场内运营,拥有航线48条,联通了3个国家和地区的42个城市。孟菲斯国际机场是联邦快递的总部所在地和美国西北航空的第三大转运中心,同时也是海港航空和南方航空快递的枢纽机场。2020年,孟菲斯国际机场货邮吞吐量为461.3万吨,较2019年增长6.7%。

孟菲斯国际机场基础设施情况　　　　表16-1

名称	TA航站楼	TB航站楼		TC航站楼
面积(平方米)	31532	66589		26581
航站楼总面积(平方米)	124672			
跑道偏号	18C-36C	18L-36R	18R-36L	9-27
长度(米)	3389	2700	2700	4200
宽度(米)	46	60	60	45
方向	南北	南北	南北	东西
容量(架次/小时)	144~160			

(2)水运方面:孟菲斯市位于密西西比河西侧,地处下契卡索陡岸(Chickasaw Bluff)上方,是狼河(Wolf River)的河口,位于著名的俄亥俄快递中枢带,拥有美国第二大的内河枢纽港口孟菲斯港。

(3)铁路方面:UP、BNSF、NS、CSX以及CN等5个一级铁路公司均在孟菲斯市所辖区域内运营;同时,孟菲斯铁路沿线共拥有6个铁路码头。

(4)公路方面:孟菲斯境内有2条纵贯全美的州际公路,7条沟通周围其他城市的高速公路。

(5)多式联运体系方面:孟菲斯国际机场范围内拥有3个航空和铁路多式联运终端,密西西比河沿岸拥有12个以港口为基地的多式联运终端,空铁联运、空公联运、铁水联运等多种联运体系十分发达。

三、物流发展情况简介

孟菲斯国际机场是全球最繁忙的货运机场,货物吞吐量连续多年位居世界前列,见表16-2。孟菲斯国际机场机场内有专门的货物转运中心,建筑内部包含出入方便的货物存储间、交叉性的码头设计、危险品存储间、冷藏间、木工工作间、公共休息室和接待室、办公区域及管理室等功能,可以满足货物快速处理的所有要求。机场周边配套设计吞吐能力超过50万集装箱的BNSF多式联运场站,设有8台大轨式门吊,其中5台作为装卸铁路车辆的起重机,能够覆盖场站内全部铁路线路,可以大大提高联运作业效率。与此同时,场站内部还提供甩挂、空箱堆存等服务,是全美规模最大的内陆集装箱站场之一。

全球航空枢纽货邮吞吐量排名　　　　　表 16-2

2019 年			2020 年		
排序	机场名称	吞吐量（万吨）	排序	机场名称	吞吐量（万吨）
1	香港国际机场	481.0	1	孟菲斯国际机场	461.3
2	孟菲斯国际机场	432.4	2	香港国际机场	447.7
3	上海浦东国际机场	363.4	3	上海浦东国际机场	368.6
4	路易维尔国际机场	279.0	4	安克雷奇国际机场	315.7
5	仁川国际机场	276.4	5	路易维尔国际机场	291.7
6	安克雷奇国际机场	276.3	6	仁川国际机场	276.4
7	迪拜国际机场	251.4	7	台北桃园国际机场	234.2
8	洛杉矶国际机场	231.1	8	洛杉矶国际机场	222.9
9	台北桃园国际机场	218.2	9	多哈国际机场	217.5
10	东京成田国际机场	210.4	10	迈阿密国际机场	213.7

资料来源：Airports Council International. Annual World Airport Traffic Dataset, 2020—2021。

为促进区域物流行业发展，孟菲斯地方政府出台多项举措，支撑以航空货运为核心的物流行业发展。财政补贴方面，州政府每年给予机场及相关物流企业固定额度的税收减免。土地政策配套方面，政府预留机场周边大片土地供联邦快递规划使用，为联邦快递战略布局发展保驾护航。同时，地方政府持续推进机场及周边地区的基础设施配套服务升级，进一步促进了物流运输效率的提升。

第二节　孟菲斯物流发展历程

航空货物运输是孟菲斯物流业发展的"最佳名片"。从 1973 年联邦快递开始将孟菲斯机场作为轴辐式运输网络的核心枢纽以来，孟菲斯用了 40 余年的时间，从一个美国南部的"棉花之都"发展成为世界著名的航空物流枢纽都市，向全球展示了其快速崛起的奇迹。整体上看，孟菲斯物流业发展可分为五个阶段。

一、以水运为主的发展起步期（19 世纪初—20 世纪 20 年代）

1819 年，孟菲斯正式建市。由于地势平坦、土地肥沃、气候适宜，大量农场主开始在城市周围经营棉花种植园，孟菲斯成为美国传统的棉花产区。到 19 世纪中叶，棉花产业逐渐成为美国最重要的支柱产业。由于棉花需要在天气温暖的南方地区种植,以棉花为工业原料的加工产业却布局在北方,由此催生出巨大的运输需求。1834 年,孟菲斯至新奥尔良(New Drleans)的内河运输航线正式开通。1857 年,铁路通过南卡罗来纳州的查尔斯顿(charleston)把孟菲斯与大西洋联通,孟菲斯的货物运输能力大幅度提升。随后,孟菲斯依托东西南北交汇的地理优势和密西西比河强大的漕运能力,建立了全美最富影响力的棉花交易市场之一——孟菲斯棉花市场,成为全美重要的资源集散地。这一时期,孟菲斯逐渐成为以密西西比河内河运输为核心的物流枢纽,物流产品包含棉花、棉制品、硬木、木制品,全市物流运输服务水平取得了一定发展。

二、多种运输方式分散发展期(20 世纪 20 年代—20 世纪 60 年代)

进入 20 世纪后,由于棉花贸易逐渐从产区向人口密集的商业中心转移,加上伊利诺斯—密歇根运河的建成促使棉花运输需求分流,孟菲斯内河运输的优势不在,城市货物运输需求表现逐渐低迷。1929 年,孟菲斯市机场开始建成运营,但是机场只有 3 个机库和 1 个跑道,每天仅能运营 4 个航班,运输能力十分有限。1963 年,拥有 22 个登机口的孟菲斯都市机场开通,孟菲斯开始拥有了现代化的航空运输机场。1969 年,孟菲斯都市机场更名为孟菲斯国际机场,航空运输业务从单纯国内业务转向国内国际、客货运输同步发展。这一时期,孟菲斯的物流业发展主要依赖于自身地理区位优势的发挥,铁路运输、公路运输、内河运输及航空运输水平虽有所提升,货物运输整体发展缓慢且缺乏特色。

三、以航空货运为核心的快速发展期(20 世纪 70 年代—20 世纪 90 年代初期)

1973 年,联邦快递公司将公司总部从临近的阿肯色州搬迁至孟菲斯,同时将自身的美国国内货运中心设在孟菲斯国际机场,孟菲斯国际机场航空货运业务开始快速发展。1981 年,联邦快递开始尝试采用轴辐式(Hub-and-spoke)运输方式进行快速运作,在孟菲斯国际机场内部投资建设的超级转运中心开始投入使用,隔夜递送业务也正式开展,航空货邮吞吐量快速增加,取得了巨大成功。联邦快运与孟菲斯机场发展历程如图 16-1 所示。

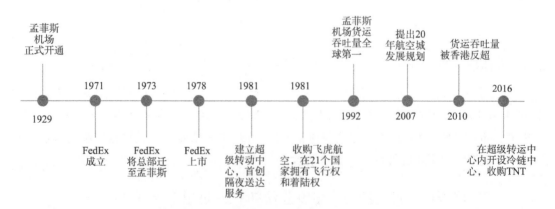

图 16-1 联邦快运与孟菲斯机场发展历程

资料来源:黄盈,姜明. 复盘孟菲斯:从 FedEx 起飞之,我们得到了什么[R]. 天风证券,2020 年 6 月。

1992年,孟菲斯国际机场货运量突破100万吨,成为全球货邮吞吐量第一的航空枢纽。这一时期,依靠联邦快递自身的货物资源,大量的货物开始在孟菲斯国际机场集聚分拨,以航空货物运输为核心的物流模式开始逐步形成。

> **专栏　联邦快递的隔夜递送业务**
>
> 　　20世纪70年代,联邦快递创始人弗雷德·史密斯(FRED SMITH)发现,只要联邦快递可以按交货期限要求交货(如第二天上午10点或下午交货),包裹在飞去(回)分拣中心过程中产生的任何延误都无关紧要。因此,联邦快递推出了隔夜递送业务。
>
> 　　通常情况下,联邦快递的货物都是在傍晚收到,需要早上交付。如果采用集中后直接发货的模式,一旦遇到空域拥堵或飞机晚点的情况,货物运输的时效性将受到较大影响。考虑美国横跨多个时区,东海岸的人口集中区要比孟菲斯早1个小时开始一天的工作,而西海岸则要晚2个小时,联邦快递充分利用时差,有针对性地设计了两种航空货运模式。
>
> 　　对于在孟菲斯进港的货物,假设东海岸的货物在当地时间的傍晚起飞,到达孟菲斯时仍能进行分拣工作。若西海岸的货物在当地时间傍晚起飞,到站时已经是深夜。由于西海岸最后一班进港航班和第一班出港飞机之间的时间差刚好足够分拣包裹,因此,夜间作业也不会造成分拣中心阻塞。
>
> 　　对于从孟菲斯出港的货物,以华盛顿(东海岸)和旧金山(西海岸)为例,联邦快递将发往华盛顿(东海岸)的货物集中后在凌晨3点起飞,2个小时后即可在华盛顿当地时间上午6点落地;对于前往旧金山(西海岸)的货物,飞机也可以安排在凌晨3点起飞,因为时差,飞行5个小时之后在当地时间上午6点到港,完成第二天上午的交付工作。

四、以航空货运为核心的繁荣发展期(20世纪末—21世纪初)

1994年,联邦快递成为当时获得ISO 9001国际品质认证的唯一一家全球性快递公司,构建全球化的综合物流网络成为其业务发展的核心。1995年,联邦快递在菲律宾建立第一个亚太转运中心。1999年,联邦快递在巴黎戴高乐机场设立了欧洲转运中心。同时,联邦快递通过对天地快件有限公司(ANC)、天津大田等公司的并购,进一步强化了自身在非美国市场的影响力,而在亚太及欧洲市场的战略布局极大地延伸了联邦快递的业务范围。1993—2002年间,孟菲斯国际机场货邮吞吐量以超过13%的增速快速增长。到2010年,孟菲斯国际机场已经连续17年占据货邮吞吐量全球第一宝座,是名副其实的全球航空货运霸主。这一时期,航空货运高时效性的优势开始显现,国际航空快递业务增速迅猛,加上多式联运体系的逐渐完善,孟菲斯地区航空运输与公路运输、铁路运输、内河运输的协同效率实现明显提升,孟菲斯国际物流枢纽城市的地位得到了进一步突出,航空物流成为孟菲斯城市的"新名片"。20世纪末至21世纪初孟菲斯国际机场货邮吞吐量如图16-2所示。

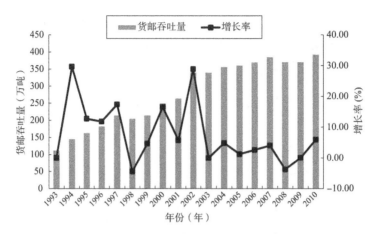

图 16-2　20 世纪末至 21 世纪初孟菲斯国际机场货邮吞吐量
资料来源：天风证券．复盘孟菲斯：从 FedEx 起飞之地，我们得到了什么。

五、以航空货运为核心的发展稳定期(21 世纪初至今)

2005 年,孟菲斯国际机场年旅客吞吐量曾达到千万吨量级。2008 年,孟菲斯国际机场支线航班开始减少,旅客吞吐量开始下滑,加之金融危机影响,货邮吞吐量增速也随之大幅下降。2010 年,孟菲斯国际机场航空货邮吞吐量被香港国际机场反超,首次让出了全球航空货运枢纽龙头地位。2013 年,达美航空取消孟菲斯国际机场的客运枢纽战略,孟菲斯国际机场的旅客吞吐量出现断崖式下跌。由于孟菲斯国际机场客运业务不断被货运业务压缩,客运飞机起降占比不足 25%,有限的客运业务难以带来大运量航空货物运输需求。表 16-3 汇总了 2012—2016 年孟菲斯国际机场的运营情况。

孟菲斯国际机场运营情况(2012—2016 年)　　　　　　　　　　表 16-3

运营用途	使用频次(万次)					使用占比(%)				
	2012 年	2013 年	2014 年	2015 年	2016 年	2012 年	2013 年	2014 年	2015 年	2016 年
国内商用客机	2.8	2.4	1.9	2.0	2.4	10.3	10.1	8.5	9.3	10.6
国内货运飞机	11.3	11.4	11.9	12.1	12.6	41.7	49.0	54.5	55.2	56.1
国际商用客机	0.084	0.005	0.005	0.021	0.002	0.311	0.020	0.024	0.096	0.011
国际货运飞机	1.2	1.2	1.2	1.1	1.2	4.4	5.2	5.5	5.2	5.2
通勤	8.8	5.6	3.6	3.4	3.0	32.5	23.8	16.5	15.4	13.2
通用航空	2.8	5.6	3.0	3.0	3.1	10.2	24.1	13.8	13.9	14.0
军事	0.1	0.1	0.2	0.2	0.2	0.5	0.6	1.1	1.0	0.9
飞机运营总数	27.1	23.3	21.9	21.9	22.5	100	100	100	100	100

资料来源：孟菲斯国际机场官网。

与此同时,随着联邦快递在全球布局多个国际转运中心,孟菲斯在国际航空货运体系中的核心地位逐渐下降,国内航空货运所占比例逐渐上升,孟菲斯的航空货运业务对美国本土市场依赖性逐步增加。自 2013 年起,孟菲斯国际机场货邮吞吐量虽保持了增长,但同比增速已降低至 4% 以下,航空货运业务进入发展的稳定期。2020 年,受疫情影响,国际贸易需求锐减,以国内航空货物运输业务为核心的孟菲斯国际机场航空货邮吞吐量逆势增长,重新夺回了全球航空货运枢纽龙头地位。21 世纪初至今孟菲斯国际机场货邮吞吐量如图 16-3 所示。

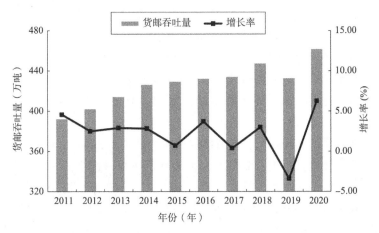

图 16-3　21 世纪初至今孟菲斯国际机场货邮吞吐量
资料来源:天风证券.复盘孟菲斯:从 FedEx 起飞之地,我们得到了什么。

第三节　孟菲斯物流发展特色

一、"天时 + 地利",充分利用自身区位优势

孟菲斯市位于美国中南部,气候比较温和。与美国中部平原地区其他航空枢纽相比,孟菲斯地区极少受浓雾、飓风、暴风雪、结冰等恶劣天气影响,能够实现夜间货运作业,保障机场一年四季不停航,可以有效强化资源利用效率,提升物流运输时效性。从地理区位上看,孟菲斯地处全美南方城市群与北方城市群航线的交叉地带,具备建设航空枢纽的天然优势。为进一步提升城市能级、扩大孟菲斯国际机场腹地面积、提升物流运输效率,孟菲斯政府大力发展多式联运体系,在密西西比河沿岸规划建设铁路码头,促进空铁联运、空公联运、铁水联运发展,保障货运集装箱可以在 10 小时之内抵达美国本土三分之二的地区,有效提高了货物的集散效率,进一步推动了孟菲斯航空物流枢纽城市地位的提升。

二、"快递 + 航空物流",物流企业与机场运营协同发展

1973 年,孟菲斯国际机场的优越地理位置吸引了当时仍处于成长期的联邦快递入驻,带动孟菲斯国际机场货运量开始快速增长。美国放松对运输业的管制政策后,孟菲斯国际机场的航空货运潜力得到进一步释放,联邦快递在孟菲斯国际机场建设了全球最大的航空货

运基地—超级转运中心,极大地提升了转运效率,航空货运和第三方物流业务由此得到长足发展。

> **专栏 联邦快递的超级转运中心**
>
> 联邦快递的超级转运中心是孟菲斯国际机场的核心功能。联邦快递的孟菲斯超级转运中心占地约364公顷(364万平方米),占据了整个机场约四分之一的面积。同时,联邦快递的超级转运中心紧邻跑道、飞机起降十分便利。从资源配置上看,孟菲斯国际机场将东西朝向的货运专用跑道(9-27)划归联邦快递专用,允许联邦快递在9-27号跑道的南北侧建设货运设施(包括分拣设施、飞机库、飞机坡道区、停车场、飞行训练和燃料设施、行政办公楼和仓库),进一步促进联邦快递货品在机场内部的流转效率提升。
>
> 2016年5月,联邦快递在孟菲斯超级转运中心开设冷链中心,冷链中心占地面积约7710平方米(新增面积),是专为运输对温度敏感的医疗保健产品和易腐产品设计的。
>
> 2018年3月,美国田纳西州州长比尔·哈斯拉姆与联邦快递集团董事会主席兼首席执行官施伟德共同宣布将对孟菲斯的联邦快递超级转运中心进行升级。建设内容包括:建造一座大型的全新分拣建筑物,并在新建筑物内安装最先进的分拣系统;建造大型货车分拣设施,以及建造一个能提高处理超大体积货件能力的新区域,以便更好地适应电子商务的发展需求。

2016年,联邦快递完成对TNT收购后,自有机队飞机总数达到713架,孟菲斯国际机场亦成为全球最大航空货运企业最大的转运中心。目前,联邦快递94%的货物通过孟菲斯超级转运中心进行分拣中转作用,每个月有超过5000次航班通过孟菲斯国际机场飞向全球各地。仅以1993—2002年为例,联邦快递几乎贡献了孟菲斯国际机场全部货运量的95%以上。如图16-4所示,联邦快递的发展和孟菲斯国际机场相互成就奠定了孟菲斯的国际航空货运枢纽和国际航空大都市的地位。

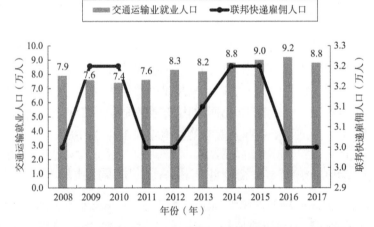

图16-4 孟菲斯地区交通运输业就业人口及联邦快递雇佣人口示意图

资料来源:天风证券.复盘孟菲斯:从FedEx起飞之地,我们得到了什么;张璇.孟菲斯国际机场快速崛起发展经验研究.

三、"分拣+转运",具备货运特色的基础设施保障高效中转

为保障快速增长的航空货运需求,联邦快递在孟菲斯建立了一个空空中转的航空轴辐式系统:先将货物集中再分散,即包裹先通过一架货机运到"转运中心"进行分拣,重新装上其他货机后,再运往不同的目的地,可以提高货运飞机的实载率和运输效率。

> **专栏　轴辐式系统简介**
>
> 　　轴辐式的物流网络就是将一种物流运输中的一个或多个节点设置成为枢纽中心站,而非中心站的节点均由中心站点彼此相连的物流网络结构(图16-5)。通常情况下,轴辐式物流系统内的货物先由各节点运送至枢纽中心,经过分拣后再根据目的地进行集中运输,以此降低单位运输成本,在物流系统中形成规模效应,提高资源利用率。
>
> 　　与完全联通的网络相比,轴辐式网络拥有明确的层次,可以按照实际运营需求将有限的资源更多地投入到枢纽中心站点的建设中,实现资源合理配置。对于轴辐式的航空运输网络,可以将运输需求集中于少数的枢纽机场,再根据不同航线的运输需求,灵活改变航班安排。相对点对点的直达航线(图16-6),轴辐式航空运输网络并未改变网络中的节点的数量,也没有改变网络中的运输量,却减少了节点之间连接的数量,从而使节点之间的运输量增加,有效降低了单位运输成本。
>
>
>
> 图16-5　轴辐式运输(层次分明、运输线路分类有序、成本低)　　图16-6　点对点运输(缺乏层次、运输线路数量繁多、成本高)

如图16-7所示,联邦快递选择将孟菲斯作为其航空货运网络的全球枢纽,在机场建立了全球航空货运网络的全球操作中心和超级转运中心,通过高效率的集中分拣,再分批运往全球各地。为配合大型货运飞机起降需求,孟菲斯国际机场为4条跑道配备了高精度精密仪表着陆系统,同时规划一条跑道专门用于联邦快递货运飞机起降。目前,孟菲斯超级转运中心向全球220个国家和地区提供服务,每天最多可操作164架飞机,设置白天和夜晚两个分拣系统,两个分拣系统日夜交替地工作,每小时最多可处理16万件包裹和26.5万件文件。

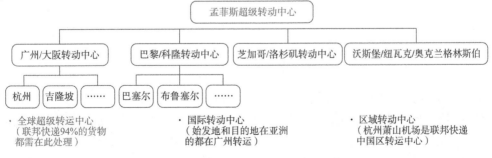

图16-7　联邦快递轴辐式转运中心布局示意图

四、"科技+物流",保障货物运输高效运行

高时效性是航空货物运输的核心竞争力。孟菲斯国际机场广泛应用信息化技术,依托中央计算机系统、数码辅助公派系统、包裹扫描系统、自动托运系统、自动化标签系统、电子通关系统等多种系统,打通了不同运营主体间的数据壁垒,为机场与港口、铁路公司,以及各大承运商、客户之间提供了便利的联系纽带,航空货运及以航空货运为核心的多式联运体系实现了高效便捷的运行。同时,孟菲斯国际机场与联邦快递合作,积极引进数码支援分发系统、条码技术,实现利用电子讯号对运输货物的追踪处理,有效完善了联邦快递全球速递服务网络,进一步提升了货物运输效率。

五、"空产城融合",航空物流深度融入城市发展战略

20世纪中期,孟菲斯政府逐渐将发展航空物流确定为城市发展战略。为吸引顶级物流企业入驻,孟菲斯政府开始着手大规模扩建机场,储备土地,修建连接机场、物流基地、国家干线的公路。在与联邦快递多次沟通后,政府承诺为企业申请20年低息贷款,并减免税收,最终促成了联邦快递落户孟菲斯。1982年,孟菲斯对外贸易区正式获批,以进出口、转运功能为核心,拓展制造功能的临空产业开始快速发展。2007年,孟菲斯政府正式提出20年航空城发展规划,意图吸引与航空物流高度相关的航空物流、高端制造、医疗服务等产业集聚。

依托航天城,孟菲斯已拥有世界第一大角膜银行—国家眼科银行中心、全美最大的医疗器械制造中心、美国中南部最大的医疗中心;耐克公司在航天城内建设了面积超过100万平方英尺(92903平方米)、世界最大的分拨中心;美国著名零售商Target Corporation也在孟菲斯布局了新的电子商务配送中心;全美最大的汽车修配连锁品牌AutoZone也将总部设在孟菲斯。目前,孟菲斯的临空产业已有超过1000家企业聚集,为地区创造了约14.0万个工作岗位和233亿美元的直接经济产值,见表16-4。

全球机场对当地经济影响对比   表16-4

机 场	经济价值(亿美元)	占当地生产总值比例(%)	创造岗位(个)
孟菲斯国际机场	233	35	139820
仁川国际机场	280.9	7.70	90000
香港国际机场	124.1	4.60	148158
丹佛国际机场	223	14.20	217459
巴黎机场集团	306	30	300000

资料来源:孟菲斯国际机场年报,方正证券研究所。

总体上看,联邦快递的入驻为孟菲斯国际机场带来了足够的货源和强劲的发展动力,也使孟菲斯迅速成为全球航空货运网络中的"超级核心"。参考孟菲斯航空货运枢纽的发展经验,航空货运机场的建设除了直接服务于航空运输的相关企业,也带来了显著的时效优势,有利于吸引医疗器械、高端制造、电子信息等对运输成本的不敏感、但对运输时效极其敏感的高附加值产业聚集。机场5公里以内的发展航空货运及相关直接产业,5~10公里发展航

空物流、航空制造等高附加值的时效性产业,外围发展生产性服务业和多元文化创意产业,圈层式的航空经济发展带动城市枢纽地位的大幅提升,有望成为全球重要的供应链中心之一。

  但也应该注意到,随着联邦快递在全球布局多个国际转运中心,孟菲斯在国际航空货运体系中的核心地位逐渐下降,国内航空货运所占比例逐渐上升。在外部环境冲击下,过度依赖航空货运业务的发展模式限制了孟菲斯作为国际航空货运枢纽城市的竞争力。因此,中国航空物流枢纽城市的建设,应在积极引入基地航空公司的基础上,更加重视高附加值的临空产业配套,推动构建更加开放的航空物流体系。同时,要充分发挥航空运输"以客带货"的功能,进一步拓宽航空货运市场,实现航空物流的多元化发展。

第十七章　铁路物流枢纽城市：芝加哥

芝加哥（Chicago）位于美国中西部密歇根湖的南部，拥有美国最大的多式联运枢纽和货物集散中心，是全美最重要的物流产业聚集区，也是美国最大的内陆港口和空运中心。美国每年约有25%的货运总量、50%的多式联运货运量以及75%的铁路货运量途径芝加哥，并吸引全球众多大型物流运输企业聚集，带动超过1000家工业和商业企业在此经营，为芝加哥经济发展提供了重要支撑，芝加哥大都会区成为仅次于纽约、洛杉矶的美国第三大都会区。经济高效的物流体系是芝加哥参与全球经济竞争、支撑美国在国际贸易中优势地位的重要保障，芝加哥也成为铁路主导的多式联运枢纽城市发展的样板。

第一节　芝加哥基本情况

芝加哥位于北美大陆中心地带，是美国第二大商业中心区、美国最大的期货市场和世界的国际金融中心，也是唯一位于内陆的美国一线城市。芝加哥由于发达的多式联运体系，物流业发展优势突出，多元产业发展也相对均衡。

一、芝加哥是美国重要的经济中心

芝加哥是全球最大的城市之一，也是仅次于纽约和洛杉矶的美国第三大城市。2019年，芝加哥拥有人口267.9万人，地区生产总值约为6980亿美元，全市居民人均收入2.86万美元。芝加哥是美国重要的工业、制造业中心，第二产业增加值占比约为60%，拥有以优势重工业为主、发达轻工业为辅的多元化产业体系。其中，农业机械、运输机械、化学、石油化工、电机、飞机发动机、印刷等产业在全国居领先地位，钢铁工业、肉类加工业位列美国第一。芝加哥是世界重要的金融中心，拥有仅次于纽约的全美第二大证券交易所；并拥有世界最大的易损货物交易市场之一的芝加哥商业交易所、成交额位居全美第一的芝加哥期货交易所，以及成交额在全美名列前茅的芝加哥交易局。此外，芝加哥是全球重要的展会举办中心，举办展会数量仅次于拉斯维加斯和奥兰多，是美国最大和世界第三大的会展中心。

二、芝加哥拥有强劲的企业吸引力

作为美国重要的总部经济集聚区，是包括芝加哥商业交易所集团在内的12家全球500强公司总部、17家财经500强公司总部所在地，以及波音公司、联合航空、卡夫食品、麦当劳等美国行业巨头公司总部。同时，芝加哥也是美国众多金融机构总部和分支机构所在地，拥有300多家美国银行、40家外国银行分行和16家保险公司，商业贷款数额上名列美国全国第3名,各种金融资产总额居美国联邦储备委员会管区的第三位,为芝加哥总部经济发展提供坚实的支撑。根据《财富》美国500强榜单,2019年,芝加哥以8422亿美元的企业销售总收入,位列美国城市企业销售总收入第3位,见表17-1。

2019年《财富》美国500强企业销售收入合计情况　　表17-1

序号	大都市区名称	企业总营收入(亿美元)
1	纽约大都市区	17750
2	达拉斯	9962
3	芝加哥	8422
4	圣何塞	8109
5	西雅图	6696
6	费耶特维尔-斯普林代尔-罗杰斯	5755
7	明尼阿波利斯	5629
8	旧金山	5618
9	华盛顿	4944
10	休斯顿	4891

资料来源:《财富》杂志2020年6/7月刊《财富500强企业的权力中心》。

三、芝加哥是美国重要的外商投资地

2018年,芝加哥吸引外商直接投资位列全球城市第16名,是美国唯一入围前20强的城市,连续七年成为美国吸引外商直接投资最多的城市,也是2018年公司企业总部迁入最多的美国城市。同时,根据《芝加哥凯恩商业周刊》(2018年),以芝加哥为核心的芝加哥大都会地区落实FDI项目241个,与2017年的222个相比增长约10%。大芝加哥地区共有1800多家外商企业,投资总额1400亿美元,芝加哥是海外投资者在美投资的重要目的地。

四、芝加哥是美国重要的交通枢纽

芝加哥拥有完善的综合交通运输网络和发达的货运物流业,是美国重要的多式联运枢纽。芝加哥是美国前10大贸易口岸之一,2019年通过芝加哥进出口的货值在1838亿美元,位列全美第5位,见表17-2。

2019年美国前10大国际贸易口岸　　表17-2

排名	口岸名称	运输方式	2018—2019年变化率(%)	贸易额(亿美元)
1	拉雷多	公路	-0.6	2268
2	纽约	水路	-3.2	2048
3	洛杉矶	水路	-8.1	2046
4	纽约肯尼迪机场	机场	-4.2	1843
5	芝加哥	机场	4.1	1838
6	长滩港	水路	-12.3	1615
7	休斯顿	水路	-1.2	1554
8	底特律	公路	-1.0	1327
9	洛杉矶机场	机场	-2.2	1171
10	萨凡纳	水路	4.3	1061

资料来源:美国运输部统计局。

(一)拥有横贯东西的陆路交通网络

芝加哥拥有美国最大的铁路货运枢纽。芝加哥共有41条合计1.61万公里铁路线,每天到发1300次铁路货运班列、3.9万节货车、2500万吨货物,年货运量突破5亿吨,铁路货运量居全美第一,是全美最繁忙的铁路枢纽之一。同时,芝加哥公路交通发达,拥有12条干线公路,是伊利诺伊州公路系统的中心,为公路运输发展成为货运核心支柱之一提供有力的基础设施保障。

(二)拥有美国最大的内河枢纽港

芝加哥港是五大湖地区的重要湖港,也是美国最大的内河港口之一。芝加哥港位于密歇根湖西南端,芝加哥河河口附近,可取道圣劳伦斯内河航道直达欧洲,也可依托密西西比河北部密集的支流河网借助驳船运输抵达墨西哥湾。同时,芝加哥拥有与港口联通的国家铁路和公路网,陆路集疏运体系完善,是美国中西部重要的国际枢纽。芝加哥港也是全球重要的集装箱运输中转站,芝加哥至西雅图、波特兰、长滩、奥克兰等主要港口的时间都在7天之内,日本横滨挂靠西雅图港经芝加哥中转至纽约终点站只需13天,比走巴拿马运河快约一周。因此,芝加哥港已成为美国总统轮船公司、丹麦马士基航运公司及日本川崎汽船公司等航运企业重要的集装箱运输的中转站,芝加哥港的门到门、门到港、港到门和港到港等国际多式联运业务非常繁忙。

(三)拥有全美第四大航空枢纽

芝加哥是美国重要的空运中心,拥有芝加哥奥黑尔国际机场(O'Hare International Airport)、中途国际机场(Midway International Airport)、梅格斯机场(Meigs Field,已停用)三大机场。其中,奥黑尔国际机场是芝加哥的主要机场,也是美国面积最大的机场,占地面积约29.14平方公里;建成运营5座航站楼、188个登机口、8条跑道和192个登机桥。同时拥有高速公路、地铁、通勤列车等联系市区及周边的外部交通,以及连接航站楼、停车场等内部设施的24小时机场捷运系统(APM),基础设施条件良好,为机场运营提供有力支撑。奥黑尔国际机场是世界上最繁忙的机场之一,航线覆盖全球各大洲各国和地区的主要城市,为全球超过70家航空公司提供服务,是美国联合航空的第二大基地和中转枢纽、美国航空的第二大枢纽和FedEx快递公司芝加哥机场空陆联运中心。同时,奥黑尔国际机场也是全球客流量最大的机场之一,2019年旅客吞吐量达8437.26万人次,居全球第6位、美国第3位,见表17-3。

2019年全球机场旅客吞吐量及排名情况　　　　表17-3

序号	机场	国家	地区	代码 (IATA/ICAO)	旅客吞吐量 (万人次)
1	哈兹菲尔德-杰克逊亚特兰大国际机场	美国	亚特兰大市 佐治亚州	ATL/KATL	11053.13
2	北京首都国际机场	中国	北京市 朝阳—顺义区	PEK/ZBAA	10001.14

续上表

序号	机场	国家	地区	代码（IATA/ICAO）	旅客吞吐量（万人次）
3	洛杉矶国际机场	美国	加利福尼亚州洛杉矶县	LAX/KLAX	8806.80
4	迪拜国际机场	阿拉伯联合酋长国	迪拜酋长国迪拜市	DXB/OMDB	8639.68
5	东京羽田机场	日本	东京都大田区	HND/RJTT	8550.51
6	奥黑尔国际机场	美国	伊利诺伊州芝加哥市	ORD/KORD	8437.26
7	伦敦希思罗机场	英国	伦敦希灵登区	LHR/EGLL	8088.83
8	上海浦东国际机场	中国	上海市浦东区	PVG/ZSPD	7615.34
9	夏尔·戴高乐机场	法国	巴黎	CDG/LFPG	7615.00
10	达拉-沃思堡国际机场	美国	德克萨斯州达拉斯—沃思堡都市圈	DFW/KDFW	7506.70

资料来源：国际机场协会（Airports Council International, ACI）。

第二节　芝加哥物流发展历程

一、发展历程

芝加哥物流业发展整体可分为五个阶段：19世纪初到19世纪40年代，以运河航运为主的起步期；19世纪40年代到19世纪末，以铁路运输为主、内河航运为辅的快速发展期；20世纪初到20世纪中期，芝加哥物流业发展进入繁荣期，公路、航空运输开始发展，并逐步由单一运输方式主导向多种运输方式竞争转变；20世纪中期到20世纪末，芝加哥物流发展进入转型发展期，公、铁、水、航得到长足发展，标准化载运工具得到推广应用，公、铁、水、航协调发展的多式联开始兴起；21世纪初至今，芝加哥物流业进入稳定发展期，各运输方式得到长足发展，多式联运体系实现进一步完善，现代化物流体系正在加速形成。

(一) 起步期(19世纪初—19世纪40年代)

19世纪初期,芝加哥交通基础设施建设整体滞后,物流运输以道路运输为主,道路周期性拥堵、气候影响大、运输时效性差等问题突出,极大地限制了地区间经济贸易往来。受纽约伊利运河的影响,芝加哥从19世纪20年代开始谋划运河修建,并于1848年建成全长96英里的伊利诺斯—密歇根运河。以密西西比河、圣路易斯和墨西哥湾为节点,芝加哥基本形成了便捷联系纽约和欧洲市场的水上运输大通道。这一时期,伊利诺斯芝加哥密歇根运河代替陆路运输成为西部地区粮食运输的主要通道,物流成本、服务水平得到明显提升;但铁路、航空运输缺失,公路基础设施落后,运河航道等级有限等因素仍在一定程度上制约着芝加哥物流业的发展。

(二) 发展期(19世纪40年代—19世纪末)

1848年,以加纳利和芝加哥联合铁路建成运营为起点,芝加哥迎来干线铁路的快速发展期,先后建成通往密西西比河和俄亥俄河的东西铁路线,成为美国中西部第一个开通西行铁路线的城市,为芝加哥建设成为美国东西部货物集散中心奠定基础。到1857年,芝加哥铁路线总长达到3000英里;1861年,芝加哥成为全球拥有最多铁路线的城市。19世纪80年代,芝加哥更是实现了镇镇通铁路,芝加哥作为全美铁路枢纽中心、美国经济发展领头羊的地位逐步确立。这一时期,芝加哥铁路运输高速发展,而伊利诺斯—密歇根运河则由于维护投资大幅缩减导致内河航运量急剧下滑,铁路运输取代内河运输,铁路运输成为芝加哥主要的运输方式,并逐步在运输系统中占据主导地位。与此同时,铁路运输垄断地位带来的铁路运价高昂、运力不足等问题日趋凸显,政府部门通过立法等手段,试图打破铁路运输垄断地位,提升物流运输业的服务效率。

(三) 繁荣期(20世纪初—20世纪中期)

20世纪初,芝加哥铁路网不断扩大,运能稳步提升。铁路在芝加哥运输系统中仍处于主导甚至垄断地位,与此同时,铁路运输垄断带来的效率问题引起政府的关注。1901年,美国总统西奥多·罗斯福倡导通过立法复兴运河水运,打破铁路运输垄断地位。此后,芝加哥水运运量明显回升,船运价格优势得到凸显。此外,芝加哥航空邮政服务也开始起步,1923年芝加哥中途国际机场建成运营,芝加哥市航空运输服务得到迅速发展,中途国际机场也成为世界最繁忙的机场之一。这一时期,公路的汽车运输和航空货邮服务得到有效发展,公路、航空凭借快速、便捷的运输优势,吸引了部分铁路货物,铁路运输开始向以大宗货物运输为主的方向发展,水路运输运价、运量优势逐步显现,芝加哥迈入公、铁、水、航运输开放竞争、比较优势充分发挥的起步阶段。

(四) 转型期(20世纪中期—20世纪末)

1956年,以联邦援助公路法案(Federal-Aid Highway Act)获批为起点,美国开启了州际高速公路系统建设工作,扫清了大型载货汽车进入城镇、农村地区的障碍,叠加柴油价格低廉优势,公路货运得到迅速发展,抢占了大量铁路运输市场,铁路货运量占比呈现下降趋势。但整体而言,芝加哥铁路系统仍保持繁忙运作状态,芝加哥作为全美最大铁路枢纽的地位也仍然比较突出。芝加哥航空货运实现进一步发展,1955年奥黑尔国际机场正式建成运营,有效解决了芝加哥城市发展与中途机场航空运输需求增长之间的矛盾,奥黑尔国际机场迅速取代中途机场成为芝加哥主要机场,芝加哥水、铁、公协调配合的运输模式开始形成。1961年,海洋运输业集装箱标准化实施,以集装箱为载体,船舶、火车、汽车协调配合的多式联运开始兴起。这一时期,芝加哥公、铁、水、航各种运输方式均得到长足发展,标准化载运工具创新取得明显成效,芝加哥物流业开始由各运输方式开放竞争向协调配合方向转变,全市货运效率得到明显提升。

(五)稳定发展期(21世纪初至今)

21世纪后,芝加哥物流业进入稳定发展期,铁路货运洲际配送中心地位逐步形成,大宗货物成为铁路运输的主要货类。道路汽车运输地位进一步上升,大芝加哥地区汽车货运量高于铁路、航空、水运三种方式的总和,汽车货运模式在大芝加哥地区物流系统中处于核心地位。航空运输稳步发展,2020年奥黑尔机场的货运量(按质量计)增长了14.8%、达到200多万吨,货机航班增长了25%、达到30399架次,主要服务于长距离、高价值货物运输。芝加哥地区是五大湖地区唯一通向密西西比河航运网络的地区,但近几年内河航道水位的下降极大地限制了芝加哥地区水路运输的发展,水路货运量整体呈下降趋势,芝加哥水路运输仍需进一步挖掘。芝加哥地区多式联运实现快速发展,已成为全美规模最大、增速最快的多式联运枢纽。图17-1所示为芝加哥物流运输业发展历程。

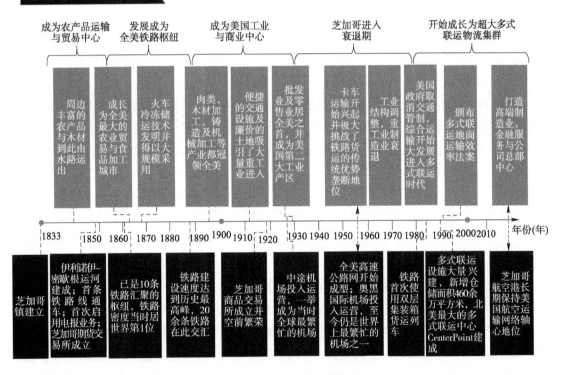

图17-1 芝加哥物流运输业发展历程

二、发展现状

目前,芝加哥所在的北美五大湖城市群有近200万人直接受雇于包括公路运输、公共汽车、班列运输、航空与船运、港口与仓储作业等在内的物流货运产业,每年产生了超过3000亿美元的地区生产总值和8700万美元的税收。芝加哥在铁路、航空、铁路、仓储、物流等方面均居全美领导地位,交通运输与物流业产业集群专业化水平位列全美第3位,运输和物流行业带动了超过20万个工作岗位及258亿美元的地区生产总值。北美五大湖城市群交通运输与物流仓储业就业规模与占比如图17-2所示。

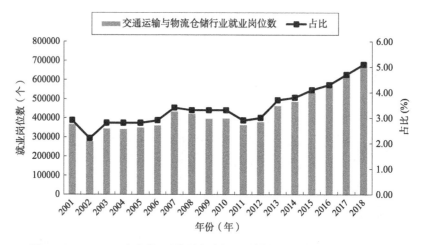

图17-2　2001—2018年北美五大湖城市群交通运输与物流仓储业就业规模与占比
资料来源:四川物流产业研究院.他山之石——北美五大湖城市群物流产业发展经验借鉴。

(一)在营集装箱多式联运车站数量居全美前列

芝加哥依托优越的区位优势和发达的交通网络,吸引了众多全球性大型物流企业落地发展,有效刺激了芝加哥多式联运枢纽站的布局的完善。目前,芝加哥已形成28个大型多式联运枢纽站,承担了美国60%集装箱中转业务,集装箱年办理量达到500万标箱,日进出车站的汽车数量达到15000辆次,其中约1/3辆次属于穿越市区的转运货物、1/3辆次属于当地的到发货物,1/3辆次属于周边到发货物。从分公司来看,美国既有7家Ⅰ级铁路公司(包括加拿大2家)在芝加哥设立集装箱多式联运车站超过19个,平均面积超过1平方公里,远多于纽约(10个)、孟菲斯(7个)、洛山矶(6个)、堪萨斯(6个)等城市,数量上居全美前列,为芝加哥保持在全美贸易中的优势地位,提升经济实力提供重要保障。

(二)建成运营多个高能级复合型国际物流枢纽

芝加哥是北美最大的国际多式联运枢纽城市,建成运营埃尔伍德-朱利埃特综合物流基地、西塞克斯(CSX)公司芝加哥公铁联运站等多个高能级复合型物流枢纽。其中,埃尔伍德-朱利埃特综合物流基地是全美最大、效率最高的内陆港和物流集散中心,面积超过39000亩,年设计能力达到600万标箱,年吞吐量超过300万标箱,园区内拥有北伯林顿铁路公司芝加哥物流园区、联合太平洋公司多式联运中心两大多式联运场站,可以为沃尔玛、佐治亚太平洋公司、三洋物流、马士基等客户提供往返于西海岸各主要港口的国际集装箱多式联运服务和北美地区汽车铁路联运服务,如图17-3所示。CSX公司芝加哥公铁联运站是CSX公司最大的多式联运设施,占地面积约为1.2平方公里,已常态化开行直达纽约/新泽西港和弗吉尼亚等地港口的货运班列,基本建立起了3天抵达新泽西州、2天抵达新英格兰或佛罗里达的货运班线网络。

图17-3　芝加哥多式联运综合物流基地

(三)基本建立起完善的多式联运服务体系

芝加哥机场已形成以公路和铁路为核心的对外运输通道,港口、多式联运枢纽站相互协调配合,衔接重要枢纽节点的集疏运体系进一步完善,覆盖重点枢纽场站的综合交通基础设施体系基本建成。全市陆空联运、陆海联运、公铁联运等多式联运的发展基础良好,已成为五大湖城市群乃至全美重要的多式联运枢纽城市。成熟的市场化竞争体制基本建立,美国铁路货运呈现出同环节多方竞争、上下游开放合作的局面,促使芝加哥铁路货运呈现出既充分竞争、有效激发市场活力,又协调合作提升核心业务服务水平的局面,大幅提高了整个物流业的生产效率和服务质量。第三方物流服务体系日益成熟,芝加哥拥有众多提供专业服务的第三方物流公司,可以有效满足不同客户多样化的物流需求,有效提升全市物流服务水平。

(四)基于物流集群实现了物流资源的有效集聚

芝加哥政府在充分考虑产业布局的基础上,规划了包括北芝加哥区(North Chicagoland)、大奥黑尔区(Greater O'Hare)、中途区(Core/Midway)、威尔郡区(Will County)、南库克区(South Cook)、福克斯河谷区(Fox River Valley)等在内的6个货运集群,覆盖了芝加哥地区71%的工业用地和82%的货运相关建筑面积,在有效保障芝加哥物流用地的同时,促进了全市物流资源集聚,对于推动全市物流逐步形成大体量规模经济及资源共享的运营优势等方面意义重大。芝加哥物流园区在企业引进过程中,充分考虑要素集聚对于提升全市物流资源空间利用率和物流效率的重要作用。以芝加哥CIC综合物流基地为例,已入驻40余家大型企业:54%为物流有关企业(与全球最大的13家海运公司的12家有多式联运合作),31%为制造加工企业,8%为沃尔玛等贸易相关的企业。同时配套了麦当劳、英国石油、7-11便利店等餐饮、加油、购物等服务企业,形成了较为完备的物流生态圈。此外,芝加哥政府重视公众的使用感受,在制定相关规划及基础设施建设过程中,均会公开征求市民相关意见,全面提升公众参与度的同时,也保证了规划建设内容与公众需求相契合。

专栏　芝加哥六大物流集群

北芝加哥区(North Chicago Land)规模较小,以先进制造业和食品加工而闻名。

大奥黑尔区(Greater O'Hare)是目前为止芝加哥地区最密集的货运集群,包含了该地区22%的货运和制造业和一个奥黑尔国际机场。

中途区(Core/Midway)集群位于芝加哥大地区的中心,集中了该地区最大的制造业和食品加工场。

威尔郡区(Will County)集群是新兴货运中心,具有强大的现代化配送设施。

南库克区(South Cook)集群所在地区拥有广泛的铁路及公路基础设施网络。

福克斯河谷区(Fox River Valley)交通网络设施则相对较少。

第三节　芝加哥物流发展特色

一、以物流要素聚集推动形成现代化产业集群

芝加哥在发展过程中注重相关产业、物流业充分融合、互为支撑、相互借力,形成了大体量的规模经济以及资源共享的运营优势。BNSF芝加哥物流园区中,多式联运转运站达4674亩(芝加哥19个转运站平均面积为1720.8亩),工业仓储基地占地面积达7284亩,基地内仓储建筑面积达158万平方米,整个物流园区占地面积达15175亩,充分保障了物流的运输、仓储、包装、搬运装卸等要素的聚集,既提高了物流效率,又提高了资源空间的利用率,也增强了物流园区的资源聚集引力。同时,以物流集群为牵引,科学布局加工制造相关产业,制造行业通过把运输服务外包给第三方物流公司,可以将工作重心从产品生产过程转移到公司的核心竞争力上,推动了芝加哥大都会区制造业的发展,形成了良性互动发展的局面。

二、以市场化竞争和开放合作提升铁路服务质量

依据反垄断相关法规要求,美国形成了以7家Ⅰ级铁路公司为代表的多家私营铁路运营公司,各铁路运营公司根据城市业务需求在市内设置了单个或多个车站,促使芝加哥铁路运输形成了多家公司、多个场站多方竞争的局面,有效提升了芝加哥铁路运输效

率和质量。同时,美国铁路公司采取了更为灵活的经营策略,积极、主动强化与上下游货运代理、无船承运人、集装箱班轮公司、联运营销公司、汽车运输公司或汽车运输经纪公司等的合作,助推铁路运营公司通过合作聚焦核心业务、提升服务水平的同时,实现依托合作企业同质业务构建多方充分竞争的局面,推动全市逐步建立起多方参与、协调合作与充分竞争并存的良性发展格局,提升全市物流服务质量和效率,为芝加哥巩固全美铁路货运枢纽地位提供有力支撑。

三、以模块化设计提升物流园区运作效率

芝加哥以建成运营的多式联运场站为基础,通过分析园区布局与空间资源利用率、物流运作效率的关系,总结形成了模块化、高效化的物流园区布局模式。目前,芝加哥基本形成了涵盖搬运轨道、停车道、车辆行驶车道、集装箱堆场等功能区在内的规范化、模块化的物流园区建设模式,有效提升了园区空间资源利用率和园区物流运作效率,增强园区资源聚集引力。典型中转场功能区布局如图17-4所示。

图17-4 典型中转场功能区布局图

四、形成了公私合营的开发模式和运营模式

公私合营的开发模式和运营模式已成为芝加哥重要的物流园区建设运营模式。以埃尔伍德—朱利埃特 CIC 综合物流基地为例,建设资金采用了政府公共资金与私人企业投资合作的 PPP 模式。目前,政府公共资金已投入 2.75 亿,私人企业投资则已超过 20 亿。采用 PPP 投融资模式,有利于政府以较小的财政投入拉动大量私营部门资金,减小财政负担的同时,为园区建设吸引足够的建设资金。投入运营后,中心点公司负责日常管理、土地营销、设施招租和物业管理,BNSF 和 UP 两大铁路运营公司负责两个转运场站的运营,公共机构则负责运营的监管、进一步开发计划的审批、以及周边道路交通优化等公共服务,CIC 物流基地依靠企业、政府的协调配合,实现了园区的高效运转和快速发展,并发展成为了全美最大的内陆港。

总体而言,芝加哥长久以来便是全美重要的铁路枢纽,铁路运输优势明显,为全市铁路物流业的发展提供良好的支持。另一方面,芝加哥优越的市场竞争环境、高效统一的园区布

局、合理的开发经营模式,则是芝加哥铁路物流实现快速发展,并最终成为全美重要的铁路货运枢纽城市的重要原因。国内铁路运输与美国存在明显差异,在市场充分竞争方面借鉴有限,但国内相关城市仍可吸取借鉴芝加哥模块化的物流园区布局、集聚化的物流发展模式、公私合营的物流园区开发经营模式等方面的经验,协同铁路公司,共同探索建立高效化、标准化铁路货站布局模式,提高铁路货站运营效率、提升铁路与其他运输方式接驳效率,逐步打造成为具有中国特色的铁路物流枢纽城市。

第十八章 港口物流枢纽城市:杜伊斯堡

杜伊斯堡(Duisberg)以世界最大的内河港和中欧班列重要的中心枢纽闻名世界。杜伊斯堡以优势突出的交通区位条件为基础,通过积极开展战略合作,逐步构建起港口、铁路、公路协调发展的物流运输体系,聚集起国际贸易、钢铁冶炼、以及造船冶金、机械制造等产业发展,成为"一带一路"倡议在欧洲的重要桥头堡,由衰退滞的德国内陆城市转型发展成为欧洲重要的内陆集装箱转运地,成为全球内河物流枢纽转型发展的城市典范。

第一节 杜伊斯堡基本情况

杜伊斯堡位于莱茵河和鲁尔河交汇处,面积达233平方公里,是德国西部鲁尔区重要的工业城市、德国老牌工业城市,以及国际性的贸易和物流中心。同时,杜伊斯堡也是德国水资源最丰富的城市之一,水运面积占全市面积的10%,600余座的桥梁数量甚至超越了水城威尼斯,杜伊斯堡港更是德国及世界最大的内河港,在德国乃至在整个欧洲都占有重要的经济地位。

一、拥有优越的区位优势和良好的工业基础

杜伊斯堡是德国北莱茵—威斯特法伦州的下辖城市。2019年,北莱茵—威斯特法伦州实现地区生产总值7964.15亿美元,占全国的比重为20.71%,位居德国首位。同时,北莱茵—威斯特法伦州的人口超过1800万人,是德国第一、欧洲第三人口稠密区,贡献了欧盟近三分之一的消费者和45%的购买力,是德国最强大的经济产出地。北莱茵—威斯特法伦州庞大的人口基数和强劲的经济实力为杜伊斯堡带来了巨大的物流需求和市场潜力,对于推动杜伊斯堡快速发展提供了强有力的支撑。同时,杜伊斯堡也是德国历史悠久的化工、冶金中心,德国7个具有400万吨以上炼钢能力的钢铁厂中,有5个钢铁厂地处杜伊斯堡,是德国主要的钢铁工业中心,工业基础良好。

二、中欧班列的桥头堡和中国企业的汇集地,地位突出

杜伊斯堡拥有以莱茵河为基础,以杜伊斯堡港口为核心节点,快速、直接联系挪威、瑞典、芬兰、丹麦、英国、爱尔兰、法国、西班牙、葡萄牙等国家和地区的交通区位优势,成为中国在欧洲铁路货运的首选目的地之一。目前,杜伊斯堡已开通直达武汉、义乌、苏州、郑州等城市的中欧班列,每周有超过50趟班列常态化往返于杜伊斯堡与中国近20个城市之间,承载了中欧班列约30%货物的转运,是中欧班列沿线线路最广、班次最多、运量和货值最大的节点,已成为中国与欧洲货物互通的重要桥头堡。同时,依托中欧班列重要枢纽节点地位,落

户杜伊斯堡的中国企业呈明显上升趋势,目前,落户杜伊斯堡已拥有涵盖物流、不动产、跨境电商等领域的中国企业100余家,杜伊斯堡在中国的知名度不断提高,已成为中国企业的欧洲商贸中心。

三、拥有便捷的综合交通网络和世界闻名的内河港

(一)拥有发达的公、铁网络

铁路网方面:1846年杜伊斯堡已通过Cöln-Mindener铁路实现了与铁路网的相连,并建设运营了杜伊斯堡火车总站(Duisburg Hauptbahnhof)。目前,杜伊斯堡火车总站已成为德国北莱茵—威斯特法伦州城市杜伊斯堡最大的铁路客运站,不仅是国内多条重要铁路线汇集的交叉站,也是全欧洲唯一一个拥有多条直通中国重庆、北京、上海三大城市的内陆城市,在区域内、国内乃至国际地位突出。此外,杜伊斯堡火车总站与杜塞尔多夫国际机场的时空距离也仅为8分钟,依托杜赛尔夫国际机场遍布全球的航线网络,杜伊斯堡火车总站实现了货源腹地的进一步拓展和物流枢纽地位的进一步凸显。公路网方面:杜伊斯堡境内拥有包括3条东西向线路、2条南北向线路在内的数条高速公路,拥有便捷直通首都柏林和荷兰的公路网络,陆路交通网络条件优越。

(二)拥有世界最大的内河港

杜伊斯堡港是欧洲最大的内河港,也是世界第一大内河港,位于鲁尔河和莱茵河交汇处,目前已建成8个集装箱码头、4个铁路调车场、5个煤炭码头、5个钢铁服务中心、2个滚装码头和超过220万平方米的覆盖存储空间,已形成了以集装箱服务为主,兼顾大宗散货服务和汽车滚装运输的综合性内河港口,图18-1所示为2006年至2018年杜伊斯堡分货类运营效益情况。杜伊斯堡港区位优势突出,与鹿特丹的水上距离为230公里、距离安特卫普港直线距离不到200公里,港口便捷联系欧洲海港的优势明显。杜伊斯堡港拥有完善的港口集疏运体系,港区内已建成运营铁路146.7公里、公路26公里,实现了与欧洲100多个港口、80余个铁路终点站的高效链接。

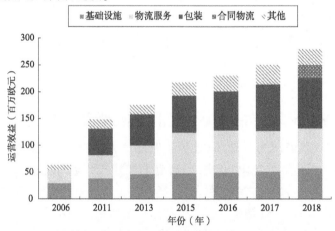

图18-1 2006—2018年杜伊斯堡港分货类运营效益
资料来源:杜伊斯堡港股份有限公司。

目前,杜伊斯堡港每周已开通400列次的班列,实现了与90多个欧亚目的地的直通往来。杜伊斯堡港已成为全市经济增长的重要保障,每年创造的价值约30亿欧元,产生的4万多个工作岗位全市占比超过1/10,为杜伊斯堡转型发展提供了重要的动力。图18-2所示为近年来杜伊斯堡吞吐量增长情况。

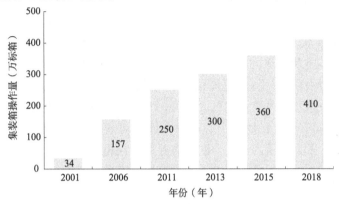

图 18-2 杜伊斯堡港年吞吐量

资料来源:杜伊斯堡港股份有限公司。

第二节 杜伊斯堡物流发展历程

一、发展历程

(一)起步繁荣期(12世纪—20世纪中期)

杜伊斯堡港发展历史最早可追溯于12世纪,但在13世纪就因莱茵河改道而衰落。17世纪,北莱茵—威斯特法伦州鲁尔区因丰富的煤矿和铁矿石资源逐步发展成为杜伊斯堡重要的煤铁矿产区,杜伊斯堡凭借其座落于莱茵河与鲁尔河交汇的地理区位,成为鲁尔区的对外门户。1716年,杜伊斯堡港建成开港后,便成为鲁尔区重要的原料输入及工业制品输出枢纽,利用鲁尔河和莱茵河日益活跃的煤炭运输业务,杜伊斯堡港开始迅速发展,并逐步形成了以港口为核心的大宗货物运输体系。

(二)衰退停滞期(20世纪中期—20世纪90年代)

第二次世界大战时,杜伊斯堡作为德国鲁尔区的物资中转站和著名的化工和冶金中心,成为盟军轰炸的首要目标。据统计,在第二次世界大战中,杜伊斯堡老城共经历299次轰炸行动,80%的住房和大量重要的基础设施遭到完全摧毁或严重损坏,城市发展受到了严重影响,杜伊斯堡港的业务也随着城市的摧毁而停滞。但是,第二次世界大战后,城市重建对于煤钢产生大量需求,叠加鲁尔区适时向石油化工行业调整的战略决策,杜伊斯堡迎来新一轮发展机遇,港口业务迅速恢复并得到快速发展,杜伊斯堡再一次成为地区重要的交通枢纽,并逐步发展成为集煤炭、矿砂、石油等大宗散货为一体的港口。进入20世纪60年代后,伴随着煤炭能源地位下降、世界性钢铁过剩、鲁尔工业区自身发展趋于饱和等问题,港口运量需求明显下降,在全国的枢纽地位也呈日趋下降趋势,杜伊斯堡进入了发展停滞期。

(三) 转型发展期(20 世纪 60 年代至今)

20 世纪 60 年代后,受钢铁和煤炭行业整体衰退的影响,杜伊斯堡逐步失去过去钢铁之都的辉煌,为谋求二次发展,杜伊斯堡开始探索由重工业基地向内陆航运和物流服务城市转型。到 20 世纪 90 年代,杜伊斯堡港顺应全球趋势,开始发展价值较高的集装箱货物运输。2011 年,以重庆开往杜伊斯堡的渝新欧班列开行为起点,杜伊斯堡正式获得了以中欧班列为代表的中国发展"新引擎"。目前,每周往返于杜伊斯堡和中国之间的中欧班列数量,已从最初的 2~3 列增加到新冠肺炎疫情前的 35~40 列,杜伊斯堡步已发展成为以集装箱码头为主、散货码头为辅,拥有现代化物流中心的综合性内河港口,形成以铁水多式联运运输为核心的物流运输模式,成为德国乃至整个欧洲重要的内河枢纽港。

二、发展现状

以中欧班列快速发展为契机,中国与德国北莱茵-威斯特法伦州贸易往来日渐频繁,无论是出口还是进口,中国的比重都在过去 10 余年间翻了一番。2019 年,北莱茵-威斯特法伦州自中国进口 306.19 亿欧元,对中国出口 121.07 亿欧元,双边贸易总额高达 427.27 亿欧元,进出口贸易额在对外贸易总额的比重均呈上升趋势,如图 18-3 所示。

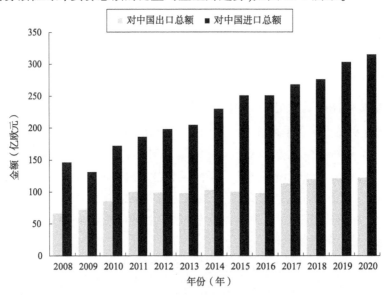

图 18-3 北莱茵-威斯特法伦州与中国的贸易总额
资料来源:德国联邦统计局。

2020 年,受新冠肺炎疫情的影响,全球各国与欧盟的贸易往来下滑明显,中国则基于中欧班列开通优势,与欧盟的贸易额实现逆势增长,并超越美国成为欧盟最大的贸易伙伴,疫情常态化背景下,中欧班列铁路运输地位日益突出。杜伊斯堡作为中欧班列欧洲的重要节点,在欧洲的物流枢纽地位将日益突出,杜伊斯堡港的吞吐量也是呈现稳定增长态势。

(一)承接的中欧班列数量明显上升

自2011年3月,中国首条中欧班列(渝新欧)班列开通,此后,杜伊斯堡就成为中欧班列的重要中心节点,承接的中欧班列数量也呈稳步增长态势。目前,杜伊斯堡已拥有联系国内重庆、西安、义乌、武汉、苏州、长沙、合肥等城市的中欧班列线路,约80%的中国列车将货物运抵至杜伊斯堡后,再转运至欧洲大陆的上百个不同地区,杜伊斯堡已成为中欧班列在欧洲的两个最大的铁路枢纽之一,中欧班列也已经成为杜伊斯堡经济增长的重要动力和杜伊斯堡港业务增长的主要来源。根据相关数据显示,2019年抵达杜伊斯堡的中欧班列数量平均每周为35~40列,而从2020年第二季度开始,中欧班列增加至每周60列。其中,渝新欧班列2020年共开行2603班,同比增长72%;运输货值超900亿元,同比增长65%。在中欧班列稳定开行的带动支撑下,2020年杜伊斯堡港的集装箱装卸量增长了5%,达到420万标箱,创下新纪录,成为全球少数在新冠肺炎疫情影响下,实现逆势增长的港口。图18-4所示为中国占北莱茵—威斯特法伦州对外贸易的比重呈现逐年上升趋势。

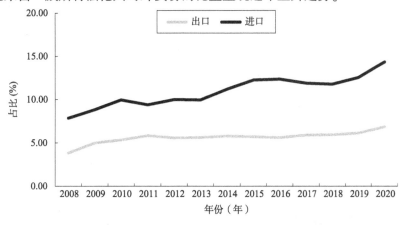

图18-4 中国占北莱茵-威斯特法伦州对外贸易的比重
资料来源:德国联邦统计局。

(二)已成为欧洲重要的铁水联运基地

杜伊斯堡港依托发达的铁路网和公路网,基于多式联运运输模式,几乎实现了与所有欧洲国家以及欧洲大陆所有的主要工业中心联系。2018年,杜伊斯堡港410万标箱集装箱吞吐量中,约有30%是通过铁路集疏。同时,每年约有30个国家和国际铁路服务商和运营商的25000列火车运载着货物往来穿梭于杜伊斯堡港口的集装箱中心,每周从杜伊斯堡港口发出400车次列车,穿过鲁尔区到达东威斯特法伦和驶向整个欧洲的100个目的地,以及亚洲国家。

(三)建成运营了6个即用型物流枢纽

目前,杜伊斯堡港开发了logport模式的6个即用型物流枢纽,logport Ⅰ,logport Ⅱ已投用。其中,logport Ⅰ面积为265公顷目前已引入日本航运公司NYK子公司New Wave Logistics GmbH、P&O、Eurologistik GmbH等企业。logport Ⅱ物流园区占地面积150亩,其包括面积为53000平米的大厅,投资额约为2500万欧元,是奥迪公司全球最大的全散件组装

（CKD）物流中心；包括位于坎普—林特福尔特（Kamp-Lintfort）的 logport Ⅳ、位于奥伯豪森的 logport Ⅴ 和位于杜伊斯堡—沃尔苏姆的 logport Ⅵ 等 logport 目前仍处于开发阶段。

第三节 杜伊斯堡物流发展特色

一、充分的铁路运营竞争

目前，活跃在德国铁路市场中的私营公司数量已超过 450 家，类型涵盖私营运输公司、外国国家铁路公司、地方政府所有的铁路公司三类，多元化铁路运输服务供给特征明显，铁路市场竞争充分，有效满足市场多层次、多样化运输需求。杜伊斯堡港口也受益于铁路市场的充分竞争，30% 的港口货物通过铁路集疏，逐步发展成为了世界最大的内河港口。

二、全方位的对外交流合作

杜伊斯堡港重视对外合作，先后与美国、比利时、荷兰、拉脱维亚、中国等国家的港口签订了合作协议，并参与了罗马尼亚、土耳其等国家的铁路枢纽、内陆港建设及中国—白俄罗斯工业园建设，同时与新加坡港务集团一起参与了中新（重庆）战略性互联互通示范项目（简称"中新互联互通项目"），对外交流合作范围逐步扩大。此外，杜伊斯堡港积极开展港口间的多方位合作，通过签署正式协议、制定和实施合作方案等措施，实现了与安特卫普港等港口的合作，为杜伊斯堡港以网络化的港口布局为依托，形成内陆与沿海运输之间的有机联系产生了积极的作用。

三、集中统一的运营主体

杜伊斯堡港口的所有人和管理公司为杜伊斯堡港口有限公司（Duisburger Hafen AG）。杜伊斯堡港口有限公司（Duisburger Hafen AG）与其下属 8 个专业服务公司一起，在全球最大的内河港为工业和物流行业提供包括个性化进驻管理、开发一体化港口和物流方案、多式联运运输服务、专业化工业货物包装等服务在内的个性化、定制化的创新解决方案。其中，Duisport logport 为港区落户提供全方位服务。Logport ruhr 提供鲁尔区的物流地产和模块化服务；Duisport agency 提供交通运输，运输链和物流解决方案；Duisport facility logistics 提供港口物流，仓储服务和设施管理；Duisport consult 提供港口和物流方案。Duisport rail 为公有铁路公司和提供铁路连接的灵活合作伙伴。Startport 是为初创企业提供"初创帮助"的物流创新平台。BOHNEN 在运输、仓储、IT 和咨询等方面为客户提供持续性系统方案。

总体而言，杜伊斯堡以优越的交通区位优势为基础，通过中欧班列等对外合作，有效保障并刺激了杜伊斯堡港业务量的提升，同时也有力推动了全市经济社会的转型与快速发展，实现了全市在新冠肺炎疫情影响下的逆势发展，成功推动杜伊斯堡由停滞发展的工业衰退城市转型成为良性发展的物流枢纽型城市，城市地位得到快速提升。参考借鉴杜伊斯堡城市物流发展经验，可以明确，中国内河枢纽城市应以内河交通优势为基础，积极开展以铁路、公路等交通方式为核心的集疏运体系完善,推动城市以高连通性、高适应性的交通服务体系为依托,逐步构建起港口、铁路、公路协调配合的城市物流服务体系,提升城市物流服务水平和区域竞争力。与此同时,内河枢纽城市也应抢抓国内国际战略实施机遇,主动、积极开展对外合作,利用高效的物流服务体系,吸引国内外货物来城市中转,提高城市对国内国际货物的承载量,推动城市以国内国际货物承载量为基础,提升国内国际物流知名度,并逐步打造成为区域、全国乃至国际性的物流枢纽。

第十九章 陆港物流枢纽城市：萨拉戈萨

萨拉戈萨（Zaragoza）是西班牙乃至整个欧洲重要的物流枢纽，也是全球知名的陆港城市，其集群化的物流发展模式为全球城市物流发展提供了有效的借鉴参考。凭借高时效的物流运输体系，萨拉戈萨有力支撑了企业柔性供应链的发展与壮大，提升了全市对全球化企业，特别是快消、冷链等高时效、广覆盖企业的吸引力，并已成为包括 Zara 在内多个企业的全球化物流集散中心。萨拉戈萨依托物流产业，成功实现了由不靠河、不临海的内陆区域发展成为便捷联系欧洲、高效联通全球的国际化内陆枢纽城市。

第一节 萨拉戈萨基本情况

萨拉戈萨位于西班牙东北部，是阿拉贡自治区（Aragon）的首府和政治、经济中心，也是西班牙的第五大城市，对内对外交通区位优势突出，连续两年位列全球城市 500 强，是西班牙、乃至全球知名的陆港物流枢纽之一。

一、拥有优越的地理条件

萨拉戈萨地处马德里、巴塞罗那、瓦伦西亚和巴斯克地区（Basque Country）地缘经济四边形的中心，与马德里、巴塞罗那、瓦伦西亚、毕尔巴鄂等西班牙最大的四座城市距离均在 300 公里以内，与大西洋、地中海西班牙两岸距离相等，同时也在欧洲至伊比利亚半岛的通道上占据着优越的地理位置，对内联系西班牙其他城市、对外联系全球的地缘优势突出。

二、拥有具备国际竞争力的城市品牌

全球城市实验室在综合考虑经济能力、文化旅游、行政管理、居住生活、城市声誉、人才创新六个维度的基础上，建立了城市品牌估值模型（City Brand Valuation Model，CBV 模型），对全球城市品牌价值进行了衡量和评估，并于 2019 年、2020 年连续编制发布《全球城市 500 强》榜单，为全球了解城市外部价值和品牌未来发展潜力方面提供量化数据和对比榜单。根据榜单，西班牙 2019 年、2020 年均以 19 个入选城市的数量，位列全球各国前十。其中，萨拉戈萨全球排位分别为 339 位和 341 位，西班牙国内排位为第 7 位和第 8 位，见表 19-1。2020 年较 2019 年位次略有下降，但整体而言，萨拉戈萨仍是西班牙国内具备国际竞争力的城市之一。

西班牙全球城市 500 强入选名单　　　　表 19-1

2019 年				2020 年			
序号	城市	品牌价值	全球排位	序号	城市	品牌价值	全球排位
1	巴塞罗那	3771.4	43	1	巴塞罗那	3731.42	44
2	马德里	3355.9	53	2	马德里	2951.36	56
3	桑坦德	1618.9	121	3	桑坦德	1624.98	119
4	巴伦西亚	715.3	245	4	巴伦西亚	700.54	247
5	拉科鲁尼亚	680.2	259	5	拉科鲁尼亚	683.34	257
6	塞维利亚	501.7	329	6	塞维利亚	515.55	321
7	萨拉戈萨	480.9	339	7	马拉加	484.82	337
8	马拉加	478.1	341	8	萨拉戈萨	475.07	341
9	穆尔西亚	463.6	349	9	穆尔西亚	452.81	353
10	格拉纳达	432.7	372	10	格拉纳达	406.71	382
11	潘普洛纳	401.2	385	11	潘普洛纳	398.42	383
12	奥维耶多	398.6	388	12	奥维耶多	381.26	391
13	毕尔巴鄂	376.4	399	13	毕尔巴鄂	378.33	393
14	拉斯帕尔马斯	373.1	401	14	拉斯帕尔马斯	356.84	407
15	阿利坎特	334.9	420	15	阿利坎特	328.68	419
16	巴利亚多利德	302.9	430	16	巴利亚多利德	291.29	433
17	帕尔马	269.9	449	17	帕尔马	284.71	439
18	圣克鲁斯-德特内里	218.3	480	18	圣克鲁斯-德特内里	218.31	476
19	维戈	217.7	481	19	维戈	217.75	477

资料来源：全球城市实验室《全球城市 500 强》。

三、拥有发达的交通网络

萨拉戈萨拥有以公路、铁路、港口、航空为核心的发达的综合交通网络。处于西班牙北部公路网络中心地带，拥有 3 小时覆盖西班牙全境的高速公路网络。是西班牙主要的铁路网络主枢纽之一，拥有以高速列车（AVE）为基础，蒂里西亚斯车站为核心枢纽，联系南北、沟通东西的高速铁路网络，2 小时高速铁路网覆盖率西班牙 15 个大城市，是西班牙最为繁忙的货运枢纽和高速客运站点。建有联系海港的内陆港，萨拉戈萨处于埃布罗河、Gállego 河、Huerva 河三条河流交汇处，与西班牙主要海港之间均建立了良好的合作关系，是萨拉戈萨重要的海铁联运水上枢纽，在提升萨拉戈萨联系全球的运输能力方面作用明显。拥有欧洲最长的机场跑道，是西班牙联系伦敦、米兰、法兰克福等欧洲城市的重要航空枢纽（表 19-2），拥有巨大的客货运潜力。

萨拉戈萨机场通航城市及运营航司情况　　　　　　　　　表 19-2

连通国家和地区	连通城市	航线（出港&进港）	运营航司
罗马尼亚（RO）	布加勒斯特（BUH）	萨拉戈萨（ZAZ）—布加勒斯特奥托佩尼（OTP）	匈牙利威兹航空（W6）
		布加勒斯特奥托佩尼（OTP）—萨拉戈萨（ZAZ）	匈牙利威兹航空（W6）
	克鲁日（CLJ）	萨拉戈萨（ZAZ）—纳珀卡（CLJ）	匈牙利威兹航空（W6）
		纳珀卡（CLJ）—萨拉戈萨（ZAZ）	匈牙利威兹航空（W6）
英国（GB）	伦敦（LON）	萨拉戈萨（ZAZ）—斯坦斯特德（STN）	爱尔兰瑞安航空公司（FR）
		斯坦斯特德（STN）—萨拉戈萨（ZAZ）	爱尔兰瑞安航空公司（FR）
西班牙（ES）	马拉加（AGP）	萨拉戈萨（ZAZ）—马拉加（AGP）	西班牙欧罗巴航空公司（UX）
		马拉加（AGP）—萨拉戈萨（ZAZ）	西班牙欧罗巴航空公司（UX）
	马略卡岛帕尔马（PMI）	萨拉戈萨（ZAZ）—马略卡岛帕尔马（PMI）	西班牙欧罗巴航空公司（UX），伏林航空公司（VY）
		马略卡岛帕尔马（PMI）—萨拉戈萨（ZAZ）	伏林航空公司（VY），西班牙欧罗巴航空公司（UX）
	特内里费（TCI）	萨拉戈萨（ZAZ）—特内里费南部（TFS）	伏林航空公司（VY）
		特内里费南部（TFS）—萨拉戈萨（ZAZ）	伏林航空公司（VY）
意大利（IT）	贝加莫（MIL）	萨拉戈萨（ZAZ）—贝加莫（BGY）	爱尔兰瑞安航空公司（FR）
		贝加莫（BGY）—萨拉戈萨（ZAZ）	爱尔兰瑞安航空公司（FR）
比利时（BE）	布鲁塞尔（BRU）	萨拉戈萨（ZAZ）—沙尔勒鲁瓦（CRL）	爱尔兰瑞安航空公司（FR）
		沙尔勒鲁瓦（CRL）—萨拉戈萨（ZAZ）	爱尔兰瑞安航空公司（FR）

资料来源：飞常准航线图统计。

第二节　萨拉戈萨物流发展现状

20世纪90年代以来，萨拉戈萨利用公路、铁路、机场、港口等交通基础设施网络优势，积极发展物流业，并通过大力发展多式联运、开通加密国际航线、推进物流园区开发建设、引入美国麻省理工学院全球物流知识创新中心等方式,从运输服务、基础设施、服务保障等方面,提升全市物流服务水平,提升萨拉戈萨对企业的吸引力,助力萨拉戈萨逐步发展成为全球重要的企业供应链体系的核心枢纽,推动全市逐步构建起物流产业与企业供应链协调发展、互促互进的良性发展格局。2003年,以PLAZA(Plataforma Logistica de Zaragoza)Zara配送中心正式运营为起点,萨拉戈萨物流产业进入高速发展期,萨拉戈萨在西班牙货运市场的份额也从成立之初的2%上升到目前的15%左右,并在冷链、时尚产品、汽车及零配件等全球物流体系中占据核心枢纽地位,萨拉戈萨借助物流产业,成功实现了由不靠河、不临海的内陆城市向陆港枢纽的转变,并已发展成为全球知名的陆港城市。

一、已成为全球重要的物流枢纽

萨拉戈萨以物流集群体系规模优势、价格优势、合作优势等为依托,成功吸引了一大批全球化知名企业入驻,仅PLAZA物流园一家,便成功吸引包括Zara、Imaginarium(玩具零售商)、Memory Set(IT设备批发商)、DHL敦豪(快递物流)、ARC国际(餐具供应商)、博世—西门子(德国家电制造商)、Caladero和迪卡侬(法国体育用品巨头)等共计超过250家的全球知名企业,以及汽车运输公司、航空货运公司等配套产业公司,欧宝、Zara等企业更是在萨拉戈萨建立起了全球性的物流配送中心,萨拉戈萨已成为欧洲最大、最重要的企业供应链物流枢纽之一。

二、已形成了多个大型物流集群

在阿拉贡自治区及西班牙政府支持下,2002年,萨拉戈萨以物流园区开发、物流业集群培育为核心的发展战略正式开始实施,经过多年发展,目前,萨拉戈萨已形成了以PLAZA物流园为核心,萨拉戈萨铁路多式联运中心(CTZ)、萨拉戈萨海运内陆港站(TMZ)、萨拉戈萨机场(CAZ)等专业化运输枢纽为支撑,涵盖德鲁尔物流平台(PLATEA)等十多个物流园区的大型物流集群,标志着物流产业正式成为萨拉戈萨市乃至阿拉贡自治区经济发展的新支柱。其中,PLAZA物流园是萨拉戈萨乃至整个欧洲最大的物流园区,占地面积达到1300万平方米,是西班牙第二大物流园区——瓜达拉哈拉(210万平方米)面积的6倍之多,物流规模效益带来的运输价格、班次密度等因素优势明显,有效提升了PLAZA物流园在西班牙全国乃至全球的市场竞争力。此外,萨拉戈萨铁路多式联运中心、萨拉戈萨海运内陆港站、萨拉戈萨机场等物流园区也是萨拉戈萨以及阿拉贡自治区物流集群的重要组成部分。

> **专栏　萨拉戈萨物流集群重点物流园区概述**
>
> 德鲁尔物流平台(PLATEA),通过坎塔布连—地中海铁路走廊连接大西洋和地中海。2007年,第一期共8.62万平方米的工程完工,计划要达到目前规模的3倍。
>
> 韦斯卡物流平台(PLHUS),占地70万平方米。依托A23公路(松波尔特—萨贡托)和A22公路(梅里达—韦斯卡—潘普洛纳)。截至2010年,有5家企业在园区里运营。
>
> 弗拉加物流平台(PLFraga),坐落在萨拉戈萨和巴塞罗那的中点,主要是西班牙东北部机动车运营商的运输服务中继点。

> 萨拉戈萨中央供应市场(Mercazaragoza)是一个农产品物流园,专门为埃布罗河河谷经销、批发新鲜水果、蔬菜以及肉类,还包括一个屠宰场。
> 洛佩斯索里亚诺回收科技园(PTR)致力于回收,并研究材料的生命周期优化以及能源再生的产业机会。
> 萨拉戈萨交通中心(CTZ),西班牙最早的物流园之一,已有超过25年的历史。在这里经营的20家公司都是运输企业和物流企业。
> 萨拉戈萨海运终站(TMZ)是巴塞罗那的内陆港,成立于2001年,位于萨拉戈萨中央供应市场内,通过铁路直达巴塞罗那港。在TMZ,货运代理就像在巴塞罗那港一样,享有相同的服务水平和价格。2010年,TMZ处理的标箱的数量较上年增长了72%。

资料来源:尤西·谢菲.大物流时代:物流集群如何推动经济增长。

三、政府是物流建设和管理的主导方

政府主导、市场化运作是萨拉戈萨物流集群中各物流园区开发和管理的主要模式。以萨拉戈萨最大的物流园区PLAZA物流园为例,规划投资阶段,阿拉贡自治区、萨拉戈萨市政府与本地两家银行达成合作,共同出资8500万欧元推进PLAZA物流园建设,其中,阿拉贡自治区政府投资占59.23%,萨拉戈萨市政府投资占10.19%,两家商业银行投资占30.58%,政府仍是PLAZA物流园建设资金主要提供者。建设运营阶段,阿拉贡自治区、萨拉戈萨市政府协同两家银行,共同出资成立了PLAZASA公司,负责PLAZA物流园的投资建设、管理运营等工作,其中,公司总经理一职由阿拉贡自治区主席直接任命,部门经理及其他管理人员则由企业自主招聘,政府仍旧掌握着PLAZA物流园运营管理方面的主动权。

第三节 萨拉戈萨物流发展特色

一、利用区位交通优势助力柔性供应链发展

柔性供应链体系是通过少批量、多批次货物供应,快速、及时响应需求端变化,精准匹配消费者需求的同时,减少企业货物堆存或滞销带来的成本损失,是一种更为弹性化的企业供应链管理模式,高效敏捷的物流网络是打造柔性供应链体系的基础保障。萨拉戈萨区位交通优势突出,1000公里的运输车程可以覆盖整个伊比亚半岛、法国、瑞士,以及比利时、德国和北非的部分地区,结合萨拉戈萨机场航空货运服务,基本建成了覆盖全球的高时效物流圈,为市内企业发展柔性供应链体系提供了有力的物流支撑,为萨拉戈萨提升对全球化企业,特别是快消、冷链等高时效、广覆盖企业的吸引力提供可靠保障。以Zara为例,目前,Zara依托PLAZA物流园便捷联系欧洲的陆路交通网络和辐射全球的航空货运网络,基本建立起了24小时覆盖欧洲所有门店、48小时送达全球所有门店的极速物流体系,为Zara构建

快速响应市场需求的"少而准"柔性供应链体系提供必要保障。

二、发展以规模经济为基础的物流集群体系

利用物流集群充分发挥规模经济效益是萨拉戈萨物流业发展成效显著的重要原因之一。目前,萨拉戈萨通过打造物流企业、货主企业、物流设施等物流资源和要素高度集聚的物流集群体系,最大限度地保证了萨拉戈萨各方向、各方式运输需求和规模,为全市发展常态化的枢纽间、集群间、城市间零担直达汽车班列、航空货运航班等运输线路提供有力支撑,减少企业因集货、集中中转、实载率较低等原因造成的时间、费用等方面成本的增加。其次,萨拉戈萨物流集群有利于拓展企业合作伙伴的选择空间、削减合作伙伴替换成本,对于打造一个充分竞争的市场环境,以及更为平稳的价格服务体系等方面的作用明显。此外,萨拉戈萨依托物流集群带来的人流集聚,发展了涵盖维修、装配、餐饮、购物等多样化的增值服务,在进一步提升物流园区服务水平的同时,从产业延伸带动层面进一步刺激了全市社会经济的发展,物流产业已成为改变萨拉戈萨发展格局的重要支柱性产业。

三、政府全程参与并主导物流园区的建设与运营

政府在萨拉戈萨物流产业发展中扮演着重要的角色,主导、统筹着全市物流园区的规划、选址、投资、建设、运营等环节,物流用地、资金等要素保障方面的优势明显。同时,政府重视物流相关公共服务的完善,针对物流集群发展需要的多样化人力资源、知识创新、共性技术等方面的需求,积极引入物流培训和职业教育机构,同时出资协同美国麻省理工学院、萨拉戈萨大学合作建立 ZLC 物流研究中心,用以培养物流研究生和企业中高级管理人员、开展集群物流解决方案研究等,有效汇聚人才、创新等要素,助力全市物流产业发展。

总体而言,萨拉戈萨在政府的大力支持下,以既有交通区位优势为依托,发展并形成了以物流集群为核心的物流服务体系,全市也由不靠河、不临海的内陆区域,成功发展成为 Zara 等企业的全球性物流集散中心。国内陆路城市可充分借鉴萨拉戈萨物流发展经验,以公路、铁路运输为基础、叠加航空运输,推动全市建立起覆盖全国、联系全球的物流服务网络,以便捷化、快速化、高效化的物流服务体系,吸引全球性企业入驻发展,弥补城市不临河、不靠海的区位短板,打造区域、全国乃至国际化的陆路枢纽城市。

展望篇

COMPETITIVENESS OF
**CITY LOGISTICS
IN CHINA**
(2021)

第二十章 城市物流展望与对策：为经济反弹做好韧性物流储备

百年变局叠加世纪疫情的背景下，国际经贸大循环的不确定性日益增大。我国提出构建以国内大循环为主体、国内国际双循环相互促进的新发展格局，未来区域发展格局将会发展重大变化，由"通道＋枢纽＋网络"组成的现代物流体系将在"双循环"新发展格局中发挥更加重要的决定性作用。展望后疫情时代的城市物流发展趋势，适应城市高质量发展、数字化转型、区域一体化融合等发展趋势和国家战略要求，城市物流体系需要进一步完成顶层设计，强化亨氏物流网络韧性能力建设。

第一节 中国城市物流业的发展趋势展望

一、后疫情时代的城市物流多元能力储备值得关注

随着新冠肺炎疫情防控常态化以及疫苗接种率的提升，全球经济回暖趋势明显，根据世界银行2021年10月发布的《世界经济展望》，包括美国、日本及欧盟国家等在内的国家，其国内生产总值在2021年有望恢复正增长，并预计将在2022年恢复至疫情前的趋势水平，在2024年超出疫情前趋势水平0.9%。全球生产总值增速预计将达到5.9%，全球经济恢复正增长态势。全球经济复苏将会带动工业品以及物流需求的爆发式增长。重症急性呼吸综合征(SARS)疫情的经验表明，疫情结束后，经济需求会"报复性"反弹，并快速回到甚至远高于正常水平，对于城市物流的极限能力提出挑战。

重大疫情时期的城市物流体系呈现出碎片化、区域性、脆弱性等特征，不同地区的冷链物流运营标准不统一便是典型表现，后疫情时代的城市高质量发展对于物流体系的要求将会更高。后疫情时代，城市物流体系要做好能力储备，应对可能到来的供应链扩能和需求高峰，抓住市场反弹带来的市场机遇。东南亚疫情严重时期，海外加工制造业纷纷回流我国便是对国内供应链物流稳定性的认可。应对后疫情时代的城市物流多元化发展趋势，城市应完善物流大通道的多样性。当新冠肺炎疫情使得航空、海洋和公路物流通道拥堵甚至中断后，铁路物流成为城市经济社会活动的稳定器，中欧班列将会持续性爆发式增长。与此同时，航空货运也迎来爆发式正式，落实《关于促进航空货运设施发展的意见》，推进专业性航空货运枢纽基础设施建设，正在成为提升城市物流地位的重点工程。

二、新发展格局下的内贸物流市场潜力将充分释放

2020年，我国社会物流总额增速为3.5%，比国内生产总值增速高1.2%，消费物流仍保

持较快增长,快递业务量突破800亿件,工业物流呈现结构性变化,大宗物资和进口物流增速下降。受疫情冲击、宏观经济下滑、消费需求增速回落、产业结构优化及国际经济环境不确定的影响,未来第二产业比重的下降导致货运需求和强度下降,物流市场规模增速或将收窄至低于经济增速,尤其是占主体地位的道路货运受运输结构调整等政策影响将更加低迷。同时,3D打印、大数据、智能制造等技术的成熟,使得生产周期及对于库存和大宗物资的需求大幅减少,全社会货运量最终也将会到达顶峰进而下降。但是物流市场结构将持续优化,大运量、低附加值的物流需求进一步降低,小批量、高附加值货物的比重将大幅增长。

以国内大循环为主体、国内国际双循环相互促进的新发展格局要求,要促进形成强大国内市场。随着我国经济转向高质量发展阶段,经济的对外依赖性将会逐渐降低,国内市场具有更大的空间。2020年,我国人均国内生产总值连续两年突破1万美元,居民消费升级、现代化产业体系构建、城乡区域协调发展不断为国内市场拓展新空间。物流业将在促进国内市场供需匹配、支撑现代化产业体系、降低国内市场交易成本、创造新市场需求等方面将发挥更加重要的作用。此消彼长,在物流市场规模保持中低速增长的总体趋势下,出口加工导向下的大进大出物流模式进一步优化,内贸物流市场比外贸物流市场具有更大的发展潜力。

三、绿色物流和多式联运将持续助推货运结构调整

在国家政策的引导下,我国货物运输结构调整取得积极成效。2020年与2019年相比较,铁路货物总发送量占全社会货运量比重提高0.3个百分点,水路货运量占全社会货运量比重提高0.2个百分点,公路货运量占全社会货运量比重下降0.5个百分点,环渤海地区、山东省沿海主要港口和唐山港、黄骅港的铁矿石铁路疏港比例显著提升。国务院印发的《2030年前碳达峰行动方案》要求,"十四五"期间,集装箱铁水联运量年均增长15%以上;到2030年,城区常住人口100万以上的城市绿色出行比例不低于70%。货运结构的调整布局将会进一步加快,新能源装备和多式联运将继续成为低碳物流政策的焦点,通过设施专业化、装备模块化、服务便捷化、数据标准化等方式提高多式联运运作效率,实现公路运输向更清洁的运输方式转移。

2021年9月第四批国家多式联运示范工程申报工作正式启动。在国家政策以及多式联运示范工程的带动影响下,公路、铁路、航空等部门以及各地方积极实施多式联运,推动基础设施、技术装备与信息共享等方面的快速融合发展。在"互联网+"新时代,中小企业抱团发展、行业联合成为趋势。融合不仅体现在线上线下融合,更体现在跨行业协同发展。随着货运物流企业向综合物流服务商的加速转型,物流服务正向高端化、个性化转变,与多个领域交叉融合,发展多式联运已经成为各城市提升服务能力的重要手段。

得益于政策的力挺和行业的技术进步,新能源车辆和装备将在物流领域大规模应用,"新能源+物流"的覆盖范围将会从最后一公里配送延伸至中短途运输,发展前景广阔。新能源物流车加速推广,2020年10月国务院办公厅印发《新能源汽车产业发展规划(2021—2035年)》,提出城配市场中公共使用的车辆80%以上必须使用新能源物流车。2021年2月国务院发布的《国务院关于加快建立健全绿色低碳循环发展经济体系的指导意见》(国发

〔2021〕4号），强调支持城配市场要使用新能源物流车。北京、上海、长沙、杭州、郑州等地先后发布了新能源货车推广政策，特别是对新能源货车进城通行的条件进一步放宽。2020年新能源物流车全年销量58045辆，深圳、成都等城市成为新能源物流车的重点城市。

四、物流降本增效和供应链创新应用持续深化发展

我国物流降本增效多年来明显成效，物流成本结构和运营效率持续提升，强力支撑了城市经济发展。但是，近年来物流降本增效进入瓶颈期，物流总费用与国内生产总值的比值已将连续四年处于14.7%左右的横摆区间，需要进一步突破。作为物流行业供给侧结构性改革的重点，物流降本增效仍将是我国未来一段时期政策关注的着力点。

与此同时，伴随新一轮产业革命以及中美贸易摩擦，全球产业布局和全球供应链格局均将发展重大调整。《中国制造2025》将推动我国的制造业加速向智能化、高端化、精细化发展，对于物流供应链可视化、协同化、全球化和稳健性的要求越来越高。作为生产性服务业的重要组成，物流业将在提升制造业核心竞争力方面将发挥更加重要的作用，将进一步驱动物流业与制造业深度联动融合发展，对于物流企业而言竞争力的关键不再是单纯提供物流运营业务，而是能够输出上下游供应链一体化的解决方案，实现制造、流通和消费的无缝对接。培育具有国际竞争力的全球供应链体系，将成为物流业和制造业深度联动融合发展的核心。在畅通物流环节的基础上，进一步向供应链前端和后端延伸，打通信息流和资金流链条，建设开放、共享、高效的供应链网络。无论是行业政策还是产业实践，物流供应链创新和应用均迎来发展高峰。

五、无人智能物流逐渐成熟以应对劳动力长期短缺

长期以来，我国的物流业一直属于典型的劳动密集型行业，从收货、运输、仓储到最后一公里交付环节均是如此，人口红利是物流行业长期保持低成本高速扩张的重要原因。但是，随着劳动力供给的日益短缺，未来这一趋势将被迫中断。根据第七次全国人口普查公报，我国15～59岁人口为8.94亿人，占总人口的比重为63.35%，与2010年第七次全国人口普查相比下降6.79个百分点，劳动人口数量持续大幅下降。而与之相对应的是，全国快递服务企业业务量由2011年的36.7亿件增至2020年的833.6亿件，年均复合增长率约为41.48%。"十三五"期间，中国包裹快递量超过美国、日本和欧洲等发达经济体的总和，对世界包裹增长贡献率超过50%。如图20-1所示。随着人口红利的消失，依靠人力资源投入的物流发展模式将难以为继，且无法满足日益高速发展的物流业的需要，智能化技术与自动化装备相互配合，将成为应对劳动力短缺的长期之道，物流各环节正在部分或全部实现自动化。

智能装备对于物流的影响已经初见端倪，车货匹配、新能源车、无人仓、智能快递柜、大数据和物联网等技术发展相对较成熟并且已进入商用化领域，无人驾驶技术有望在未来3～5年可在不同场景实现大规模商业化应用，并将广泛应用于仓储、运输、配送、末端等各物流环节。无人机、无人汽车、无人码头、全自动仓库、无人配送车、快递智能柜、机器人以及自动化分拣等全程无人物流模式已然成熟，商业化应用同步快速推进。党中央、国务院以及国家有关部委多次部署新型基础设施建设，并将智慧物流作为新基建的重点领域。预计后疫情时

代,作为政府稳增长稳投资的重点领域,智慧型物流园区、物流物联网络、农村物流、冷链物流等新型物流基础设施的投资规模将进一步加大。

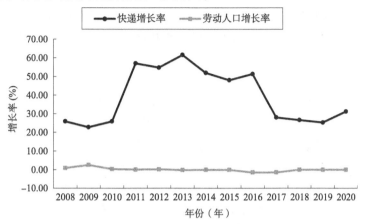

图20-1 快递与劳动人口增长率变化图
资料来源:国家统计局、国家邮政局。

六、数字化技术应用将继续推动物流业务模式创新

随着新一代信息技术的深化应用,新型的物流管理理念正逐步转向以轻资产的形态管理重资产,推动物流行业由过去的后台支持逐步向其他行业跨界融合的动态化演进。信息技术对物流业的支持,也逐步由问题解决型向方案设计型过渡,新兴技术给物流业带来信息收集、精准匹配及产业链整合的机会,同时也扮演着流量端口和精准营销端口的双重角色。新零售、C2M(Customer to Manufactory)、众包等新理念不断涌现,互联网时代对专业化物流效率也提出了更高的要求,物联网技术在生鲜、医药、危化品等领域大规模应用,推动物流全程实现可视化和平台化,特别是城乡配送、即时配送、冷链物流、医药物流、进口导向的跨境电商物流等为代表的精细物流发展迅速。虽然整体上,我国物流市场的竞争比较激烈,但是高端物流市场的供给仍然滞后,亟需高附加值的物流服务。冷链物流已经成为物流企业竞争的蓝海。

信息技术的进步为政府监管提供了新的手段,货运物流市场监管向实时监管、视频监管、远程监管、平台监管发展,监管信息透明化程度和监管力度得到加强。未来监管的重点将由以审批为主的事前资质监管转向以信用为主的事中事后监管转变。随着区块链技术商业化,物流信用记录方式、契约规则将发生改变,物流信用系统、物流金融创新将具有极大的发展潜力。

七、国家政策引导推动区域物流一体化融合发展

京津冀、长三角、粤港澳大湾区、成渝地区双城经济圈等城市圈(群)和区域一体化正成为引领高质量发展的重要动力源,推动区域一体化支撑区域一体化发展势在必行。《中华人民共和国国民经济和社会发展第十四个五年规划和2035年远景目标纲要》要求,要强化流通体系对新发展格局的支撑作用,"加快构建国内统一大市场,对标国际先进规则和最佳实践优化市场环境,促进不同地区和行业标准、规则、政策协调统一,有效破除地方保护、行业垄断和市场分割"。《京津冀协同发展规划纲要》要求,有序疏解北京非首都功能,促进区域

协调发展,形成新增长极。《长江三角洲区域一体化发展规划纲要》提出,协同建设一体化综合交通体系,并且合力打造世界级机场群、协同推进港口航道建设。《粤港澳大湾区发展规划纲要》提出,推进粤港澳物流合作发展,大力发展第三方物流和冷链物流,提高供应链管理水平,建设国际物流枢纽。《成渝地区双城经济圈建设规划纲要》提出,构建一体化综合交通运输体系,强化重庆、成都国家物流枢纽功能,合力建设国际货运中心,合力建设西部陆海新通道,加强与西部地区协调联动。

《国家综合立体交通网规划纲要》提出,以京津冀、长三角、粤港澳大湾区和成渝地区双城经济圈4个地区作为极,打造由主轴、走廊、通道组成的国家综合立体交通网主骨架。加强京津冀、长三角、粤港澳大湾区、成渝地区双城经济圈4极之间联系,建设综合性、多通道、立体化、大容量、快速化的交通主轴。拓展4极辐射空间和交通资源配置能力,打造我国综合立体交通协同发展和国内国际交通衔接转换的关键平台,充分发挥促进全国区域发展南北互动、东西交融的重要作用。推动区域和城市圈(群)一体化发展,要求打破传统的城市行政边界,在更大的范围内调整物流布局,大力提升区域物流一体化发展水平。以京津冀协同发展、粤港澳大湾区、长三角高质量一体化、成渝双城经济圈等四大国家区域战略为核心,以基础设施互联互通、运输组织协同高效、信息资源共享应用、管理政策规范统一,推动区域物流与产业协同为重点,区域物流一体化将加速推进。以区域物流一体化带动产业向4.0升级和城市向2.0更新,政府和市场均具有更加广阔的作为空间。

第二节 提升城市物流枢纽地位的对策建议

一、完善城市现代物流体系顶层设计

从经济贡献的角度,国内城市的物流业增加值占城市经济总量的比重大概在5%左右,部分物流业发达城市的贡献度可以超过15%,而一些国际性物流枢纽城市,物流业及其衍生产业对于城市经济和就业的贡献甚至超过50%。与此同时,现代物流业作为生产性服务业的重要组成部分,对于支撑高端制造业高质量发展的价值更是不可或缺,因此各级政府均将物流降本增效作为提升经济竞争力的重要手段。因此,有必要从全域产业布局的高度,优化城市现代物流体系的空间格局和层级体系,完善现代物流产业发展规划。

从城市日常运作的角度,完善的城市物流体系也是支撑城市功能的基础骨架。但是,比较可惜的是,部分城市以缓解拥堵或者污染防治为名,出台了一些限制城区货车通行或者物流节点布设的政策。物流企业不得不采取城市周边二次分拣或者增加配送批次等应对措施,不仅增加了运营成本,反而有可能加剧城市拥堵或者空气污染。疫情防控的经验充分表明了城市物流配送对于百姓日常生产生活的价值,即使城市客运可以停摆,但是城市物流仍要保障正常运转。否则的话,物流不畅有可能导致由目前的防疫物资短缺变为全面的物资短缺。因此,有必要将城市物流提升到与城市客运同样的功能定位,推动城市配送享受与公共交通同样的优惠支持政策,完善城市物流通道、节点体系和通行政策,切实大力发展现代

化的城市物流体系。

二、依托物流枢纽大力发展枢纽经济

物流枢纽具有显著的聚集效应。物流枢纽首先通过对传统分散资源的整合和集中,丰富包装、集散、信息等物流服务功能,形成商贸业物流集聚区。其次,随着工业开发区、出口加工区物流运作模式转型及专业化物流发展,制造业物流集聚区将会形成,从而有利于培育大型网络化物流运行企业,进一步聚集海港、空港、内河口岸及陆港物流基础设施建设,形成交通枢纽物流集聚区,吸引重大项目投资和产业转型升级,从而形成物流与产业的良性聚集循环发展。

物流产业集聚将极大地推进区域经济和城乡一体化进程,加速区域大循环。以西安为例,西安国际陆港取得国际国内代码,成为我国唯一获得国际、国内双代码的内陆港口,被纳入了国际货运体系。在此基础上,西安持续深化"枢纽经济""门户经济""流动经济"三个经济发展,对外贸易拉动作用不断提升,"双循环"枢纽效应更加凸显。依托物流枢纽,大力发展临空经济、临港经济、陆港经济、口岸经济等枢纽偏好型产业,通过资源重新组合提升农副产品加工、装备制造、跨境电商、金融贸易等产业的附加值水平,改变地区在区域产业链价值链分工的地位,将成为推动城市产业升级和弯道超车的重要发展策略。

三、大力推动城市物流的数字化转型

受物流行业规模和网络经济达到拐点、资源整合红利吸引科技企业进入、物流需求快速迭代升级、智能技术逐步实现商业化应用、人工智能替代劳动力以应对劳动力供给长期短缺等多方面因素驱动,我国物流信息化正加速进入以物流业务数字化和物流数据业务化为主要特征的智慧物流时代,智慧物流时代加速到来。数字化基础设施、新型的贸易监管模式及便利化的贸易制度,将成为未来城市发展比较优势的重要来源。郑州适应数字化贸易的发展要求,探索推出了企业—企业—用户(B2B2C)的新型海关通关模式,在E国际贸易通关制度设计方面作出了重大创新,解决了小单贸易无法通关、邮快递无法征税、行李携带无法监管的问题,突破国际快递垄断,实现物流成本的下降,呈现出较强的市场竞争力,带动了增长国际物流枢纽地位的提升。

推动城市物流的数字化转型,要加大物流新基建投资力度,推广应用云计算、大数据、物联网等新一代信息基础,完善数字化物流基础设施,捕捉物流运作过程中的流体、流速、流向、流量、环境等各种基础数据参数,实现物流业务数字化。数据是城市物流数字化发展的核心资源,加强政企物流数据共享合作应用,驱动物流业与制造业深度联动融合发展,输出上下游供应链一体化的解决方案,实现制造、流通和消费的无缝对接,推动市场监管过去由面向资质的事前标准化监管转为面向信用的事后个性化监管。同时,面对跨境电商及国际贸易规则创新要求,加强与跨境电商平台、国际组织、大型物流和金融企业等部门的合作,开展数字化监管模式创新,聚集区域物流资源,建设面向未来的下一代新型国际物流枢纽。

四、推进城市物流配送绿色低碳发展

全国约1/3的货运交通量集中在城市及其周边地区,城市物流是充分挖掘货运节能减排潜力的重要场景。优化城市货运配送体系,发挥结构性减排潜力,推动改善城市交通环境、提高资源利用效率,已成为我国货运行业绿色集约发展的重要手段。2021年10月,国务院印发《2030年前碳达峰行动方案》,重点实施"碳达峰十大行动",其中交通运输绿色低碳行动是重要内容之一,提出要加快大宗货物和中长距离货物运输"公转铁""公转水",加快城乡物流配送体系建设,创新绿色低碳、集约高效的配送模式。

推进城市物流绿色低碳化发展,要深入推进城市范围内的运输结构调整,通过设施专业化、装备模块化、服务便捷化、数据标准化等方式提高多式联运运作效率,实现公路运输向更清洁的运输方式转移。通过市场准入、运力投放、通行许可、资金引导等手段,鼓励商贸流通企业和货运配送企业转变运营模式,提高共同配送在城市整体配送业务中的比重,大力推进以集约型规范化配送为主导的配送模式。发展加大城市清洁能源的投资力度,完善重要交通走廊和节点的清洁能源基础设施建设,加速推广新能源物流车、电动搬运车、氢能船舶等新能源工具。注重大力发掘新技术的减碳空间,如汽车编队行驶可降低约10%～15%的碳排放,大力发展自动驾驶、编队行驶、高铁货运、地下物流、无人机配送等物流新模式。

五、强化城市物流网络韧性能力建设

与庞大的城市人口规模和发达的城市经济体量形成鲜明对比,新冠肺炎疫情导致的全社会运输物流秩序混乱甚至瘫痪,再次凸显了城市物流体系的脆弱性,应急物流体系建设将成为韧性城市建设的重中之重。与此同时,随着全球气候变暖,自然灾害的频率和强度增加,韧性物流能力建设的紧迫性日益凸显。发达国家和城市均积极打造韧性交通网络,以降低物流运输网络运营中断的风险及其影响。2019年发布的"纽约2050总规"中,明确指出将韧性作为五大价值观之一,提升基础设施应对未来不确定性的韧性,通过传统基础设施与信息技术基础设施的结合,实现基础设施韧性的全面提升。

在发生地震、雨雪、疫情、战争等突发事件时,能够抵抗或者规避风险带来的破坏或者损失,保障物流网络基本功能不中断,提高物流服务的稳健性、冗余性、应变性、恢复性,将成为城市物流体系的基本要求。强化城市物流网络韧性能力建设,要求对于事前冗余能力建设和事中冲击吸收能力建设远高于灾害事故的事后应急,重点在于打造"平时服务、急时应急、战时应战"合三为一的城市物流"生命线",确保战略和应急物资"全时空、全天候"不中断。一方面,要完善城市物流通道的多样性,推进陆路、水上以及空中、地下等物流体系建设,具备满足功能要求的备选方案,能够实现快速切换,如公路运输被隔断的情况下,快速转向铁路和航空运输。另外一方面,在城市物流规划、法律法规和建设标准中纳入韧性目标,并定期调整以适应气候变化等外部冲击,量化识别城市内易受损的物流基础设施和核心网络。提升城市物流网络韧性,重点在于构建"区域化应急物流中心+网格化城市配送中心+末端化城市配送节点+社区终端自组织配送"的应急配送体系,确定一批城市物资交换中心,采用甩挂运输、带板运输等模块化、集装箱运输等方式,减少装卸时间,提高交接效率。

附　录

COMPETITIVENESS OF
CITY LOGISTICS IN CHINA
(2021)

附录一　中国城市物流竞争力年度榜单

榜单一　2020 年中国地区生产总值前 50 位城市

城市	地区生产总值(亿元)	排名	城市物流竞争力指数	排名
上海	38701	1	73.43	1
北京	36103	2	46.05	4
深圳	27670	3	55.60	2
广州	25019	4	55.20	3
重庆	25003	5	45.43	5
苏州	20171	6	39.36	9
成都	17717	7	40.36	8
杭州	16106	8	39.10	10
武汉	15616	9	40.45	7
南京	14818	10	36.48	13
天津	14084	11	40.84	6
宁波	12409	12	35.43	14
青岛	12401	13	35.06	15
无锡	12370	14	30.01	19
长沙	12143	15	33.20	16
郑州	12003	16	38.70	11
佛山	10816	17	25.71	28
泉州	10159	18	25.83	27
济南	10141	19	28.60	22
合肥	10046	20	31.36	17
南通	10036	21	24.42	33
西安	10020	22	37.60	12
福州	10020	23	28.77	21
东莞	9650	24	29.98	20
烟台	7816	25	23.60	36
常州	7805	26	22.61	38
徐州	7320	27	24.66	32
唐山	7211	28	25.94	26

续上表

城市	地区生产总值(亿元)	排名	城市物流竞争力指数	排名
大连	7030	29	25.63	29
温州	6871	30	21.31	45
昆明	6734	31	25.60	30
长春	6638	32	21.87	42
沈阳	6572	33	26.58	25
厦门	6384	34	30.91	18
扬州	6048	35	18.73	59
绍兴	6001	36	18.02	67
盐城	5953	37	18.26	65
石家庄	5935	38	27.60	23
潍坊	5872	39	21.40	44
南昌	5746	40	24.19	34
嘉兴	5424	41	22.60	39
泰州	5313	42	20.29	48
台州	5263	43	18.29	63
哈尔滨	5184	44	23.81	35
洛阳	5128	45	19.98	50
临沂	4805	46	19.08	56
南宁	4726	47	21.79	43
金华	4704	48	26.92	24
襄阳	4602	49	18.80	58
漳州	4546	50	13.21	149

榜单二　2020 年中国地区生产总值增长率前 50 位城市

城市	地区生产总值增长率(%)	排名	城市物流竞争力指数	排名
舟山	12.0	1	22.51	41
金昌	8.7	2	7.74	291
梧州	8.0	3	12.14	186
日喀则	8.0	4	8.04	283
林芝	7.9	5	8.33	280
拉萨	7.8	6	11.32	206
昌都	7.8	7	9.33	258
贵港	7.0	8	13.86	129
贺州	7.0	9	9.45	255
曲靖	6.6	10	11.74	196
酒泉	6.3	11	8.44	278
来宾	6.3	12	11.35	205
吴忠	6.2	13	9.66	251
崇左	6.1	14	9.28	260
晋城	6.1	15	10.81	220
宁德	6.0	16	12.32	177
石嘴山	6.0	17	8.31	281
楚雄	6.0	18	9.80	244
阿克苏	5.9	19	9.06	266
厦门	5.7	20	30.91	18
固原	5.6	21	9.16	263
龙岩	5.3	22	12.31	180
海口	5.3	23	21.26	46
昌吉	5.3	24	9.01	267
天水	5.2	25	11.71	197
运城	5.2	26	13.38	143
西安	5.2	27	37.60	12
福州	5.1	28	28.77	21
防城港	5.1	29	12.12	187
河池	5.1	30	9.32	259
长治	5.1	31	12.17	185
贵阳	5.0	32	22.53	40
铜川	5.0	33	9.73	249

续上表

城市	地区生产总值增长率(%)	排名	城市物流竞争力指数	排名
济南	4.9	34	28.60	22
塔城	4.9	35	7.98	286
喀什	4.8	36	9.86	242
保山	4.8	37	9.34	257
南通	4.7	38	24.42	33
海东	4.7	39	8.81	271
哈密	4.7	40	11.11	213
汕尾	4.6	41	10.64	223
遵义	4.6	42	16.16	85
南京	4.6	43	36.48	13
宜宾	4.6	44	12.85	158
丽江	4.6	45	9.89	240
六盘水	4.5	46	11.47	203
常州	4.5	47	22.61	38
宿迁	4.5	48	16.05	87
榆林	4.5	49	16.38	81
滁州	4.4	50	15.16	106

榜单三　2020 年中国快递业务量前 50 位城市

城市	国内快递业务量(万件)	排名	城市物流竞争力指数	排名
金华	901085	1	26.92	24
广州	761600	2	55.20	3
深圳	537000	3	55.60	2
上海	336000	4	73.43	1
杭州	300081	5	39.10	10
北京	238200	6	46.05	4
揭阳	234700	7	13.82	132
东莞	211700	8	29.98	20
苏州	210198	9	39.36	9
泉州	171800	10	25.83	27
成都	143200	11	40.36	8
汕头	142100	12	16.07	86
温州	136000	13	21.31	45
宁波	115000	14	35.43	14
石家庄	113500	15	27.60	23
郑州	110047	16	38.70	11
武汉	109900	17	40.45	7
台州	109372	18	18.29	63
嘉兴	96148	19	22.60	39
佛山	95500	20	25.71	28
南京	95100	21	36.48	13
长沙	93034	22	33.20	16
天津	92800	23	40.84	6
临沂	88871	24	19.08	56
合肥	88500	25	31.36	17
保定	85700	26	17.77	70
无锡	76000	27	30.01	19
南通	74000	28	24.42	33
重庆	73100	29	45.43	5
绍兴	67122	30	18.02	67
西安	67115	31	37.60	12
济南	65179	32	28.60	22
中山	61000	33	15.73	93

续上表

城市	国内快递业务量(万件)	排名	城市物流竞争力指数	排名
青岛	58711	34	35.06	15
厦门	54343	35	30.91	18
沈阳	51536	36	26.58	25
南昌	46600	37	24.19	34
廊坊	46428	38	15.50	97
福州	45900	39	28.77	21
宿迁	44575	40	16.05	87
潮州	44387	41	13.26	146
湖州	43030	42	18.36	62
南宁	42836	43	21.79	43
昆明	42073	44	25.60	30
徐州	39840	45	24.66	32
邢台	39334	46	14.13	122
惠州	38722	47	18.17	66
商丘	36000	48	17.99	68
潍坊	34200	49	21.40	44
沧州	32875	50	17.52	72

榜单四　2020年中国国际快递业务量前50位城市

城市	国际快递业务量（万件）	排名	城市物流竞争力指数	排名
深圳	71000	1	55.60	2
杭州	30034	2	39.10	10
东莞	16000	3	29.98	20
广州	14424	4	55.20	3
上海	14000	5	73.43	1
金华	8160	6	26.92	24
福州	2503	7	28.77	21
苏州	2326	8	39.36	9
泉州	1983	9	25.83	27
佛山	1924	10	25.71	28
郑州	1707	11	38.70	11
厦门	1538	12	30.91	18
莆田	1418	13	13.91	126
成都	1400	14	40.36	8
珠海	1369	15	18.28	64
北京	1160	16	46.05	4
宁波	1143	17	35.43	14
哈尔滨	964	18	23.81	35
南京	850	19	36.48	13
青岛	734	20	35.06	15
温州	670	21	21.31	45
南昌	581	22	24.19	34
南宁	572	23	21.79	43
武汉	464	24	40.45	7
嘉兴	434	25	22.60	39
中山	429	26	15.73	93
长沙	422	27	33.20	16
合肥	418	28	31.36	17
西安	407	29	37.60	12
绍兴	325	30	18.02	67
无锡	324	31	30.01	19
惠州	306	32	18.17	66
大连	273	33	25.63	29

续上表

城市	国际快递业务量(万件)	排名	城市物流竞争力指数	排名
天津	251	34	40.84	6
汕头	200	35	16.07	86
南通	200	36	24.42	33
常州	189	37	22.61	38
昆明	187	38	25.60	30
江门	180	39	14.15	121
烟台	179	40	23.60	36
石家庄	177	41	27.60	23
乌鲁木齐	172	42	19.63	53
重庆	162	43	45.43	5
银川	152	44	16.50	78
沈阳	148	45	26.58	25
太原	145	46	22.78	37
呼和浩特	142	47	16.28	82
镇江	101	48	19.07	57
台州	92	49	18.29	63
漳州	86	50	13.21	149

榜单五　2020年中国常住人口前50位城市

城市	常住人口(万人)	排名	城市物流竞争力指数	排名
重庆	3205	1	45.43	5
上海	2487	2	73.43	1
北京	2189	3	46.05	4
成都	2094	4	40.36	8
广州	1868	5	55.20	3
深圳	1756	6	55.60	2
天津	1387	7	40.84	6
西安	1295	8	37.60	12
苏州	1275	9	39.36	9
郑州	1260	10	38.70	11
武汉	1233	11	40.45	7
杭州	1194	12	39.10	10
石家庄	1124	13	27.60	23
临沂	1102	14	19.08	56
东莞	1047	15	29.98	20
青岛	1007	16	35.06	15
长沙	1005	17	33.20	16
哈尔滨	1001	18	23.81	35
南阳	971	19	16.52	77
温州	957	20	21.31	45
佛山	950	21	25.71	28
邯郸	941	22	18.37	60
宁波	940	23	35.43	14
潍坊	939	24	21.40	44
合肥	937	25	31.36	17
南京	932	26	36.48	13
保定	924	27	17.77	70
济南	920	28	28.60	22
徐州	908	29	24.66	32
沈阳	907	30	26.58	25
长春	907	31	21.87	42
周口	903	32	15.39	102
赣州	897	33	17.46	73

续上表

城市	常住人口(万人)	排名	城市物流竞争力指数	排名
菏泽	880	34	15.47	99
泉州	878	35	25.83	27
南宁	874	36	21.79	43
昆明	846	37	25.60	30
济宁	836	38	16.22	84
福州	829	39	28.77	21
阜阳	820	40	18.36	61
商丘	782	41	17.99	68
南通	773	42	24.42	33
唐山	772	43	25.94	26
无锡	746	44	30.01	19
大连	745	45	25.63	29
沧州	730	46	17.52	72
邢台	711	47	14.13	122
烟台	710	48	23.60	36
洛阳	706	49	19.98	50
金华	705	50	26.92	24

榜单六　2020 年中国综合交通覆盖人口规模前 50 位城市

城市	综合交通覆盖人口（万人）	排名	城市物流竞争力指数	排名
郑州	114793	1	38.70	11
驻马店	107441	2	16.26	83
武汉	106911	3	40.45	7
洛阳	105843	4	19.98	50
许昌	105340	5	15.82	92
长沙	104855	6	33.20	16
合肥	104177	7	31.36	17
西安	101550	8	37.60	12
邯郸	101229	9	18.37	60
徐州	101177	10	24.66	32
漯河	100401	11	15.82	91
石家庄	100289	12	27.60	23
南京	100233	13	36.48	13
商丘	100156	14	17.99	68
鹤壁	99791	15	13.19	150
安阳	99440	16	16.48	79
三门峡	98591	17	12.22	184
岳阳	97743	18	19.95	51
上饶	96940	19	16.04	88
新乡	96015	20	15.49	98
淮南	95545	21	14.56	116
开封	95320	22	14.99	110
株洲	95208	23	15.22	105
娄底	95025	24	15.29	104
咸阳	94591	25	14.08	123
渭南	94469	26	13.48	139
邵阳	94210	27	12.79	161
杭州	94119	28	39.10	10
六安	93763	29	14.92	112
湘潭	93624	30	13.25	147
孝感	93611	31	15.16	107
黄山	93461	32	12.09	188
信阳	91666	33	17.70	71

续上表

城市	综合交通覆盖人口（万人）	排名	城市物流竞争力指数	排名
上海	91568	34	73.43	1
咸宁	91042	35	12.78	162
北京	90687	36	46.05	4
南平	90065	37	13.09	152
镇江	89785	38	19.07	57
鹰潭	89778	39	13.83	131
天门	89332	40	11.09	215
衡阳	88922	41	16.75	76
蚌埠	88723	42	17.90	69
德州	88683	43	15.70	94
南昌	88357	44	24.19	34
濮阳	88023	45	12.97	156
常州	86826	46	22.61	38
广州	86631	47	55.20	3
宿州	85373	48	14.57	115
芜湖	85012	49	24.71	31
枣庄	84857	50	13.73	134

指标说明：综合交通覆盖人口规模定义为从一个城市出发，使用公路、铁路或航空24小时内可以到达的目标城市的最大人口总和。其中，公路出行采用百度地图轻量级路线规划服务应用，铁路出行采用百度地图路线规划服务API查询进行数据爬取，航空出行采用航班管家网站所提供的航线数据，人口数量是按照第七次人口普查常住人口计算得到。

榜单七　2020 年中国铁路班列数发车前 50 位城市

城市	铁路班列数(列)	排名	城市物流竞争力指数	排名
广州	851	1	55.20	3
南京	834	2	36.48	13
郑州	731	3	38.70	11
武汉	704	4	40.45	7
长沙	688	5	33.20	16
杭州	644	6	39.10	10
北京	599	7	46.05	4
上海	592	8	73.43	1
合肥	568	9	31.36	17
天津	533	10	40.84	6
成都	526	11	40.36	8
济南	488	12	28.60	22
石家庄	487	13	27.60	23
东莞	476	14	29.98	20
西安	465	15	37.60	12
苏州	465	16	39.36	9
重庆	430	17	45.43	5
无锡	429	18	30.01	19
徐州	426	19	24.66	32
深圳	425	20	55.60	2
常州	418	21	22.61	38
沈阳	409	22	26.58	25
南昌	380	23	24.19	34
贵阳	380	24	22.53	40
金华	369	25	26.92	24
上饶	349	26	16.04	88
衡阳	346	27	16.75	76
镇江	340	28	19.07	57
嘉兴	323	29	22.60	39
长春	316	30	21.87	42
青岛	310	31	35.06	15
南宁	310	32	21.79	43
商丘	303	33	17.99	68

续上表

城市	铁路班列数(列)	排名	城市物流竞争力指数	排名
昆明	297	34	25.60	30
哈尔滨	293	35	23.81	35
佛山	288	36	25.71	28
洛阳	283	37	19.98	50
惠州	276	38	18.17	66
芜湖	274	39	24.71	31
唐山	273	40	25.94	26
兰州	264	41	20.27	49
保定	259	42	17.77	70
桂林	258	43	13.45	140
阜阳	255	44	18.36	61
福州	249	45	28.77	21
郴州	245	46	12.74	164
秦皇岛	238	47	14.95	111
蚌埠	237	48	17.90	69
肇庆	237	49	12.77	163
厦门	229	50	30.91	18

榜单八　2020 年中国国内航班数起飞前 50 位城市

城市	国内航班数（列）	排名	城市物流竞争力指数	排名
北京	24902	1	46.05	4
上海	23246	2	73.43	1
深圳	22595	3	55.60	2
重庆	20412	4	45.43	5
成都	20055	5	40.36	8
杭州	18697	6	39.10	10
广州	18479	7	55.20	3
西安	15779	8	37.60	12
昆明	14806	9	25.60	30
哈尔滨	11109	10	23.81	35
厦门	10325	11	30.91	18
青岛	8981	12	35.06	15
济南	8672	13	28.60	22
沈阳	8547	14	26.58	25
贵阳	8451	15	22.53	40
长沙	7703	16	33.20	16
乌鲁木齐	7486	17	19.63	53
天津	7370	18	40.84	6
福州	6532	19	28.77	21
大连	6404	20	25.63	29
南宁	6310	21	21.79	43
长春	6108	22	21.87	42
武汉	5889	23	40.45	7
兰州	5807	24	20.27	49
海口	5615	25	21.26	46
三亚	5233	26	12.72	165
银川	5045	27	16.50	78
太原	5023	28	22.78	37
西宁	4932	29	12.56	171
温州	4875	30	21.31	45
泉州	4831	31	25.83	27
呼和浩特	4780	32	16.28	82
南昌	4601	33	24.19	34

续上表

城市	国内航班数(列)	排名	城市物流竞争力指数	排名
郑州	4393	34	38.70	11
石家庄	3876	35	27.60	23
无锡	3866	36	30.01	19
合肥	3799	37	31.36	17
珠海	3689	38	18.28	64
拉萨	3676	39	11.32	206
宁波	3664	40	35.43	14
烟台	3323	41	23.60	36
南通	2492	42	24.42	33
南京	2460	43	36.48	13
丽江	2448	44	9.89	240
揭阳	2063	45	13.82	132
临沂	1986	46	19.08	56
桂林	1829	47	13.45	140
常州	1738	48	22.61	38
遵义	1598	49	16.16	85
绵阳	1435	50	13.59	137

榜单九　2020 年中国国际航班数起飞前 50 位城市

城市	国际航班数(列)	排名	城市物流竞争力指数	排名
上海	2476	1	73.43	1
北京	1262	2	46.05	4
广州	652	3	55.20	3
福州	640	4	28.77	21
厦门	419	5	30.91	18
青岛	292	6	35.06	15
成都	286	7	40.36	8
深圳	278	8	55.60	2
昆明	268	9	25.60	30
杭州	189	10	39.10	10
南京	117	11	36.48	13
重庆	110	12	45.43	5
西安	75	13	37.60	12
烟台	75	14	23.60	36
泉州	72	15	25.83	27
天津	65	16	40.84	6
宁波	65	17	35.43	14
南宁	53	18	21.79	43
大连	50	19	25.63	29
武汉	44	20	40.45	7
郑州	42	21	38.70	11
威海	42	22	14.64	114
沈阳	36	23	26.58	25
哈尔滨	34	24	23.81	35
太原	28	25	22.78	37
济南	26	26	28.60	22
温州	26	27	21.31	45
常州	17	28	22.61	38
无锡	14	29	30.01	19
长春	12	30	21.87	42
汕头	12	31	16.07	86
长沙	7	32	33.20	16
呼和浩特	3	33	16.28	82

续上表

城市	国际航班数(列)	排名	城市物流竞争力指数	排名
贵阳	0	34	22.53	40
乌鲁木齐	0	35	19.63	53
兰州	0	36	20.27	49
海口	0	37	21.26	46
三亚	0	38	12.72	165
银川	0	39	16.50	78
西宁	0	40	12.56	171
南昌	0	41	24.19	34
石家庄	0	42	27.60	23
合肥	0	43	31.36	17
珠海	0	44	18.28	64
拉萨	0	45	11.32	206
南通	0	46	24.42	33
丽江	0	47	9.89	240
揭阳	0	48	13.82	132
临沂	0	49	19.08	56
桂林	0	50	13.45	140

榜单十 2020年中国机场货邮吞吐量前50位城市

城市	机场货邮吞吐量(万吨)	排名	城市物流竞争力指数	排名
上海	4025184	1	73.43	1
广州	1759281	2	55.20	3
深圳	1398783	3	55.60	2
北京	1287694	4	46.05	4
杭州	802049	5	39.10	10
郑州	639413	6	38.70	11
成都	618528	7	40.36	8
重庆	412783	8	45.43	5
南京	389362	9	36.48	13
西安	376311	10	37.60	12
昆明	324990	11	25.60	30
厦门	278336	12	30.91	18
青岛	206786	13	35.06	15
长沙	192018	14	33.20	16
武汉	189361	15	40.45	7
天津	184980	16	40.84	6
南昌	182175	17	24.19	34
沈阳	171986	18	26.58	25
无锡	157198	19	30.01	19
济南	146571	20	28.60	22
海口	134718	21	21.26	46
大连	122952	22	25.63	29
乌鲁木齐	122005	23	19.63	53
福州	119970	24	28.77	21
宁波	119156	25	35.43	14
贵阳	113452	26	22.53	40
哈尔滨	112052	27	23.81	35
南宁	107085	28	21.79	43
合肥	87506	29	31.36	17
石家庄	86390	30	27.60	23
长春	83672	31	21.87	42
三亚	79934	32	12.72	165
泉州	77506	33	25.83	27

续上表

城市	机场货邮吞吐量(万吨)	排名	城市物流竞争力指数	排名
温州	73572	34	21.31	45
兰州	69990	35	20.27	49
烟台	67371	36	23.60	36
南通	54016	37	24.42	33
银川	51824	38	16.50	78
太原	50788	39	22.78	37
呼和浩特	43143	40	16.28	82
拉萨	41920	41	11.32	206
西宁	38788	42	12.56	171
珠海	38358	43	18.28	64
潍坊	32303	44	21.40	44
揭阳	27662	45	13.82	132
常州	18911	46	22.61	38
桂林	15443	47	13.45	140
盐城	13631	48	18.26	65
榆林	12861	49	16.38	81
金华	12585	50	26.92	24

榜单十一 2020 年中国港口外贸货物吞吐量前 50 位城市

城市	港口外贸货物吞吐量(万吨)	排名	城市物流竞争力指数	排名
青岛	44458	1	35.06	15
上海	38864	2	73.43	1
宁波	35697	3	35.43	14
日照	31909	4	19.90	52
唐山	29589	5	25.94	26
天津	28468	6	40.84	6
厦门	19516	7	30.91	18
深圳	18897	8	55.60	2
舟山	17982	9	22.51	41
大连	16350	10	25.63	29
苏州	16098	11	39.36	9
烟台	14414	12	23.60	36
广州	14361	13	55.20	3
连云港	13243	14	20.92	47
福州	12421	15	28.77	21
湛江	9644	16	15.33	103
营口	9053	17	15.44	101
防城港	8089	18	12.12	187
沧州	6705	19	17.52	72
无锡	6573	20	30.01	19
南通	5300	21	24.42	33
镇江	4355	22	19.07	57
钦州	4294	23	12.98	155
惠州	4094	24	18.17	66
泉州	3767	25	25.83	27
珠海	3459	26	18.28	64
东莞	3325	27	29.98	20
南京	3209	28	36.48	13
泰州	2655	29	20.29	48
莆田	2623	30	13.91	126
丹东	2063	31	10.64	222
佛山	2056	32	25.71	28
锦州	2004	33	12.60	169

续上表

城市	港口外贸货物吞吐量(万吨)	排名	城市物流竞争力指数	排名
盐城	1974	34	18.26	65
嘉兴	1523	35	22.60	39
宁德	1467	36	12.32	177
北海	1445	37	11.82	193
茂名	1401	38	11.68	199
常州	1383	39	22.61	38
阳江	1249	40	11.08	216
盘锦	1187	41	10.98	218
威海	1185	42	14.64	114
马鞍山	1114	43	16.79	75
汕头	1056	44	16.07	86
武汉	1045	45	40.45	7
扬州	1034	46	18.73	59
漳州	916	47	13.21	149
江门	849	48	14.15	121
潮州	720	49	13.26	146
黄石	689	50	14.33	119

榜单十二　2020年中国主要物流政策支持城市分布情况

年份(年)	文 件 名 称	主要支持城市
2016	《国家发展和改革委关于开展现代物流创新发展城市试点工作的通知》	天津、沈阳、哈尔滨、上海、南京、青岛、厦门、武汉、广州、深圳、重庆、成都、西安、乌鲁木齐、郑州、保定、临沂、赣州、岳阳、义乌等
2018	《关于开展供应链创新与应用试点的通知》	北京、上海、张家港、杭州、宁波、青岛、武汉、广州、深圳等
2018	《关于组织开展城市绿色货运配送示范工程的通知》	天津、石家庄、邯郸、衡水、鄂尔多斯、苏州、厦门、青岛、许昌、安阳、襄阳、十堰、长沙、广州、深圳、成都、泸州、铜仁、兰州、银川、太原、大同等
2019	《关于进一步落实城乡高效配送专项行动有关工作的通知》	北京、天津、上海、重庆、承德、太原、临汾、沈阳、松原、哈尔滨、齐齐哈尔、南京、无锡、徐州、温州、鹰潭、赣州、宜春、烟台、潍坊、淄博、武汉、黄石、湘潭、广州、东莞、成都、贵阳、黔南、兰州等
2019	《交通运输部关于公布第一批交通强国建设试点单位的通知》等	重庆、深圳、宁波、厦门、天津、上海等
2019	《国家邮政局办公室关于进一步推进"中国快递示范城市"创建工作的通知》	大连、苏州、杭州、宁波、厦门、泉州、合肥、青岛、武汉、揭阳等第一批10个城市保留"中国快递示范城市"称号,沈阳、无锡、义乌、台州、温州、芜湖、福州、晋江、南昌、临沂、漯河、鄂州、长沙、广州、西安等城市开展第二批"中国快递示范城市"创建工作
2020	《关于扩大跨境电商零售进口试点的通知》等	上海、杭州、宁波、郑州、重庆、广州、深圳、福州、平潭、天津、合肥、成都、苏州、大连、青岛、北京、呼和浩特、沈阳、长春、哈尔滨、南京、南昌、武汉、长沙、南宁、海口、贵阳、昆明、西安、兰州、厦门、唐山、无锡、威海、珠海、东莞、义乌、石家庄、秦皇岛、廊坊、太原、赤峰、抚顺、营口、珲春、牡丹江、黑河、徐州、南通、连云港、温州、绍兴、舟山、芜湖、安庆、泉州、九江、吉安、赣州、济南、烟台、潍坊、日照、临沂、洛阳、商丘、南阳、宜昌、襄阳、黄石、衡阳、岳阳、汕头、佛山、北海、钦州、崇左、泸州、遵义、安顺、德宏、红河、拉萨、西宁、海东、银川、乌鲁木齐等
2020	《关于继续推进城乡高效配送专项行动有关工作的通知》	保定、唐山、通化、南昌、济南、临沂、郑州、洛阳、泸州、遂宁

附录二 表 目 录

表 1-1	我国交通基础设施发展情况	22
表 2-1	2020年度我国城市物流竞争力排名（1～100名）	23
表 2-2	2020年度我国城市物流竞争力排名（101～200名）	26
表 2-3	2020年度我国城市物流竞争力排名（201～302名）	28
表 2-4	2020年度我国城市物流竞争力细分排名（前50位）	29
表 3-1	中国代表城市入围GaWC榜单以及2018年与2020年对比变化	34
表 3-2	物流竞争力指数分项排名前三名城市	38
表 3-3	2020年度中国物流新一线城市（物流竞争力前30强）	39
表 3-4	2020年度副省级城市物流竞争力前10位	40
表 3-5	2020年度省会城市物流竞争力前10位	41
表 3-6	2020年度地级市物流竞争力前10位	41
表 3-7	国内城市累计确诊病例数前10位（截至2020年12月31日）	45
表 3-8	2020年度中国城市物流竞争力指数与2019年度对比分析表	45
表 3-9	2020年度中国城市物流竞争力指数与2019年度对比变化表	47
表 4-1	传统物流与现代物流的比较	59
表 4-2	工业化不同阶段的城市物流发展重点	61
表 4-3	部分省市在"双循环"新发展格局中的战略定位	66
表 4-4	典型省市枢纽经济发展策略	66
表 4-5	国家积极推进物流枢纽建设	68
表 5-1	城市物流竞争力相关研究	70
表 6-1	城市物流势能排行榜	85
表 6-2	2020年度江苏省物流势能表现情况	87
表 6-3	2020年度河南省物流势能表现情况	87
表 6-4	2016—2020年我国网上零售规模及快递业务量增长趋势	88
表 6-5	地区生产总值、第二产业增加值与城市物流竞争力指数相关性分析	89
表 6-6	2018—2020年我国社会物流总额构成及增长趋势	90
表 7-1	2020年度物流市场欢迎度排行榜	92
表 8-1	2020年度物流政策支持度排行榜	97
表 8-2	代表性交通强国试点单位及相关物流试点任务	101
表 9-1	2020年度中国省域物流竞争力层次划分	106
表 9-2	省域城市物流竞争力分布表	108

表 9-3	中国省域物流竞争力层次划分	110
表 9-4	广东省城市物流竞争力排名情况	110
表 9-5	福建省城市物流竞争力排名情况	113
表 9-6	四川省城市物流竞争力排名情况	115
表 9-7	广西壮族自治区城市物流竞争力排名情况	117
表 10-1	主要全球城市指数的上海排名	121
表 10-2	2019—2020 年上海市机场航线开通情况	123
表 10-3	上海市物流竞争力年度得分	124
表 10-4	上海市城市物流竞争力细分指标对比表	125
表 11-1	重庆市物流竞争力年度得分	134
表 11-2	重庆市城市物流竞争力细分指标对比表	134
表 12-1	郑州市物流竞争力年度得分	142
表 12-2	郑州市细分指标对比表	143
表 13-1	长沙市物流竞争力年度得分	151
表 13-2	长沙市城市物流竞争力细分指标对比表	151
表 14-1	衢州市物流竞争力年度得分	160
表 14-2	衢州市细分指标对比表	160
表 15-1	美国各运输方式的主要特性（2017 年）	170
表 15-2	美国货运系统设施和运营情况	170
表 15-3	美国国家综合货运网络的构成	171
表 15-4	美国主要商品的流动情况与货运通道	172
表 15-5	美国国家货运战略的三大目标	173
表 15-6	近年来美国物流年报主题和重点内容	175
表 15-7	2020 年美国社会物流成本构成	177
表 15-8	2020 年中国与美国流通业主要指标对比	179
表 15-9	2020 年中美物流成本结构对比	180
表 16-1	孟菲斯国际机场基础设施情况	184
表 16-2	全球航空枢纽货邮吞吐量排名	185
表 16-3	孟菲斯国际机场运营情况（2012—2016 年）	188
表 16-4	全球机场对当地经济影响对比	193
表 17-1	2019 年《财富》美国 500 强企业销售收入合计情况	195
表 17-2	2019 年美国前 10 大国际贸易口岸	195
表 17-3	2019 年全球机场旅客吞吐量及排名情况	196
表 19-1	西班牙全球城市 500 强入选名单	213
表 19-2	萨拉戈萨机场通航城市及运营航司情况	214

附录三 图 目 录

图 1-1 国内新冠肺炎确诊病例变化图 ·· 12
图 1-2 全球及主要国家新冠肺炎累计确诊病例变化图 ································· 12
图 1-3 我国 2010—2020 年国内生产总值及增长率变化图 ··························· 13
图 1-4 我国 2010—2020 年国民经济三次产业结构变化图 ··························· 14
图 1-5 我国国内生产总值季度同比增速 ·· 14
图 1-6 2010—2020 年我国对外贸易总额及增长率变化图 ··························· 15
图 1-7 网上零售额占比及其增速 ·· 16
图 1-8 2019—2021 年我国物流业景气指数变化图 ···································· 19
图 1-9 我国社会物流总额及增长情况 ··· 20
图 1-10 我国社会物流总费用及与国内生产总值的比值 ······························· 20
图 1-11 我国 2020 年公路货运量及增幅月度变化 ····································· 21
图 1-12 2010—2020 年物流企业 50 强榜首及榜尾企业营收规模 ··················· 21
图 3-1 1985—2019 年我国城市数量变化图 ·· 33
图 3-2 2001—2020 年我国常住人口城镇化率变化图 ································· 33
图 3-3 样本城市的人口区间分布图 ·· 35
图 3-4 样本城市的地区生产总值区间分布图 ··· 36
图 3-5 我国东部、中部、西部地区人均生产总值变化趋势图 ······················· 36
图 3-6 我国南北地区人均生产总值变化趋势图 ·· 37
图 3-7 2020 年度中国城市物流竞争力指数分布图 ···································· 37
图 3-8 2020 年度中国城市物流吸引力指数分布图 ···································· 38
图 3-9 2020 年度中国城市物流辐射力指数分布图 ···································· 39
图 3-10 2020 年度中国新一线物流城市地区分布图 ··································· 42
图 3-11 2020 年度中国城市物流枢纽类型划分 ·· 43
图 3-12 2020 年度中国城市物流集群的"钻石格局" ································· 43
图 3-13 302 个样本城市累计确诊病例数区间分布图（截至 2020 年 12 月 31 日）······ 44
图 3-14 城市物流竞争力年度差值与城市确诊病例（取对数）的散点图 ··········· 46
图 3-15 城市物流韧性示意图 ·· 47
图 3-16 深圳市与广州市城市物流竞争力二级指数雷达图 ···························· 49
图 3-17 武汉市城市物流竞争力二级指数雷达图 ······································· 50
图 3-18 苏州市城市物流竞争力二级指数雷达图 ······································· 50
图 3-19 金华市城市物流竞争力二级指数雷达图 ······································· 51

中国城市物流竞争力报告(2021)——疫情冲击下的城市物流韧性经受考验

图 3-20	天津市与唐山市城市物流竞争力二级指数雷达图	52
图 3-21	西安市与合肥市城市物流竞争力二级指数雷达图	53
图 4-1	2010—2020 年我国快递发送量及增长率变化图	62
图 4-2	物流能力成为城市招商引资的核心优势	63
图 4-3	美国物流成本与第二产业占比的散点分布图	64
图 4-4	从"国际大循环"到"国内国际双循环"新发展格局	67
图 5-1	城市物流枢纽类型划分示意图	72
图 5-2	城市物流高质量发展评价指标体系	72
图 5-3	城市物流竞争力评价指标	74
图 5-4	基于信息熵确定的指标权重	78
图 5-5	基于 CRITIC 确定的指标权重	80
图 5-6	基于 PCA 确定的指标权重	82
图 5-7	三种分析方法评价结果对比	82
图 6-1	2020 年度物流势能城市区间分布图	85
图 6-2	2020 年度物流竞争力前百强城市中物流潜力城市	86
图 6-3	物流业与经济发展的双向互动关系	88
图 7-1	中国快递服务品牌集中度(CR8)指数	95
图 8-1	交通强国具体试点内容的客货运属性分布及其对应的运输方式	101
图 8-2	2020 年度绿色低碳指数城市区间分布图	102
图 8-3	宁波港集装箱海铁联运业务量走势图	103
图 9-1	2020 年度中国省域物流竞争力	108
图 9-2	广东省城市物流竞争力分项指标对比	112
图 9-3	福建省城市物流竞争力分项指标对比	114
图 9-4	四川省城市物流竞争力分项指标对比	117
图 9-5	广西壮族自治区城市物流竞争力分项指标对比	119
图 10-1	2010—2020 年上海市生产总值及人均地区生产总值变化情况	123
图 10-2	2019—2020 年上海市月度货运量变化情况	124
图 10-3	上海市物流竞争力细分指标雷达图	129
图 11-1	2010—2020 年重庆市生产总值及人均地区生产总值变化情况	132
图 11-2	2010—2020 年重庆市产业结构分布情况	132
图 11-3	重庆市物流竞争力细分指标雷达图	137
图 12-1	郑州市生产总值及人均地区生产总值变化情况(2010—2020 年)	141
图 12-2	2021 年 8 月全国主要城市仓库租金与空置率情况	144
图 12-3	郑州市物流竞争力细分指标雷达图	145
图 13-1	长沙市生产总值及人均地区生产总值变化情况(2010—2020 年)	147
图 13-2	长沙市产业结构分布情况	148
图 13-3	长沙市高速公路通车里程变化情况	149

图 13-4	长沙市黄花国际机场航空货邮吞吐量变化情况(2016—2020 年)	150
图 13-5	长沙市物流竞争力细分指标雷达图	154
图 14-1	衢州市生产总值及增速变化(2010—2020 年)	158
图 14-2	衢州市常住人口发展情况	158
图 14-3	2013—2020 年衢州市快递发展规模变化	161
图 14-4	衢州市物流竞争力细分指标雷达图	162
图 15-1	2010—2020 年中国和美国国内生产总值及人均国内生产总值对比	167
图 15-2	美国物流成本及产业结构变化趋势图	167
图 15-3	美国公路及州际高速公路里程	168
图 15-4	美国货运物流业的发展历程	169
图 15-5	2020 年美国商业物流成本与国内生产总值的比值	175
图 15-6	2020 年中国与美国物流成本与国内生产总值的比值对比	179
图 15-7	中国与美国物流绩效指数(LPI)对比	180
图 15-8	中国与美国运输结构对比	181
图 16-1	联邦快运与孟菲斯机场发展历程	186
图 16-2	20 世纪末至 21 世纪初孟菲斯国际机场货邮吞吐量	188
图 16-3	21 世纪初至今孟菲斯国际机场货邮吞吐量	189
图 16-4	孟菲斯地区交通运输业就业人口及联邦快递雇佣人口示意图	190
图 16-5	轴辐式运输(层次分明、运输线路分类有序、成本低)	191
图 16-6	点对点运输(缺乏层次、运输线路数量繁杂、成本高)	191
图 16-7	联邦快递轴辐式转运中心布局示意图	191
图 17-1	芝加哥物流运输业发展历程	199
图 17-2	2001—2018 年北美五大湖城市群交通运输与物流仓储业就业规模与占比	200
图 17-3	芝加哥多式联运综合物流基地	201
图 17-4	典型中转场功能区布局图	203
图 18-1	2006—2018 年杜伊斯堡港分货类运营效益	206
图 18-2	杜伊斯堡港年吞吐量	207
图 18-3	北莱茵-威斯特法伦州与中国的贸易总额	208
图 18-4	中国占北莱茵-威斯特法伦州对外贸易的比重	209
图 20-1	快递与劳动人口增长率变化图	223

参 考 文 献

[1] KEARNEY A T. Global cities:new priorities for a new world:2020 global cities report[EB/OL]. (2020-11-20) [2021-10-15]. https://www.kearney.com/global-cities/2020.

[2] Airports Council International. Annual report of the council-2020[EB/OL]. (2020-11-20) [2021-10-10]. https://www.icao.int/annual-report-2020/Pages/default_zh.aspx.

[3] Airports Council International. Annual world airport traffic dataset,2021[EB/OL]. (2020-11-20) [2021-10-15]. https://aci.aero/resources/data-center/.

[4] Airports Council International. Annual world airport traffic dataset,2020[EB/OL]. (2020-11-20) [2021-10-15]. https://aci.aero/resources/data-center/.

[5] Airports Council International. Annual world airport traffic dataset,2019[EB/OL]. (2020-11-20) [2021-10-15]. https://aci.aero/resources/data-center/.

[6] BNSF Railway. Intermodal update BNSF logistics Park-Chicago[EB/OL]. (2006-03-22) [2021-10-10]. http://www.bnsf.com/markets/intermodal/pdf/Issue1_Intermodal_Update.pdf.

[7] Globalization and World Cities (GaWC) Research Network. The world according to GaWC 2000-2016[EB/OL]. (2021-09-05) [2021-10-15]. http://www.lboro.ac.uk/gawc/gawc-worlds.html.

[8] Globalization and World Cities Research Network. The world according to GaWC 2020[EB/OL]. (2020-08-22) [2021-10-10]. https://www.lboro.ac.uk/gawc/world2020t.html.

[9] JACKSON J E. A user's guide to principal components[M]. [S.l.]:John Wiley & Sons,2005.

[10] JARAMILLO C F,REIS J G,ARVIS J F,et al. Connecting to compete 2018:trade logistics in the global economy - the logistics performance index and its indicators[R]. Washington,DC:World Bank,2018.

[11] KENDALL M G. A new measure of rank correlation[J]. Biometrika,1938,30(1/2):81-93.

[12] LEHMANN E L,D'Abrera H J. Nonparametrics:statistical methods based on ranks[M]. [S.l.]:Holden-day,1975.

[13] NOZICK L K,TURNQUIST M A. A two-echelon inventory allocation and distribution center location analysis[J]. Transportation Research Part E:Logistics and Transportation Review,2001,37(6):425-441.

[14] PROFILLIDIS V A,BOTZORIS G N. Chapter 5 - statistical methods for transport demand modeling[J]. Modeling of Transport Demand,2019:163-224.

［15］RAPPOLD J A,MUCKSTADT J A. A computationally efficient approach for determining inventory levels in a capacitated multiechelon production-distribution system［J］. Naval Research Logistics（NRL）,2000,47(5):377-398.

［16］Rochelle. Global Ⅲ intermodal terminal［EB/OL］.（2005-09-03）［2021-10-15］. https://www.up.com/customers/premium/intmap/int-chi/global3/index.htm.

［17］ROTHSTEIN J. Information,measurement,and quantum mechanics［J］. Science,1951,114(29/55):171-175.

［18］SHANNON C E. A mathematical theory of communication［J］. ACM SIGMOBILE Mobile Computing and Communications Review,2001,5(1):3-55.

［19］SKAGERSTAM B S K. On the notions of entropy and information［J］. Journal of Statistical Physics,1975,12(6):449-462.

［20］TANIGUCHI E,NORITAKE M,YAMADA T,et al. Optimal size and location planning of public logistics terminals［J］. Transportation Research Part E:Logistics and Transportation Review,1999,35(3):207-222.

［21］TANIGUCHI E,VAN DER HEIJDEN R E. An Evaluation Methodology for City Logistics［J］. Transport Reviews,2000,20(1):65-90.

［22］The Mori Memorial Foundation,Institute for Urban Strategies. Global Power City Index（GPCI-2020）［EB/OL］.（2020-12-04）［2021-10-10］. https://mori-m-foundation.or.jp/pdf/GPCI2020_summary.pdf.

［23］ZILIASKOPOULOS A K,WALLER S T. Modeling intermodal freight movements in the Chicago area［C］. Proceedings of the 42nd Annual Meeting of the Transportation Research Forum.［S.l.］:[s.n.],2000.

［24］安信证券.顺丰鄂州机场:世界供应链中心的崛起［EB/OL］.（2020-03-13）［2020-10-13］.https://www.headscm.com/Fingertip/detail/id/10408.html.

［25］百度地图.2020年度中国城市交通报告［R/OL］.（2021-10-08）［2021-10-08］. http://renqi.baidu.com/reports/landing?id=84.

［26］鲍玞仑,唐维伟.内河港口集装箱发展典型经验借鉴［J］.中国港口,2017(2):28-31.

［27］北京市人民政府.2021年北京市政府工作报告［EB/OL］.（2021-02-01）［2021-10-08］. http://www.beijing.gov.cn/gongkai/jihua/zfgzbg/202102/t20210201_2249908.html.

［28］财富中文网.《财富》美国500强城市排行榜:企业营收排名前15的城市［EB/OL］.（2021-9-13）［2021-10-10］. https://www.fortunechina.com/shangye/c/2020-05/29/content_366928.htm.

［29］曹苧心,张蕾.快时尚品牌ZARA的柔性供给链建设及启示［J］.现代商贸工业,2020,41(21):47-48.

［30］陈佳莹.义乌陆港,修炼通江达海之功［N/OL］.（2020-12-22）［2021-10-15］. http://zjydyl.zj.gov.cn/text/ghwl/yxobl/202012/306248.html.

［31］陈文玲.世界经济大变局与中国的大战略［EB/OL］.（2021-07-23）［2021-10-10］.

https://m.thepaper.cn/baijiahao_13717511.

[32] 成都市人民政府.2021年成都市政府工作报告[EB/OL].(2021-04-06)[2021-10-06].http://gk.chengdu.gov.cn/govInfo/detail.action?id=2889902&tn=2.

[33] 翟振武.新时代高质量发展的人口机遇和挑战[EB/OL].(2021-05-12)[2021-10-10].https://proapi.jingjiribao.cn/detail.html?id=339961.

[34] 方正交运.全球机场商业史之美国篇:亚特兰大机场、孟菲斯机场、洛杉矶机场[R/OL].(2018-02-08)[2021-10-10].http://xqdoc.imedao.com/16173bf8e9b414433fc6ebf6.pdf.

[35] 耿兴荣.城市物流发展规划的理论框架研究[J].城市规划汇刊,2003(06):86-90.

[36] 顾雯丽.中欧班列助推杜伊斯堡港业绩[EB/OL].(2018-04-02)[2021-10-10].https://www.imsilkroad.com/news/p/90542.html.

[37] 广东省人民政府.广东省国民经济和社会发展第十四个五年规划和2035年远景目标纲要[EB/OL].(2021-04-25)[2021-10-02].https://www.gd.gov.cn/zwgk/wjk/qbwj/yf/content/post_3268751.html.

[38] 广州市人民政府.2021年广州市政府工作报告[EB/OL].(2021-02-04)[2021-10-10].http://www.gz.gov.cn/zwgk/zjgb/zfgzbg/content/post_7067312.html.

[39] 中华人民共和国国家发展和改革委员会.国家发改委主任何立峰:"一带一路"建设5年来取得丰硕成果[EB/OL].(2018-09-19)[2021-10-03].http://news.sina.com.cn/c/2018-09-19/doc-ifxeuwwr6056613.shtml.

[40] 中华人民共和国国家发展和改革委员会,中国民用航空局.关于促进航空货运设施发展的意见[EB/OL].(2020-08-24)[2021-10-15].http://www.gov.cn/zhengce/zhengceku/2020-09/04/content_5540595.html.

[41] 中华人民共和国国家发展和改革委员会,中国物流与采购联合会.2019年全国物流运行情况[EB/OL].(2020-04-21)[2021-10-10].https://www.ndrc.gov.cn/fggz/jjyxtj/xdwl/202004/t20200421_1226120.html?code=&state=123.

[42] 中华人民共和国国家发展和改革委员会,中国物流与采购联合会.2020年全国物流运行情况[EB/OL].(2021-02-26)[2021-10-03].https://www.ndrc.gov.cn/xwdt/ztzl/shwltj/qgsj/202102/t20210226_1268288.html?code=&state=123.

[43] 中华人民共和国国家发展和改革委员会.中国营商环境报告2020[R].北京:中国地图出版社,2020.

[44] 中华人民共和国国家统计局,国务院第七次全国人口普查领导小组办公室.第七次全国人口普查公报[EB/OL].(2021-06-28)[2021-10-03].http://www.stats.gov.cn/tjsj/tjgb/rkpcgb/qgrkpcgb/202106/t20210628_1818820.html.

[45] 中华人民共和国国家统计局.2020年一季度国民经济运行情况[EB/OL].(2020-04-20)[2021-10-06].http://www.stats.gov.cn/tjgz/spxw/202004/t20200420_1739892.html.

[46] 中华人民共和国国家统计局.中国城市统计年鉴(1981—2020)[M/OL].(2021-10-14)[2021-10-15].http://www.stats.gov.cn/tjsj./ndsj/.

[47] 中华人民共和国国家统计局.中华人民共和国2020年国民经济和社会发展统计公报

[EB/OL].(2021-02-28)[2021-10-15].http://www.stats.gov.cn/tjsj/zxfb/202102/t20210227_1814154.html.

[48] 中华人民共和国国家卫生健康委员会.新型冠状病毒肺炎疫情最新情况动态[EB/OL].(2021-10-20)[2021-10-20].https://news.qq.com/zt2020/page/feiyan.htm#/.

[49] 中华人民共和国国家邮政局.2020年全国邮政行业发展统计公报[EB/OL].(2021-05-12)[2021-10-20].https://www.mot.gov.cn/tongjishuju/youzheng/202105/t20210519_3594476.html.

[50] 韩增林,李亚军,王利.城市物流园区及配送中心布局规划研究——以大连市物流园区建设规划为例[J].地理科学,2003(05):535-541.

[51] 杭州市人民政府.2021年杭州市政府工作报告[EB/OL].(2021-02-09)[2021-10-20].http://www.hangzhou.gov.cn/art/2021/2/9/art_1229063401_3844551.html.

[52] 合肥市人民政府.2021年合肥市政府工作报告[EB/OL].(2021-01-18)[2021-10-20].http://www.hefeifabu.gov.cn/dffazx2q111/jdus8u82822/2021-01-18/51180.html.

[53] 何宇.中欧班列疫情中逆势而行 德国港口装卸量创新纪录[EB/OL].(2021-02-19)[2021-10-15].https://www.imsilkroad.com/news/p/445025.html.

[54] 河南省发展和改革委员会.郑州都市圈交通一体化发展规划(2020—2035年)[EB/OL].(2021-04-19)[2021-10-20].http://fgw.henan.gov.cn/2021/04-19/2128736.html.

[55] 河南省人民政府.关于推动综合保税区和保税物流中心高质量发展的意见[EB/OL].(2021-08-30)[2021-10-20].https://www.henan.gov.cn/2021/08-30/2303067.html.

[56] 河南省人民政府.关于支持郑州建设国家中心城市的若干意见[EB/OL].(2019-07-04)[2021-10-20].https://www.sohu.com/a/325226295_456158.

[57] 河南省人民政府.河南省国民经济和社会发展第十四个五年规划和二〇三五年远景目标纲要[EB/OL].(2021-04-13)[2021-10-20].https://www.henan.gov.cn/2021/04-13/2124914.html.

[58] 湖南省交通运输厅.湖南省"十四五"交通运输发展规划(公路、水路)[EB/OL].(2021-08-12)[2021-10-20].http://www.hunan.gov.cn/topic/hnsswgh/ghwj/202108/t20210812_20316981.html.

[59] 湖南省交通运输厅.湖南省交通运输"十四五"发展规划[EB/OL].(2020-02-21)[2021-10-20].http://jtt.hunan.gov.cn/jtt/jjzdgz/jtghyj/ghyj/202003/t20200317_11813862.html.

[60] 湖南省人民政府.关于印发《湖南省"十四五"现代化综合交通运输体系发展规划》的通知[EB/OL].(2021-08-23)[2021-10-20].http://www.hunan.gov.cn/hnszf/xxgk/wjk/szfbgt/202108/t20210827_20402418.html.

[61] 霍普金斯大学新冠病毒资源中心.Covid-19 Dashboard[EB/OL].(2021-10-19)[2021-10-20].https://coronavirus.jhu.edu/map.html.

[62] 江苏省人民政府.江苏省"十四五"现代物流业发展规划[EB/OL].(2021-08-01)[2021-10-20].http://www.jiangsu.gov.cn/art/2021/8/10/art_46144_9970885.html.

[63] 中华人民共和国交通运输部.2020年交通运输行业发展统计公报[EB/OL].(2021-05-17)[2021-10-20].https://xxgk.mot.gov.cn/2020/jigou/zhghs/202105/t20210517_3593412.html.

[64] 中华人民共和国交通运输部.交通运输部关于上海市开展推进长三角交通一体化等交通强国建设试点工作的意见[EB/OL].(2021-10-10)[2021-10-20].https://xxgk.mot.gov.cn/2020/jigou/zhghs/202011/t20201130_3497007.html.

[65] 中华人民共和国交通运输部.深入推进长江经济带多式联运发展三年行动计划[EB/OL].(2018-08-13)[2021-10-20].http://www.gov.cn/zhengce/zhengceku/2018-12/31/content_5444871.htm.

[66] 中华人民共和国交通运输部.中国道路运输发展报告(2020)[M].北京:人民交通出版社股份有限公司,2021.

[67] 交通运输部规划研究院.2019年我国综合运输服务运行分析报告[EB/OL].(2020-02-18)[2021-10-15].http://www.tpri.org.cn/n279/n1498/n37757/c38059/content.html.

[68] 交通运输部规划研究院.2020年我国综合运输服务运行分析报告[EB/OL].(2021-02-25)[2021-10-15].http://www.tpri.org.cn/n279/n1498/n37757/c78704/content.html.

[69] 交通运输部规划研究院.湖南省交通运输物流园区布局规划(2018-2035)[EB/OL].(2019-02-22)[2021-10-16].http://jtt.hunan.gov.cn/jjzdgz/jtghyj/ghyj/201903/t20190320_5298538.html.

[70] 金华市人民政府.2021年金华市政府工作报告[EB/OL].(2021-03-01)[2021-10-20].http://www.jinhua.gov.cn/art/2021/3/1/art_1229159978_59214114.html.

[71] 金雯倩,袁桂秋.物流业与经济增长的倒"U"形关系分析[J].经济论坛,2011(11):184-186.

[72] 李平,谭群群,王维薇.长江经济带中游城市群物流竞争力分析——以武汉、长沙、合肥、南昌为例[J].物流科技,2018,41(10):95-104.

[73] 李强.一带一路,让杜伊斯堡焕发青春(共商 共建 共享·一带一路倡议五周年)[N].人民日报,2018-09-17(3).

[74] 李彤,李武选,陈竹茹.基于熵权——TOPSIS法的沿海港口城市物流竞争力评价研究[J].资源开发与市场,2019,35(08):1031-1036.

[75] 李勇辉,白利鹏,王莉.中国城市物流绩效评价与竞争力实证研究[J].河南社会科学,2020,28(03):65-75.

[76] 刘维林.区域物流系统与经济增长的动态耦合机理与实证仿真[J].经济地理,2011,31(09):1493-1498+1510.

[77] 美国运输部.运输统计年度报2020[EB/OL].(2021-01-11)[2021-10-20].https://www.bts.gov/tsar.

[78] 邱志鹏,蔡松林.珠三角城市群物流竞争力评价[J].物流技术,2020,39(04):23-28.

[79] 衢州市发展和改革委员会.衢州市战略融入长三角区域一体化发展行动计划(2019—2025)[EB/OL].(2020-03-06)[2021-10-20].http://fgw.qz.gov.cn/art/2020/3/6/art_

1422429_42162601. html.

[80] 衢州市交通运输局. 衢州市多式联运枢纽港总体规划研究[EB/OL]. (2020-08-18)[2021-10-20]. http://k. sina. com. cn/article_7505202169_1bf584bf902000u8i5. html.

[81] 衢州市人民政府. 衢州市国民经济和社会发展第十四个五年规划和二〇三五年远景目标纲要[EB/OL]. (2021-03-19)[2021-10-20]. http://www. qz. gov. cn/art/2021/3/19/art_1229037076_2262386. html.

[82] 衢州市统计局. 统计信息专栏[EB/OL]. (2021-10-14)[2021-10-15]. http://tjj. qz. gov. cn/col/col1512004/index. html.

[83] 全球城市实验室. 全球城市500强[EB/OL]. (2020-12-26)[2021-10-20]. http://globalcitylab. com/.

[84] 上海市交通委员会. 2020年本市交通行业运行情况简报[EB/OL]. (2021-01-27)[2021-10-20]. http://jtw. sh. gov. cn/jttj/20210127/3d4633987feb427da761349159a1022f. html.

[85] 上海市交通委员会. 上海市交通行业推进新型基础设施建设三年行动方案(2020—2022年)[EB/OL]. (2020-12-15)[2021-10-20]. https://jtw. sh. gov. cn/zxzfxx/20210114/53c4a451732343bf897a7edf02cc5299. html.

[86] 上海市交通委员会. 上海市综合交通发展"十四五"规划(公示稿)[EB/OL]. (2021-08-24)[2021-10-12]. https://fgw. sh. gov. cn/sswghgy_zxghwb/20210824/4a5b8c2f35e64a019c1ec775e6b8ef60. html.

[87] 上海市人民政府. "十四五"时期提升上海国际贸易中心能级规划[EB/OL]. (2021-04-20)[2021-10-20]. https://www. shanghai. gov. cn/nw12344/20210429/c41502e706a94d15a8b95977b307d107. html.

[88] 上海市人民政府. 2021年上海市政府工作报告[EB/OL]. (2021-01-29)[2021-10-15]. https://www. shanghai. gov. cn/2021zfgzbg/index. html.

[89] 上海市人民政府. 上海国际航运中心建设"十四五"规划[EB/OL]. (2021-06-24)[2021-10-15]. https://www. shanghai. gov. cn/nw12344/20210708/17c981e16c96444abb0c73b590d39fc5. html.

[90] 上海市人民政府. 上海市国民经济和社会发展第十四个五年规划和二〇三五年远景目标纲要[EB/OL]. (2021-01-29)[2021-10-20]. https://www. shanghai. gov. cn/nw12344/20210129/ced9958c16294feab926754394d9db91. html.

[91] 上海市统计局. 2020年12月交通运输情况[EB/OL]. (2021-02-08)[2021-10-20]. http://tjj. sh. gov. cn/ydsj37/20210208/730dfe35a0f94d5c9ef9aa6ba700f127. html.

[92] 上海市统计局. 2020年上海市国民经济和社会发展统计公报[EB/OL]. (2021-03-17)[2021-10-20]. http://tjj. sh. gov. cn/tjgb/20210317/234a1637a3974c3db0cc47a37a3c324f. html.

[93] 上海市统计局. 上海市第七次全国人口普查主要数据公报[EB/OL]. (2021-05-17)[2021-10-20]. http://tjj. sh. gov. cn/tjgb/20210517/cc22f48611f24627bc5ee2ae96ca56d4. html.

[94] 上海市统计局.上海市统计年鉴(2020)[EB/OL].(2021-03-03)[2021-10-20]. http://tjj.sh.gov.cn/tjnj/20210303/2abf188275224739bd5bce9bf128aca8.html.

[95] 上海市邮政管理局.2020年上海市邮政行业发展统计公报[EB/OL].(2021-05-27)[2021-10-17].http://sh.spb.gov.cn/hytj1/202105/t20210527_3914291.html.

[96] 深圳市人民政府.2021年深圳市政府工作报告[EB/OL].(2021-06-07)[2021-10-14].http://www.sz.gov.cn/zfgb/2021/gb1121/content/post_8852606.html.

[97] 四川物流产业研究院.他山之石——北美五大湖城市群物流产业发展经验借鉴[EB/OL].(2020-6-30)[2021-10-20].http://www.sclri.com/xingyeshijiao/202006/248.html.

[98] 宋敏,路欢欢,相峰,等.基于模糊综合评判的城市物流竞争力研究——以上海市为例[J].物流科技,2020,43(06):21-25.

[99] 苏州市人民政府.2021年苏州市政府工作报告[EB/OL].(2021-02-01)[2021-10-20]. http://www.suzhou.gov.cn/szsrmzf/zfgzbg/202102/55d29f1019f2422595a6683104506e24.shtml.

[100] 谭观音,左泽平.海峡西岸经济区城市物流竞争力的动态比较[J].经济地理,2012,32(03):107-113.

[101] 谭清美,王子龙.城市物流对经济的拉动作用研究——以江苏南京为例[J].工业技术经济,2004(01):89-91.

[102] 唐山市人民政府.2021年唐山市政府工作报告[EB/OL].(2020-06-05)[2021-10-14].http://new.tangshan.gov.cn/zhengwu/zfbg/20200605/909625.html.

[103] 黄盈,姜明.复盘孟菲斯:从FedEx起飞之地,我们得到了什么[EB/OL].(2020-06-05)[2021-10-17].http://data.eastmoney.com/report/zw_industry.jshtml?encodeUrl=nlYV-gI4o7n1Ga82uyKPdoLZOC8o15vR/a0FD0N4zwoA=.

[104] 天津市人民政府.2021年天津市政府工作报告[EB/OL].(2021-02-01)[2021-10-17].http://www.tj.gov.cn/zwgk/zfgzbg/202102/t20210201_5343672.html.

[105] 万博新经济研究院.后疫情时代中国城市营商环境指数评价报告(2020)[R/OL].(2020-06-18)[2021-10-17].http://www.wanb.org.cn/yjcg/gkfb/yingshanghuanjingzhuanti/.

[106] 万千咨询.长沙物流市场变迁以及长株潭城市群物流园区布局机会探讨[EB/OL].(2019-07-19)[2021-10-17].http://www.vcans.cn/News/newsinfo/?id=223&typeid=102.

[107] 王芳,刘清全,易峥.双城经济圈内的重庆主城区与周边各区流空间特征研究[J].规划师,2020,36(13):66-71.

[108] 王文铭,高艳艳."一带一路"内陆节点城市物流产业竞争力评价及建议[J].商业经济研究,2016(04):92-93.

[109] 王先庆.新发展格局下现代流通体系建设的战略重心与政策选择——关于现代流通体系理论探索的新框架[J].中国流通经济,2020,34(11):18-32.

[110] 王一鸣.百年大变局、高质量发展与构建新发展格局[J].管理世界,2020,36(12):1-13.

[111] 吴少丽,刘秀红,郝琳娜.山东省国家物流枢纽承载城市物流竞争力评价——基于熵权法的山东省17地市比较研究[J].物流技术,2021,40(02):22-26.

[112] 吴奕坤.航空快递物流分拣方案研究[D].重庆:重庆交通大学,2013.

[113] 武汉市人民政府.2021年武汉市政府工作报告[EB/OL].(2021-02-04)[2021-10-17].http://www.wuhan.gov.cn/zwgk/xxgk/ghjh/zfgzbg/202102/t20210204_1628560.shtml.

[114] 西安市人民政府.2021年西安市政府工作报告[EB/OL].(2021-02-23)[2021-10-17].http://www.shaanxi.gov.cn/zfxxgk/zfgzbg/sqszfgzbg/202102/t20210223_2153976.html.

[115] 习近平.在全国抗击新冠肺炎疫情表彰大会上的讲话[J].实践(思想理论版),2020(11):4-12.

[116] 尤西·谢菲.大物流时代:物流集群如何推动经济增长[M].岑雪品,王微,译.北京:机械工业出版社,2021.

[117] 於罕奇.基于协整分析的我国物流业与经济增长关系研究[J].物流技术,2010,29(21):49-51.

[118] 粤港澳大湾区研究院,21世纪经济研究院.2020年中国296个地级及以上城市营商环境报告[EB/OL].(2021-02-23)[2021-10-17].https://www.sohu.com/a/452277477_680938.

[119] 张玲.山东省各城市物流竞争力评价及聚类分析[J].物流技术,2014,33(17):286-289.

[120] 张璇.孟菲斯国际机场快速崛起发展经验研究[J].商,2015(36):256-256.

[121] 张蕴岭,等.世界大势:把握新时代变化的脉搏[M].北京:中共中央党校出版社,2020:1-328.

[122] 长沙市发展和改革委员会.长沙营商环境报告2020[EB/OL].(2020-12-11)[2021-10-17].http://hunan.gov.cn/hnszf/hnyw/szdt/202012/t20201211_14018826.html.

[123] 长沙市交通运输局.长沙市"十四五"交通运输发展规划(征求意见稿)[EB/OL].(2020-12-18)[2021-10-17].https://www.163.com/dy/article/FU4H0GPU0534P59R.html.

[124] 长沙市人民政府.2021年长沙市政府工作报告[EB/OL].(2021-02-04)[2021-10-14].http://www.hewang.gov.cn/html/78/20210204/19022.html.

[125] 长沙市统计局.2020年长沙市国民经济和社会发展统计公报[EB/OL].(2021-03-16)[2021-10-17].http://tjj.hunan.gov.cn/hntj/tjfx/tjgb/jjfzgb/202103/t20210316_14837950.html.

[126] 赵莉琴,郭跃显.城市物流竞争力评价方法研究[J].地域研究与开发,2011,30(02):78-81.

[127] 浙江省发展和改革委员会.浙江省大花园建设核心区(衢州市)规划[EB/OL].(2018-12-20)[2021-10-12].http://www.zjcs.gov.cn/art/2018/12/20/art_1260503_27808643.html.

[128] 浙江省发展和改革委员会.浙江省现代物流业发展"十四五"规划[EB/OL].(2021-

04-16）［2021-10-14］. http://www.zj.gov.cn/art/2021/4/16/art_1229505857_2269390.html.

［129］郑州市人民政府.2021年郑州市政府工作报告［EB/OL］.（2021-02-03）［2021-10-17］. http://xm.public.zhengzhou.gov.cn/D04X/4941527.jhtml.

［130］郑州市人民政府.加快现代物流业转型发展的实施意见［EB/OL］.（2017-12-16）［2021-10-17］. http://public.zhengzhou.gov.cn/03CB/244786.jhtml.

［131］郑州市人民政府.郑州市国民经济和社会发展第十四个五年规划和二〇三五年远景目标纲要［EB/OL］.（2021-06-25）［2021-10-12］. http://public.zhengzhou.gov.cn/interpretdepart/5110542.jhtml.

［132］郑州市人民政府.郑州市情概览（2021）［R］.［出版地不详］:［出版者不详］,2021.

［133］郑州市人民政府.郑州市人民政府关于2020年郑州市城市建成区规模的通告［EB/OL］.（2021-08-24）［2021-10-12］. http://public.zhengzhou.gov.cn/D0104X/5222749.jhtml.

［134］郑州市人民政府.郑州市人民政府关于印发郑州市电子商务物流转型发展工作方案［EB/OL］.（2021-10-15）［2021-10-12］. http://bxds.hnuahe.edu.cn/info/1078/1157.htm.

［135］郑州市人民政府.郑州市人民政府关于印发郑州市冷链物流转型发展工作方案的通知［EB/OL］.（2017-12-26）［2021-10-12］. http://public.zhengzhou.gov.cn/D0102X/244797.jhtml.

［136］郑州市人民政府.郑州市人民政府加快建设现代国际物流中心的实施意见［EB/OL］.（2018-01-09）［2021-10-12］. http://ha.spb.gov.cn/dsjxx/201801/t20180109_1464293.html.

［137］中华人民共和国中央人民政府.中华人民共和国国民经济和社会发展第十四个五年规划和2035年远景目标纲要［EB/OL］.（2021-03-13）［2021-10-15］. http://www.gov.cn/xinwen/2021-03/13/content_5592681.htm.

［138］中国社会科学院城市与竞争力研究中心.全球城市竞争力排名（GUCP 2019—2020）［EB/OL］.（2019-11-14）［2021-10-12］. http://gucp.cssn.cn/sy_111018/qqcsjzlpm/201911/t20191117_5040473.shtml.

［139］中国物流与采购联合会.2020年度中国物流企业50强名单［EB/OL］.（2020-09-03）［2021-10-12］. http://www.chinawuliu.com.cn/lhhzq/202009/03/525199.shtml.

［140］中华人民共和国国务院新闻办公室.抗击新冠肺炎疫情的中国行动［EB/OL］.（2020-06-07）［2021-10-12］. http://www.gov.cn/zhengce/2020-06/07/content_5517737.htm.

［141］中华人民共和国中央人民政府.2021年政府工作报告［EB/OL］.（2021-03-05）［2021-10-14］. http://www.gov.cn/zhuanti/2021lhzfgzbg/index.htm.

［142］中美物流联合会,中美物流联合课题组.建设武汉国家物流中心的战略研究——从芝加哥发展看建设武汉国家物流中心的可行性［EB/OL］.（2014-08-27）［2021-10-16］.

https://www.163.com/news/article/A4L5K48600014SEH.html.

[143] 重庆市交通局. 重庆市综合交通运输"十四五"发展规划[EB/OL]. (2021-10-18)[2021-10-12]. http://www.cq.gov.cn/zwgk/zfxxgkml/szfwj/qtgw/202110/t20211018_9815430.html.

[144] 重庆市交通局. 重庆市综合立体交通网规划纲要[EB/OL]. (2021-10-13)[2021-10-12]. https://www.cq.gov.cn/zwgk/zfxxgkml/szfwj/qtgw/202110/t20211013_9800569.html.

[145] 重庆市人民政府. 2021年重庆市政府工作报告[EB/OL]. (2021-01-28)[2021-10-18]. http://www.cq.gov.cn/zwgk/zfxxgkml/zfgzbg/202101/t20210128_8857504.html.

[146] 重庆市人民政府. 重庆市国民经济和社会发展第十四个五年规划和二〇三五年远景目标纲要[EB/OL]. (2021-03-01)[2021-10-21]. http://www.cq.gov.cn/zwgk/zfxxgkml/szfwj/qtgw/202103/t20210301_8953012.html.

[147] 重庆市人民政府. 重庆市人民政府关于印发重庆临空经济示范区建设总体方案的通知[EB/OL]. (2017-06-02)[2021-10-12]. http://jda.cq.gov.cn/szfwj/content_29281.

[148] 重庆市统计局. 2020年重庆市国民经济和社会发展统计公报[EB/OL]. (2021-03-18)[2021-10-12]. http://tjj.cq.gov.cn/zwgk_233/fdzdgknr/tjxx/sjzl_55471/tjgb_55472/202103/t20210318_9008291.html.

[149] 朱坤萍,刘丁亚. 河北省各城市物流竞争力研究[J]. 全国流通经济,2019(30):14-16.

[150] 宗会明,冶建辉,蔡冰洁. 西部地区物流节点城市物流竞争力评价[J]. 西南师范大学学报(自然科学版),2017,42(02):64-69.

[151] 总体规划联合项目组. 重庆市国土空间总体规划[EB/OL]. (2021-05-27)[2021-10-12]. http://ghzrzyj.cq.gov.cn/zwxx_186/tzgg/202105/t20210527_9335223.html.